ACCESO GRATIS *a la Lectura en la Nube*

Para visualizar el libro electrónico en la nube de lectura envíe junto a su nombre y apellidos una fotografía del código de barras situado en la contraportada del libro y otra del ticket de compra a la dirección:

ebooktirant@tirant.com

En un máximo de 72 horas laborales le enviaremos el código de acceso con sus instrucciones.

INTRODUCCIÓN A LA POLÍTICA ECONÓMICA

Concepto, estructura y formación

Procedimiento de selección de originales, ver página web:
www.tirant.net/index.php/editorial/procedimiento-de-seleccion-de-originales

INTRODUCCIÓN A LA POLÍTICA ECONÓMICA

Concepto, estructura y formación

2ª Edición

ANTONIO SÁNCHEZ ANDRÉS
Departamento de Economía Aplicada —Política Económica—
Universitat de València

tirant lo blanch
Valencia, 2024

En caso de erratas y actualizaciones, la Editorial Tirant lo Blanch publicará la pertinente corrección en la página web www.tirant.com.

EDITA: TIRANT LO BLANCH
C/ Artes Gráficas, 14 - 46010 - Valencia
TELFS.: 96/361 00 48 - 50
FAX: 96/369 41 51
Email: tlb@tirant.com
www.tirant.com
Librería virtual: www.tirant.es
DEPÓSITO LEGAL: V-4509-2023
ISBN: 978-84-1056-322-3

Si tiene alguna queja o sugerencia, envíenos un mail a: *atencioncliente@tirant.com*. En caso de no ser atendida su sugerencia, por favor, lea en *www.tirant.net/index.php/empresa/politicas-de-empresa* nuestro procedimiento de quejas.

Responsabilidad Social Corporativa: http://www.tirant.net/Docs/RSCTirant.pdf

Índice

Prólogo 11

PARTE I
CONCEPTO Y ESTRUCTURACIÓN DE LA POLÍTICA ECONÓMICA

Tema 1
Economía y política económica

1. ECONOMÍA MIXTA 19
2. CONCEPTO DE POLÍTICA ECONÓMICA 23
   2.1. Elementos del concepto de política económica 23
   2.2. Las interpretaciones de la política económica 24
3. LÍMITES EN EL ALCANCE DE LA POLÍTICA ECONÓMICA 28
4. ELEMENTOS DE UN NUEVO ENFOQUE DE LA POLÍTICA ECONÓMICA: CONSENSO Y PODER 34

Tema 2
La configuración de la agenda y el diseño de la política económica

1. LA GESTACIÓN DE LA AGENDA: LOS PROBLEMAS DE TRASFONDO 39
2. LA CONFIGURACIÓN DE LA AGENDA: LOS OBJETIVOS DE LA POLÍTICA ECONÓMICA 43
3. FORMULACIÓN Y DISEÑO DE POLÍTICAS ECONÓMICAS 48
   3.1. Los datos en el esquema fines-medios 49
   3.2. La formulación de los instrumentos 50
   3.3. Los componentes y clasificación de las políticas económicas 51
   3.4. La concreción de la política económica: dimensión legislativa, seguimiento y soporte financiero 55
4. RELACIONES ENTRE OBJETIVOS E INSTRUMENTOS 57

Tema 3
Estructuración de la política económica: aplicación y evaluación

1. LA APLICACIÓN DE POLÍTICAS ECONÓMICAS 66
   1.1. La especificación o concreción de políticas económicas 66
   1.2. La ejecución de políticas económicas 71
2. EVALUACIÓN DE POLÍTICAS ECONÓMICAS 74
   2.1. Concepto y caracterización de evaluación 74
   2.2. La institucionalización de la evaluación de las políticas económicas 77
   2.3. Las técnicas de evaluación de política públicas 78
   2.4. Los límites de la evaluación: más allá de la visión tecnocrática 82

PARTE II
FORMACIÓN DE LA POLÍTICA ECONÓMICA

Tema 4

Estructura institucional y la formación de la política económica

1. LAS INSTITUCIONES Y LA ESTRUCTURA CONSTITUCIONAL 87
2. EL PARLAMENTO Y EL GOBIERNO EN LA POLÍTICA ECONÓMICA: LA DIRECCIÓN POLÍTICA 89
   2.1. El gobierno 89
   2.2. Los ministerios 92
3. EL GOBIERNO COMO ORGANISMO MULTINIVEL 93
4. LA ADMINISTRACIÓN DEL ESTADO 96
5. LOS ORGANISMOS ESPECIALIZADOS DEL ESTADO: AGENCIAS ESTATALES Y EMPRESAS PÚBLICAS 100
   5.1. Agencias estatales 100
   5.2. Empresas públicas 103

Tema 5

Contenido de las instituciones y la formación de la política económica

1. DEMOCRACIA Y SISTEMA ELECTORAL 109
   1.1 El electorado 109
   1.2. Electorado, opinión pública y medios de comunicación 111
   1.3. La síntesis o agregación de la voluntad popular 113
2. PARTIDOS POLÍTICOS Y SISTEMA DEMOCRÁTICO 115
3. LOS POLÍTICOS Y EL GOBIERNO 120
   3.1. Estructura partidista y liderazgo 120
   3.2. El comportamiento de los políticos en el gobierno 122
4. LOS POLÍTICOS ORGÁNICOS 123

Tema 6

La elaboración de la política económica: Los agentes informales

1. LOS GRUPOS DE INTERÉS 131
   1.1. Concepto y caracterización de los grupos de interés 131
   1.2. Interpretación de la acción de los grupos de interés 138
   1.3. Grupos de presión y condicionantes a la política económica 141
2. GLOBALIZACIÓN COMO RESTRICCIÓN A LA POLÍTICA DE CRECIMIENTO . 145

PARTE III
DINÁMICA DE LA POLÍTICA ECONÓMICA

Tema 7
La toma de decisiones de política económica en la realidad

1. LAS DECISIONES DE POLÍTICA ECONÓMICA: TEORÍA Y REALIDAD 153
2. LA TOMA DE DECISIONES EN POLÍTICA ECONÓMICA Y SUS DISTINTOS MOMENTOS 156
3. LOS AGENTES QUE ADOPTAN LAS DECISIONES 161
4. LOS OBJETIVOS Y LAS POLÍTICAS ECONÓMICAS DEL GOBIERNO 166
5. LÍMITES EN LA CAPACIDAD DE DECISIÓN EN POLÍTICA ECONÓMICA: EL COLAPSO DECISIONAL 170
6. ¿ES POSIBLE OTRA POLÍTICA ECONÓMICA PRÁCTICA? 171

Tema 8
Resultados reales de la política económica

1. CARACTERÍSTICAS DEL CAMBIO: ELEMENTOS ESENCIALES, NIVELES DE ABSTRACCIÓN Y RITMOS TEMPORALES 176
2. CAUSAS DEL CAMBIO 180
3. EXPLICACIONES DEL CAMBIO 183
4. CONSECUENCIAS DEL CAMBIO 192

Prólogo

Dentro de los estudios de Economía se encuentran incluidas las materias de Política Económica. Estas analizan las intervenciones del estado en la economía. Un papel importante dentro de aquellos estudios es ocupado por la Teoría Económica, en sus diversas formas. Sin embargo, esta disciplina ha padecido tradicionalmente un fuerte sesgo en el sentido de concentrar su atención sobre el funcionamiento y resultados de la iniciativa privada. En consecuencia, este tipo de análisis concibe al estado como una entidad residual dentro de la economía.

En la actualidad, a título de referencia, en los países desarrollados, alrededor del 40 por ciento del PIB es gasto público. Pero, por añadidura, todas las actividades de la iniciativa privada se encuentran enmarcadas y organizadas por las normas establecidas por el estado, es decir, las políticas de regulaciones y las institucionales. Prácticamente toda la vida económica (y social) se encuentra atravesada por regulaciones, sin las que la sociedad no existiría. Por tanto, excluir el estudio o restar importancia a las intervenciones del estado (política económica) en el análisis económico conduce a ofrecer una visión irreal de aquello que acontece en nuestras sociedades.

La estructura de la troncalidad en los estudios académicos de Política Económica en España se ha consolidado en tres bloques, a saber, formación de la política económica, políticas coyunturales y políticas estructurales. En el caso de la Universidad de Valencia, esta troncalidad se ha materializado en los estudios de Economía en 3 asignaturas:

- *Introducción a la Política Económica* (6 créditos; curso 2°, semestre 2°)
- *Política Económica I: Políticas coyunturales* (4,5 créditos; curso 3°, semestre 1°)
- *Política Económica II: Políticas estructurales* (4,5 créditos; curso 3°, semestre 1°)

La primera asignatura aborda el concepto de la Política Económica, profundiza en su estructuración y explica cómo se toman las decisiones de política económica. La segunda concentra su atención en las políticas a corto plazo, es decir, en las correspondientes a la gestión de ciclo económico. Mientras tanto, la tercera se orienta hacia las políticas que tienen un horizonte a largo plazo, que pretenden cambiar la fisionomía productiva de un país.

Este libro constituye un manual para la preparación de la primera asignatura. La cuestión que se plantea es ¿para qué escribir un manual para esa materia? La respuesta es clara: porque no existen. Sí que debe destacarse que, con anterioridad, se escribieron libros que podían servir como manuales para esta asignatura, como se trata de los tres siguientes:

- Meynaud, Jean. (1961): *La elaboración de la política económica.* Tecnos, Madrid.
- Lindblom, Charles B. (1991): *El proceso de elaboración de las políticas públicas.* Ministerio de Administraciones Públicas, Madrid.
- Arias, Xosé C. (1996): *La formación de la política económica.* Cívitas. Madrid

El primer detalle que destaca es que, en gran medida, se han quedado obsoletos: el último de ellos vio la luz ya hace más de un cuarto de siglo. Los dos primeros no constituyen manuales, sino más bien ensayos que abordan aspectos vinculados a la formación de la política económica. El tercero sí que tiene características de manual, pero fue escrito al calor de los conocimientos y tradiciones académicas forjadas hasta los años 80. También existen algunos otros libros o, incluso, manuales para otras asignaturas de Política Económica, que explican de manera tangencial estos aspectos. Debe ponerse de relieve que se caracterizan, también, por estar muy influidos por los estudios aparecidos hasta principios de los años 90. Así pues, aparece la necesidad de llevar a cabo una actualización de este tipo de estudios, que presten más atención al pensamiento y los hechos acaecidos ya en el siglo XXI y que iluminen el quehacer del estado en un mundo cambiante, que cada vez se diferencia más del desempeñado en el ya lejano siglo XX.

Esta ausencia explica el interés de escribir un manual sobre "Introducción a la Política Económica". Pero, adicionalmente, este esfuerzo ha de ubicarse en la labor acometida por la Unidad Docente de Política Económica del Departamento de Economía Aplicada de la Universidad de Valencia desde mediados de los años 90 del siglo pasado. Esta tradición queda patente en los siguientes manuales, que se agrupan por áreas temáticas:

- Manual general de toda la troncalidad (orientado a estudios de Administración y Dirección de Empresas —ADE—)
  - Jordán, Josep Mª (coord.) (1995, 1999, 2003): *Política Económica.* Tirant lo Blanch, Valencia.
- Manuales de políticas coyunturales
  - Jordán, Josep Mª y Antuñano, Isidro (coords.) (2003): *Política económica: Fundamentos, objetivos e instrumentos.* Tirant lo Blanch, Valencia.
  - Antuñano, Isidro y Sánchez, Antonio (coords.) (2009): *Política económica. Elaboración y políticas coyunturales.* Tirant lo Blanch, Valencia.
  - Ochando, Carlos (coord.) (2015): *Políticas económicas coyunturales.* Tirant lo Blanch, Valencia.
  - Ochando, Carlos (coord.) (2021): *Políticas económicas coyunturales. Objetivos e instrumentos.* Tirant lo Blanch, Valencia (2ª edición).

- Manuales de políticas estructurales
  - García, Andrés (coord.) (2003): *Política económica sectorial y estructural.* Tirant lo Blanch, Valencia.
  - García, Andrés y Sánchez, Antonio (coords.) (2010): *Política económica estructural y de competitividad.* Tirant lo Blanch, Valencia.
  - García, Andrés y Sánchez, Antonio (coords.) (2016): *Políticas económicas estructurales y de competitividad.* Tirant lo Blanch, Valencia.
  - Sánchez, Antonio (coords.) (2022): *Políticas económicas estructurales.* Tirant lo Blanch, Valencia.

Cabe destacar que el libro coordinado por Isidro Antuñano y Antonio Sánchez de 2009, sí disponía de una parte dedicada a la formación de la política económica. Adicionalmente, debe señalarse la publicación reciente del manual

- Aranda, Evangelina, Pérez, Salvador. y Sánchez, Antonio (coords). (2017): *Política económica y entorno empresarial.* Pearson, Madrid.

orientado a los estudios de ADE, donde también se alude, de manera breve, a la formación de la política económica porque su objetivo era ofrecer una visión global de los aspectos incluidos en la mencionada troncalidad académica de Política Económica.

Este libro que el lector tiene en sus manos tiene una fuerte vocación docente. Por este motivo, se ha diseñado para ser explicado en un semestre, tanto por extensión, como por estructuración temática. Aunque sí se introducen aspectos históricos y, en particular, sobre historia del pensamiento de Política Económica, en general, quedan relegados a un segundo plano y, probablemente, estas cuestiones deberían explicarte, de manera sistemática, en un curso de postgrado. Quizá ahí deberían incluirse análisis metodológicos, aspectos sobre los que, en los últimos tiempos, se ha perdido o prácticamente ha desaparecido el interés, aunque presentan una relevancia vital para formar criterio de investigación y dar sentido a los estudios científicos.

Sí que se introduce una discusión nueva, que es la estructuración de la política económica. De hecho, con frecuencia, los análisis tradicionales en nuestra disciplina se han quedado en el diseño de las políticas económicas, pero esta parte nueva introducida en este manual abre una perspectiva más realista al presentar, explícitamente y con dinámica propia, la configuración de la agenda gubernamental y la aplicación de las políticas económicas. Por supuesto, se presta atención a las restricciones institucionales y a los agentes socioeconómicos cuyas interacciones serán vectores esenciales en la explicación de la política económica. Debe destacarse que no se dejan de lado las discusiones acerca de cómo se adoptan las decisiones de política económica en la realidad y cuáles son sus resultados.

Los comentarios precedentes ponen de manifiesto que este manual se incrusta en la tradición de la disciplina de la Política Económica, nacida de la mano del profesor alemán Karl Rau a principio del siglo XIX, a partir de la herencia cameralista. Esta tradición presentó un gran desarrollo a través de las escuelas históricas alemanas. Ya en el siglo XX, la disciplina de la Política Económica se enriqueció con las aportaciones procedentes del keynesianismo, las planificaciones indicativas aparecidas en Europa occidental y la extensión de un estado del bienestar. Este tipo de aportaciones se trasluce en este libro, pero, también se han añadido contribuciones procedentes de los estudios de políticas públicas, análisis nacidos después de la II Guerra Mundial en EE.UU. Esta iniciativa se sustenta en la idea de que los trabajos generados en el marco de las políticas públicas y económicas pueden enriquecerse mutuamente, permitiendo avances cualitativos en el entendimiento de la realidad.

Este manual se organiza en tres bloques. En primer lugar, el concepto y estructuración de la Política Económica. En el primer capítulo se explica el concepto y la relevancia de la Política Económica. En los dos siguientes se indica su estructuración por fases. En el primero de ellos se aborda la configuración de la agenda, es decir, cómo los problemas relevantes socioeconómicos pasan a ser considerados por el gobierno como dignos de actuar sobre ellos y, por este motivo, les asocia unos indicadores, que son los objetivos. En la segunda parte de ese tema, se explica cómo se trata de dar solución a estos problemas. En este capítulo, juega un papel didáctico relevante el esquema fines-medios. El tercer capítulo de libro presta atención a la aplicación de la política económica y a su evaluación. Estos son aspectos a los que, desde la disciplina, se les ha prestado tradicionalmente poca atención. La aplicación presenta una especial relevancia porque es el momento en que la política económica se hace realidad. Sin ella, el diseño de la política económica constituye simplemente papel mojado.

La segunda parte del libro agrupa los diversos aspectos de la formación de la política económica. Es decir, cómo llegan a tomarse las decisiones de política económica en un contexto institucional y con agentes concretos. En el tema cuarto, se explica la estructura del estado, en el tema quinto, se abordan los aspectos relacionados con los agentes y proceso formales en la toma de decisiones estatales y, en el tema sexto, se apunta el papel de agentes externos al estado, es decir, los grupos de presión internos y los externos (estos últimos adoptando la forma de fenómenos globalizadores).

La parte tercera del libro alude a la dinámica de la política económica. Una vez establecidas las restricciones a las tomas de decisiones en política económica falta por concretar, cómo se adoptan estas, es decir, cuál es su motor, aspectos que se explican en el tema séptimo. Finalmente, en el último capítulo se pone de manifiesto que, a pesar de la aparente volatilidad en la toma de decisiones, los resultados de las políticas económicas guardan bastante estabilidad. Estos dos temas son novedosos respecto a la primera edición de este libro.

El responsable de las consideraciones realizadas en este manual es estrictamente el propio autor. Las ideas presentadas en este manual no han surgido de manera espontánea en el autor, sino que se han beneficiado de las conversaciones, discusiones y comentarios que he tenido con muchos de mis colegas de la Unidad Docente de Política Económica de la Universidad de Valencia. Quisiera mencionar el papel positivo jugado a este respecto por los profesores Carlos Ochando, Margarita Rohr y Ángel Soler. No obstante, quisiera mencionar explícitamente la deuda que mantengo con Juan Antonio Tomás Carpi, catedrático, ahora honorífico, de Política Económica. Sus profundos conocimientos sobre Política Económica, desde un punto de vista teórico y práctico, que me ha ido transmitiendo progresivamente, han orientado y enriquecido mi concepción sobre la Política Económica, que se ha manifestado directamente en este libro.

PARTE I
CONCEPTO Y ESTRUCTURACIÓN DE LA POLÍTICA ECONÓMICA

Tema 1

Economía y política económica

Este capítulo, que da inicio al libro, tiene por objeto exponer el significado y la función de la política económica en una economía de mercado. El ámbito de referencia lo constituyen las economías desarrolladas, capitalistas y democráticas. En el caso de que alguna de estas tres características varíe, el contenido y estructura de las políticas económicas se verán alterados, debiéndose introducir explicaciones complementarias. Para las economías a las que se alude, el estado y sus intervenciones no son un elemento circunstancial o irrelevante. Por el contrario, constituyen una característica esencial de su naturaleza, al menos, en el presente momento histórico. Por tal motivo, para comprender el funcionamiento de estas economías, el estudio de la política económica resulta imprescindible.

Debe subrayarse que las intervenciones del estado definen parte del marco institucional de una sociedad, presionan en la modificación de las condiciones estructurales del país e influyen sobre la actividad económica a corto y medio plazo. Estas razones ponen de manifiesto la importancia del estado si se pretende entender nuestras sociedades en términos agregados. Pero, adicionalmente, la política económica condiciona el número de participantes en el mercado, su envergadura y su comportamiento, es decir, que resulta esencial para entender y cambiar las áreas parciales de una economía.

Este primer capítulo se inicia tratando de ofrecer un concepto de aquello que se conoce como una economía mixta. Por este motivo, se iniciará exponiendo sus dos formas organizativas más relevantes, el mercado y el estado, y, a continuación, se explicará una de las relaciones más importantes entre ellas, a saber, la política económica. Posteriormente, se pondrán de relieve limitaciones a la política económica, destacando las presiones del mercado sobre el estado para orientar sus intervenciones. Finalmente, se esbozarán unas ideas para contribuir a un cambio en el enfoque interpretativo de la política económica.

1. ECONOMÍA MIXTA

Un componente central de una economía capitalista desarrollada es el sector privado. Este está formado por unidades económicas que se relacionan directamente, constituyendo esta forma de vinculación la base de aquello que se entiende por mercado. Sin embargo, todas las relaciones directas entre las unidades económicas no son constitutivas de mercado. En general, se pueden distinguir tres tipos de relaciones directas entre agentes económicos, a saber:

- De cooperación, que coordinan directamente a dos o más agentes económicos para conseguir un fin común. Por ejemplo, las que suelen tener lugar dentro de las empresas entre departamentos y entre trabajadores.
- De redistribución, por las que se trasladan recursos de unos agentes a otros, pero sin contrapartida, como, por ejemplo, constituyen las bases de los flujos de recursos entre padres e hijos dentro de las familias o de las corrientes redistributivas en los estados del bienestar.
- De intercambio, en las que se relacionan dos agentes con transferencia simultánea en los dos sentidos, con el objetivo de obtener un beneficio o prestación útil para los intervinientes en la transacción. Esto son actos de compra-venta.

Estas últimas relaciones son las que constituyen las bases de las relaciones mercadológicas. Para que las relaciones de mercado sean relevantes deben afectar a ámbitos estratégicos de la economía; en particular, deben condicionar las fuentes esenciales del sustento de las personas. Por este motivo, cuando los medios de producción y el trabajo son movilizados esencial y regularmente por las relaciones de intercambio se puede hablar, en primera aproximación, de una economía de mercado.

La naturaleza de una economía de mercado está definida por un tipo específico de relaciones descentralizadas, pero que además se desarrollan dentro de un marco determinado de carácter social y político. Este contexto se concreta en unas reglas o normas, formales o informales, que son las instituciones. Así pues, el mercado, como subsistema de la sociedad de la que forma parte, es un conjunto institucionalizado de relaciones descentralizadas de intercambios con características muy específicas, aunque mediatizadas y conducidas, en última instancia, por incentivos económicos, entre los que sobresale el del beneficio.

Estas relaciones directas se plasman en la existencia de una oferta y una demanda de bienes, servicios y factores. En el proceso de intercambio surge un equivalente que relaciona aquello que se ofrece y se demanda, que es conocido como el precio. Uno de los problemas que se da en la realidad es la falta de homogeneidad en la capacidad de negociación y en la información que poseen los agentes que determinan la oferta y la demanda. Esta situación supone la capacidad de una de las partes para imponer condiciones al resto (relaciones de poder), significando generar ventajas de unos agentes en detrimento de otros. Por ejemplo, en términos organizativos, existe una gran diferencia en las respectivas áreas de interrelación en función del tamaño de las empresas (pequeñas, medianas y grandes empresas) o de las características del sector donde se desenvuelvan (productos básicos o actividades financieras). El resultado es que las relaciones mercadológicas entre los distintos agentes económicos participantes son asimétricas.

Como el objetivo de los agentes tiende a ser la maximización de los resultados económicos (beneficios, ampliación de actividades, retribución, satisfacción de necesidades), con un horizonte temporal de relativo corto plazo, entonces es intrínseco a este sistema organizativo que los participantes pretendan aprovechar su posición de dominio en la relación mercantil e, incluso, eludir o cambiar las reglas de funcionamiento más global cuando ello es posible. En suma, en una economía de mercado se dan las condiciones e incentivos para que algunos agentes impongan a otros sus términos de negociación o manipulen las relaciones mutuas, en perjuicio de los otros. Y cuando este conflicto económico se hace socialmente visible, es la confrontación y la fisura social aquello que suele seguir, dando lugar a inestabilidad de índole socio-política. El funcionamiento y reproducción de una economía de mercado exige la existencia de unas reglas y controles que limiten el conflicto, al tiempo que generen ciertos consensos sociales (gastos militares, creación de infraestructuras o impulso de actividades productivas).

El establecimiento de las mencionadas instituciones e intervenciones no puede proceder de uno de los participantes en el mercado puesto que, como parte interesada, no resolvería los conflictos y carecería de legitimidad frente al resto de agentes. Es por ello que una economía de mercado exige la intervención de un agente externo, el estado. En primer lugar, este es el garante, en última instancia, de las relaciones de propiedad, es decir, de la configuración de los propios agentes económicos participantes en el mercado. En segundo término, el estado garantiza la existencia de los contratos, es decir, fija la naturaleza y los contenidos de las relaciones (transacciones) entre los agentes. Asimismo, el estado contribuye a configurar el marco estructural en el que las unidades descentralizadas desarrollan sus actividades.

A las anteriores restricciones al funcionamiento autónomo del mercado hay que unir la tendencia a la inestabilidad (desorden) que la interrelación descoordinada entre agentes privados origina a nivel macroeconómico. Esta tendencia adopta la forma de aceleraciones excesiva en la producción, seguidas de recesiones. Estos ciclos económicos alteran la asignación de los recursos, destruyen activos económicos y provocan desempleo elevado. Estos ciclos pueden transformar a las economías de mercado en inviables económica y socialmente, argumento que hace emerger a la superficie la necesidad de intervenir por parte del estado para estabilizar tales irregularidades.

Debe destacarse que, como consecuencia del elevado grado de descentralización en una economía de mercado pura, los resultados finales (ingresos en su caso) se distribuirán no homogéneamente entre los agentes implicados, situación que se acentuará conforme pase el tiempo. El grado de desigualdad económica se acrecentará, rasgo que será más visible conforme aparezcan fenómenos de marginación y exclusión social. Evitar estos problemas de disgregación social pasarán a un primer plano respecto a la propia legitimación de una economía de mercado y en cuanto a su supervivencia. En este ámbito, el estado tendrá una amplia gama de intervenciones.

Finalmente, como el motor de las relaciones descentralizadas es la obtención a corto plazo de beneficios, entonces cierto tipo de actividades productivas no son acometidas por los elevados costes iniciales o la incertidumbre acerca de la obtención de ingresos relevantes. Esto ocurre de forma particular respecto a actividades nuevas que pueden definir la estructura económica futura de un país. Como el estado no solo concentra una cantidad suficientemente grande de recursos, sino también la posibilidad de regular actividades, entonces puede llegar a superar esos obstáculos a corto plazo y transformar el largo en relevante y factible. En estos casos el estado actúa de puente entre el corto y el largo plazo.

Los comentarios anteriores conducen a ofrecer una idea sobre el estado y su importancia. El estado es una estructura organizativa permanente de carácter vertical que tiene por función ordenar la actividad de una comunidad humana ubicada en un territorio. Esta pretensión del estado se consigue a través de la monopolización del poder legislativo, ejecutivo y judicial. Adicionalmente, existe un reconocimiento real del estado por los miembros de la sociedad y desde otros países.

Las funciones del estado, en especial respecto a sus relaciones con el mercado y desde una perspectiva empírico-histórica, serían las acabadas de apuntar y que se sintetizan en el siguiente cuadro:

Cuadro 1. Funciones del estado

Función	Vinculación con las relaciones mercadológicas	Contenidos
Institucional	Genera y mantiene	Definición y defensa de derechos de propiedad y contratos
Estructural	Crea el marco de desenvolvimiento	Provisión de infraestructuras y bienes públicos
Estabilizadora	Regula y refuerza la coordinación	Cambios en ingresos y gastos presupuestarios, con impacto agregado
Legitimadora	Homogeneización en resultados de participantes	Intervenciones en niveles de renta y riqueza
Dinamizadora	Coordinadora de las perspectivas a corto y largo plazo	Gastos en investigación o en estímulo de las innovaciones o formativos de la población

2. CONCEPTO DE POLÍTICA ECONÓMICA

2.1. Elementos del concepto de política económica

De manera simplificada y directa se entiende por política económica a la acción económica de los responsables públicos competentes para alcanzar unos objetivos previamente establecidos, condicionada por un conjunto de restricciones. Dentro de esta definición existen cuatro componentes, a saber: a) los responsables públicos; b) las restricciones; c) las medidas discrecionales; y d) los objetivos perseguidos. Al precisar estos elementos se puede obtener una idea más realista de la política económica.

Esquema 1. Organización conceptual de la política económica

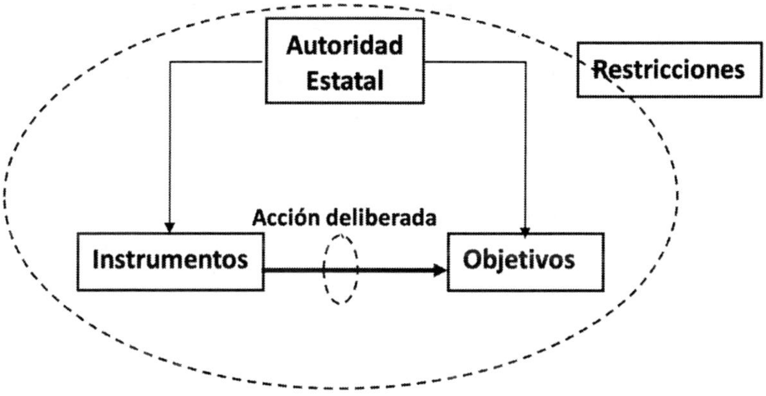

Autoridad Estatal
Restricciones
Acción deliberada
Instrumentos
Objetivos

Los responsables públicos. El primer componente son las autoridades competentes, es decir, la parte superior del estado. La concreción de esa voluntad estatal es una cuestión difícil de precisar, que no puede identificarse con un gobierno omnisciente y omnipotente, sino que depende de la propia estructura política (la sensibilidad hacia la influencia procedente de los agentes de base de la sociedad, es decir, su carácter democrático), organizativa (división vertical —niveles del estado— y horizontal —estructura ministerial y organismos autónomos estatales) y relacional (vinculaciones con otros agentes, como las organizaciones de la sociedad civil o los grupos de presión). Así pues, la voluntad de la dirección del estado está formada por un conjunto de dimensiones heterogéneas y, frecuentemente, contradictorias.

Las restricciones existentes. Las restricciones proceden del marco de normas consuetudinarias o formales (instituciones) que existen en toda sociedad, pero también de la situación estructural de la economía, así como de fenómenos coyunturales. La consideración de las restricciones es esencial puesto que no solo es un factor determinante de la voluntad del estado, sino que también condiciona la realización de la política económica, así como establece sus posibilidades de efectividad y su alcance.

Los objetivos perseguidos. Los objetivos constituyen el listado de pretensiones del estado que se asocian a anomalías existentes en una economía. Por ejemplo, reducir el índice de precios al consumo (IPC) para conseguir frenar la inflación. Mientras que los problemas consisten en fenómenos económicos no deseables, los objetivos se les asocian a aquellos, pero presentan una naturaleza distinta, puesto que constituyen más bien una construcción racional humana.

Las medidas discrecionales. Son el conjunto de instrumentos (soluciones) que el estado tiene a su alcance para intervenir en la economía. En función del horizonte temporal que se considere, se dispondrá de unos o de otros. Por ejemplo, frente a la aparición de tensiones inflacionistas repentinas, las medidas deberán tener, al menos inicialmente, un alcance de corto o medio plazo, mientras que las de largo plazo, relacionadas con cambios en la estructura del aparato productivo quedarán postergadas. También debe señalarse que la perspectiva ideológica condicionara la preferencia por el uso de unas medidas frente a otras.

2.2. Las interpretaciones de la política económica

La precisión de los contenidos de los mencionados elementos conduce a la aparición de dos visiones distintas de aquello que se entiende por las intervenciones del estado.

Visión tecnocrática

Esta perspectiva asume que los problemas tienen un elevado grado de objetividad y que vienen dados desde el exterior al ámbito económico. Estos se encuentran asociados de manera prácticamente unívoca a unos objetivos. Así pues, el complejo problemas-objetivos presenta una clara naturaleza política. Mientras tanto, los instrumentos adquieren un rango de materia económica y son el campo por excelencia de asesoramiento por los economistas. En consecuencia, las discusiones en política económica se refieren a la elección entre los distintos instrumentos existentes y se realizan consideraciones sobre la eficacia en alcanzar los objetivos (y resolver los problemas). Además, esta visión suele encontrarse sesgada por el corto plazo y emana un estaticismo digno de reseñar. Esta perspectiva es la que generó el surgimiento de un esquema simple, conocido como *esquema fines-medios*, donde se relacionaban directamente los objetivos y los instrumentos, que se explicará en el capítulo siguiente.

Este tipo de enfoque se generó después de la segunda guerra mundial al calor de la extensión de las planificaciones indicativas en Europa occidental, siendo impulsores destacados Jan Tinbergen y Ragnar A. K. Frisch. Además, esta visión se enmarcaba en la extensión de la matematización como palanca para la optimización de recursos. Paralelamente, conforme se extendió la ortodoxia keynesiana, esta perspectiva tecnocrática se popularizó puesto que abordaban aspectos agregados (macroeconómicos), que supuestamente se podían manipular por el estado (gestión del ciclo económico). Con la extensión de la macroeconomía derivada de una teoría económica que tenía en su centro de atención el movimiento generado por la iniciativa privada (por ejemplo, el modelo IS-LM), se constituyeron modelos analíticos, en los que aparecían o se introducían marginalmente algunas variables que dependían de la actitud del gobierno (gasto público, impuestos o tarifas arancelarias, entre otras). Con este trasfondo, se manipulaban prácticamente de manera mecánica las mencionadas variables y se identificaban con la política económica. De este modo, la política económica quedaba reducida a una parte marginal del análisis económico de la iniciativa privada.

La política económica y los fallos del mercado

En el contexto explicado hasta el momento, una forma tradicional de justificar la aparición de las intervenciones del estado es que cuando las relaciones directas entre los agentes buscando el beneficio (es decir, el mercado) generan problemas, entonces surge la política económica para cubrir estas deficiencias. Este tipo de concepción se sustenta en dos hipótesis. En primer lugar, que el mercado surge en primer lugar y después se constituye el estado, teniendo este un papel reactivo. Es decir, lo normal es que se desarrollen las relaciones de mercado y, solo cuando estas presentan problemas, entran en juego las intervenciones del estado. En segundo lugar, que las relaciones normales dentro del mercado se rigen por competencia perfecta.

Con estas presunciones de trasfondo, el mercado puede asignar mal recursos, en especial cuando estos no son de uso exclusivo individual o existen problemas para obtener rentas a partir de su explotación (bienes públicos), así como cuando de su utilización se derivan efectos secundarios (externalidad), en especial si son negativos. En ciertos casos, tampoco funciona bien el mercado cuando existe una falta de información o es muy imperfecta, puesto que imposibilita la acción para obtener beneficios. Como respuesta, aparece toda una batería de políticas asociadas a regular mercados o facilitar bienes (bienes públicos o infraestructuras).

En segundo problema en el mercado es que la acción individual de los participantes tenga repercusiones negativas de forma agregada. Por ejemplo, en situaciones de freno productivo, los agentes pueden paralizar sus acciones económicas (reducciones en inversión o en consumo), que conducirían a una presión ulterior a la baja en la actividad productiva. Esta estimularía un estancamiento, que podría empujar a una crisis económica. De la misma manera, en situaciones de bonanza económica, los agentes pueden apostar por excesos en inversiones o de consumo, generando aumentos de precios a corto plazo que distorsionarían la evolución de la economía. Para evitar este tipo de problemas, el estado aplica políticas anticíclicas, aumentando el gasto público, cuando cae el privado, o retirándolo en el momento que detecta acrecentamientos en aquel. En este sentido, las políticas de ajuste de ingresos públicos (fiscales) o las de gasto serían dimensiones destacadas.

El tercer tipo de problemas es que, como resultado de la interacción entre unos agentes y otros de manera descentralizada, los resultados que estos obtendrán diferirán unos de los otros, brecha susceptible de acrecentarse con el tiempo. El resultado es la aparición de fenómenos de desigualdad de renta y riqueza dignos de reseñar. Para evitar este tipo de lacra o, sus efectos más graves, intervendría el estado. Entre las políticas al respecto se encontrarían las estructuras fiscales progresivas o los gastos públicos de lucha contra la pobreza.

Esta visión tecnocrática de la política económica presenta entre sus problemas más importantes que no considera que los agentes sociales tienen intereses propios, cuestión que afecta también al propio gobierno, de manera que acaba dibujando una imagen no ajustada a la realidad. Pero no es menos importante que este tipo de perspectiva se ha desarrollado especialmente en el ámbito de explicaciones macroeconómicas y presenta serios problemas cuando trata de extenderse a segmentos de la economía (por ejemplo, a sectores o actividades económicas), situación que abre una dimensión adicional a los límites de este enfoque.

Visión empirista

Esta perspectiva considera que los problemas (objetivos) son el resultado de la interacción entre agentes o entre éstos y el entorno. Por tanto, estas variables son endógenas a la sociedad y obliga a reconsiderar los objetivos, reorientándolos no solo a corregir los problemas-hechos, sino a modificar las relaciones entre los agentes. Desde este punto de vista, se amplía la perspectiva de la política económica, incluyendo dentro de sus pretensiones la actuación sobre agentes sociales. Así pues, si se considera el problema de la inflación, no basta con la aplicación de políticas agregadas, como las monetarias, sino que se abre un amplio abanico de posibilidades en cuanto a afectar directamente a los agentes que la provocan.

Cuando se concentra la atención sobre los agentes, pasan a un primer plano sus intereses y la política económica debe contemplar como incidir sobre ellos para modificar los efectos negativos (problemas) que se derivan de sus conductas. Por añadidura, los agentes se mueven en un contexto histórico e institucional concreto, que condiciona sus intereses y sus conductas. Por este motivo, esta perspectiva de política económica tiene en uno de sus centros explicativos el ámbito institucional.

Al considerar como muy relevantes los factores institucionales, entonces en esta percepción de la política económica se prima la idea de que la sociedad está impregnada de un conjunto de valores. Los valores son las consideraciones acerca de aquello que está bien o mal en una sociedad concreta, es decir, establecen los puntos de referencia de aquello que se considera como valioso socialmente. Entre ellos destacan la libertad, la igualdad, la seguridad o la sostenibilidad. Desde este punto de vista, no es posible plantearse únicamente como objetivo el crecimiento económico, sin que sea adjetivado por unos valores. Es decir, no se puede hablar de "crecimiento", sino, y siguiendo el primero de los valores apuntados, de "crecimiento para la libertad del conjunto de la sociedad", o crecimiento ecológicamente sostenible. El no hacerlo, como ocurre en la práctica, constituye un sesgo ideológico que tiende a ocultar la naturaleza social y ética de la política económica.

Un elemento que caracteriza a este enfoque es que extiende el análisis en el largo plazo. En este sentido, amplía la gama de instrumentos susceptibles de ser utilizados, al tiempo que percibe mejor que, además de los instrumentos actuales, se pueden construir, con el paso del tiempo y la voluntad del estado, otros nuevos con los que dar solución a los problemas existentes. En este sentido, al ampliar el horizonte temporal, unas variables son los instrumentos para alcanzar unos objetivos, pero, a su vez, estos últimos constituyen instrumentos para conseguir otros objetivos posteriores. De este modo, la dualización entre variables-instrumento y variables-objetivo queda obsoleta y la discusión sobre la politización de los instrumentos o el carácter técnico de los objetivos pasa a ser irrelevante. Más en particular, los instrumentos dejan de ser variables neutrales desde el punto de vista político.

Este tipo de enfoques no está exento de problemas. En primer lugar, no existe un cuerpo teórico relativamente homogéneo al que hacer referencia. En segundo lugar, las ideas avanzadas presentan problemas para realizar explicaciones concretas sistemáticas. Esta última dificultad se encuentra relacionada con los problemas existentes para diseñar políticas económicas que contemplen los intereses de los agentes sociales. Así pues, con bastante frecuencia, este tipo de enfoques se ha limitado a construir críticas a las políticas efectivamente aplicadas, pero sin ofrecer líneas claras de intervención en la economía.

La evolución de la política económica y las relaciones mercado-estado

Se pueden distinguir varias etapas, en un periodo reciente, en las relaciones mercado-estado y, en consecuencia, en la determinación de la política económica. De un modo breve podemos distinguir cuatro etapas, poniendo el énfasis en aquello que ha ocurrido en los países desarrollados.

A partir del siglo XV, aproximadamente, empiezan a configurarse algunos estados-nación. Las economías eran muy simples, poco integradas internamente y con estados pequeños. La economía se desarrollaba espontáneamente, mientras que el estado controlaba ciertas actividades que le generaban ingresos y establecía algunos tributos de los que obtenía recursos financieros para cubrir sus actividades. A finales del siglo XVIII y principios del XIX, los cambios se aceleraron a la luz de la aparición de las primeras industrializaciones, en especial, en Inglaterra. Con este trasfondo, se comenzó a predicar la no intervención del estado en la economía y a reducir el papel de la política económica, coherente con las nuevas fuerzas industriales que se estaban desarrollando. Así pues, las relaciones mercado-estado se caracterizaron por una cierta reducción de las intervenciones del segundo en el primero.

A partir de mediados del siglo XIX, se constató la creación de una segunda ola industrializadora en especial en Alemania y en EE.UU., que promovió toda una gama de intervenciones estatales, sustentadas en el proteccionismo interno y el apoyo a la industria naciente. A este respecto, son destacadas las aportaciones del alemán Friedrich List. Cabe señalar que, conforme se consolidó la industrialización y, en especial, en el caso de Alemania, comenzaron a establecerse políticas sociales de apoyo a la población, encontrándose entre sus defensores más destacados el profesor Gustav von Schmöller, miembro destacado de la Escuela Histórica Alemana. Así pues, teniendo como referencia el caso líder de Alemania, las relaciones mercado-estado fueron cambiando sustancialmente y se desarrolló una política económica activa comercial (proteccionismo), de apoyo sectorial (al agro y a la industria) y social.

Esta situación cambio a partir de la I Guerra Mundial. En ese momento aparecieron serias dudas acerca de la viabilidad de la sociedad capitalista y se significaron dos tipos de proyectos políticos alternativos: la planificación parcial fascista y la universalista soviética. Ambos casos sirvieron de ejemplo de referencia al resto de países desarrollados para conseguir una recuperación industrial, después del crack de 1929 en EE.UU. (la conocida como *New Deal*) y después de la II Guerra Mundial en Europa. En particular, se creó una planificación indicativa, en la que el estado aparecía como agente dinamizador de primer orden de la economía. Cabe subrayar que también después de la mencionada confrontación bélica surgió la idea de gestionar por parte del estado los ciclos económicos (keynesianismo), al tiempo que se extendió la mayor participación estatal en el bienestar de la población (estado benefactor). Así pues, después de la conflagración bélica y hasta los años 70, las relaciones mercado-estado se vieron sensiblemente modificadas respecto a lo conocido hasta el momento, ampliándose y diversificándose las facultades de la segunda parte del binomio.

La crisis de los años 70 abrió un cambio en el modelo de crecimiento, donde se estableció al sector financiero como motor de arrastre de la economía y en el que el estado se retiró de muchas áreas donde intervenía (en términos productivos, en gestión del ciclo y en el ámbito social). Este cambio en las relaciones mercado-estado se consolidó hasta la crisis iniciada en 2008 y, después de varias turbulencias, sería posible que se acrecentase esa tendencia apuntada, después de que queden atrás los primeros graves efectos de la crisis del COVID-19.

No obstante, en la actualidad, se están dibujando dos modelos, a saber, uno de desintervención estatal en los países tradicionalmente desarrollados y, otro, que promueve una fuerte intervención pública productiva y social en países emergentes, siendo un caso paradigmático de este caso el de China. Para entender la futura evolución de las relaciones mercado-estado no se debe dejar de prestar atención a que Europa y EE.UU. se encuentran en una situación de declive con expectativas nada halagüeñas de futuro y que la dinámica económica se está desplazando fuertemente hacia oriente.

3. LÍMITES EN EL ALCANCE DE LA POLÍTICA ECONÓMICA

Quizá de la exposición avanzada hasta el momento se puedan depositar grandes esperanzas en el papel que juega el estado en la gestión de los problemas socioeconómicos. Sin embargo, el alcance de sus actuaciones presenta serios límites. En primer lugar, aparecen problemas informativos. Con frecuencia es difícil obtener datos sobre qué está ocurriendo en la sociedad, como la ausencia de estadísticas o su falta de correspondencia con los fenómenos que allí acontecen.

En segundo lugar, aparecen problemas de procesamiento de la información y de toma de decisiones, como se trata de que el estado posee distintos niveles de gobierno, cuyas relaciones suelen estar caracterizadas por la falta de comunicación, a las que se le ha de añadir las contracciones existentes en sus áreas de competencia de gestión. Adicionalmente, cabe señalar que la parte superior del estado está formada por un conjunto de políticos, cuyos intereses filtran la capacidad de obtener información y de actuación estatal. Asimismo, el estado puede funcionar porque existe una estructura administrativa (burocracia), cuyas características condicionan aquello que puede hacer. También podría considerarse explícitamente, la voluntad popular, expresada a través de votaciones, que adquiere una forma u otra en función de la consideración que se haga de las mayorías (mayorías simples o cualificadas), así como de la capacidad de excluir a las minorías, situaciones ambas que condicionan la información con la que opera el estado y sus pretensiones de actuación.

En tercer lugar, se pueden poner de relieve los límites en la puesta en práctica de las medidas adoptadas por el estado. Por un lado, puede ocurrir que no existan instrumentos adecuados para alcanzar los objetivos establecidos, o que sea difícil establecerlos porque estos últimos sean contradictorios entre sí mismos. Por otro lado, pueden existir instrumentos, pero no estar adaptados a las condiciones de la sociedad o a la estructura de gobernación del estado. Asimismo, se pueden adoptar decisiones, pero no tener los resultados en el momento deseado (retardos), pudiendo generar problemas graves adicionales.

No obstante, una característica del estado es que se encuentra estrechamente ligado a la sociedad, situación que no es de extrañar porque, aunque se suele olvidar, constituya una forma de organización social. En particular, el estado presenta una gran influencia sobre la economía, especial visible después de la II Guerra Mundial, debido al tamaño que fue adquiriendo y a causa de su capacidad de regular el funcionamiento del sector privado. Este último elemento es especialmente relevante porque el estado condiciona el beneficio del sector privado y la expansión de sus actividades, que son una variable estratégica en toda economía capitalista. Pero, a su vez, el sector privado condiciona al estado. Desde un punto de vista estático, las actitudes del estado dependen de la fisionomía del sector privado, pero desde una perspectiva dinámica, este último, o partes de este, conocedor de la influencia del quehacer del sector público sobre su beneficio actual y futuro, tratará de influir sobre su comportamiento. Esta realidad pone en evidencia las estrechas relaciones entre los sectores público y privado, y, por tanto, la ficción del dilema estado vs. mercado (esta constatación resulta especialmente destacable cuando se tiene presente la existencia de empresas de gran tamaño).

Esquema 2. Relaciones estado-mercado

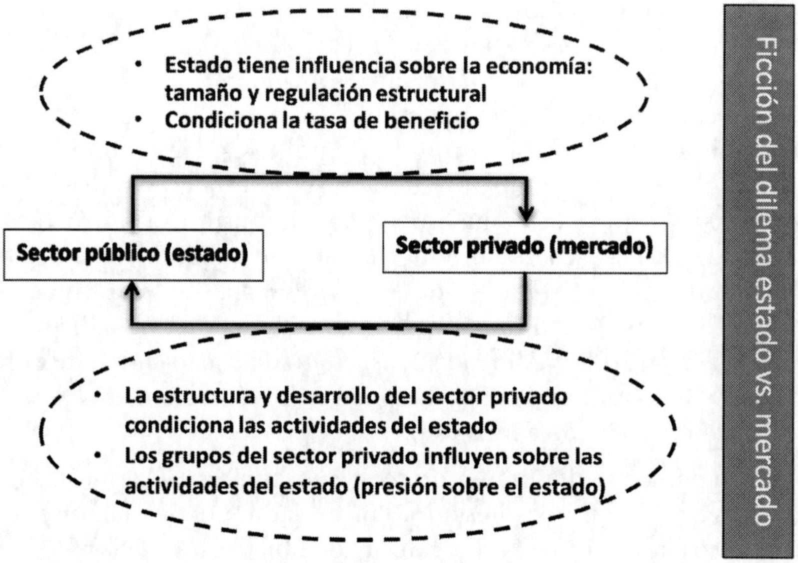

- **Estado tiene influencia sobre la economía: tamaño y regulación estructural**
- **Condiciona la tasa de beneficio**

Sector público (estado) → **Sector privado (mercado)**

- **La estructura y desarrollo del sector privado condiciona las actividades del estado**
- **Los grupos del sector privado influyen sobre las actividades del estado (presión sobre el estado)**

Ficción del dilema estado vs. mercado

A la luz de las últimas consideraciones emerge a la superficie la importancia de las presiones del sector privado sobre el estado y, por ende, sobre la política económica. No debe olvidarse que las sociedades objeto de referencia en este libro son las de tipo capitalista en las que el beneficio se encuentra en el centro de la lógica de comportamiento del sector privado. Con este trasfondo, cualquier acción para conseguir beneficios se puede poner en marcha y no solo las ortodoxas económicas relacionadas con reducir costes, mejorar calidades de productos y similares. Por el contrario, las conductas heterodoxas se han ido acrecentando conforme aumentaba el tamaño del estado, centralizaba mayor cantidad de recursos financieros y regulaba más actividades económicas. Por ese motivo, las presiones sobre el estado por parte del sector privado con el objetivo de aumentar los beneficios obtenidos y, en su caso, expandir su actividad, pasan a un primer plano y son esenciales para interpretar aquello que acontece en la política económica.

Se pueden distinguir tres grupos de presiones sobre el estado por parte sector privado. Por razones didácticas, las tres formas de presión se exponen aisladas, una a continuación de la otra, pero, con frecuencia, existen estrechas relaciones entre ellas.

En primer lugar, se podría apuntar una presión legal. Esta se encuentra relacionada con ciertos ofrecimientos del sector privado, en particular por parte de los grupos de presión, por facilitar información al estado, con mayor o menor sofisticación, para que quede registrado por este y condicione su toma de decisiones en política económica. Esta transmisión de información puede adoptar varias formas, como difusión de sus ideas en los medios de comunicación (artículos de opinión, informaciones repetitivas, encuestas, etc.), persuasión política (publicación de informes de técnicos de expertos), adhesión de agentes estratégicos (grupos sociales, expertos o personas con cierta relevancia en algún ámbito social), incidencia sobre cargos políticos (ofreciendo soluciones a problemas políticos presentes o salidas profesionales personales futuras) o financiación de actividades de los partidos (como supuesta muestra de adhesión al proyecto político de la formación política beneficiada). Asimismo, se puede influir llevando a cabo colaboraciones entre el sector público y el privado, en los que ambos presentan interés o recibiendo el segundo compensaciones ulteriores.

Un segundo tipo de presiones sobre el sector público sería el de carácter semilegal. Dentro de estas se encuentran las intimidaciones, como se trata de las amenazas realizadas por grupos empresariales de no realizar parte de sus funciones, por ejemplo, abastecer de energía a un determinado mercado. Estas pueden llevarse finalmente a la práctica en forma de acciones directas, como, por ejemplo, las convocatorias de huelgas. Sin embargo, dentro de este grupo, vale la pena señalar la existencia de unas presiones muy extendidas y a las que, en función del momento, se les presta más atención. Se trata del fenómeno de la captura del estado. Este se da cuando agentes sociales presionan sobre el estado para que la política regulatoria o financiera se desarrolle en su beneficio. La presión se puede realizar en todos los ámbitos en los que puede tener relación la política económica. En este sentido, los grupos privados pueden facilitar legislación ya elaborada (captura del legislador) o contribuir sensiblemente en sus desarrollos gubernamentales específicos (captura del poder ejecutivo), pueden presionar en la puesta en práctica de la legislación (captura del regulador) o en la interpretación de las normativas legales (captura del poder judicial). Originariamente, se subrayó este fenómeno en su faceta de puesta en práctica de la legislación, y se prestó atención a las presiones del sector privado para que las normativas legales se acomodaran a sus intereses particulares. Por este motivo, se le denominó captura del regulador, sin embargo, tal como se ha apuntado, se trata de un hecho que afecta a muchos más ámbitos y va más allá de la puesta en práctica de la política económica.

Quizás sea relevante añadir dos matizaciones adicionales. En primer lugar, la captura del estado no se realiza de manera conflictiva, sino que se acomete facilitando información (que entrarían en las formas legales de influencia sobre el estado, que se han comentado más arriba), ofreciendo salidas profesionales futuras a los miembros del estado o introduciendo personal vinculado al sector privado en puestos de alta responsabilidad estatal (puertas giratorias, es decir, el paso de personal estratégico del sector público al privado y viceversa) u ofreciendo servicios especiales de supuesto interés público. Así pues, para entender mejor este fenómeno se le podría considerar más bien como una *seducción del estado.* En segundo lugar, esta captura significa que en la política económica, en especial, regulatoria elaborada en un determinado ámbito prevalezcan de una manera sistemática los intereses privados específicos de un agente económico sobre los públicos o generales.

El tercer tipo de presión sobre el sector público tiene un carácter ilegal. Un caso típico es la realización de actividades criminales, como se trataría de asesinatos de cargos públicos relevantes, tal como aconteció en Japón en los años 30 del siglo pasado o en Italia vinculado a actividades mafiosas. También entrarían dentro de este grupo las actividades de sabotaje o la financiación ilegal de partidos políticos. Sin embargo, vale la pena destacar, por su gran trascendencia, la corrupción. Existen diversos tipos de definiciones según el ámbito de análisis al que se le preste más atención, pero se suele entender por corrupción a la apropiación ilegítima (o mal uso) de un bien-servicio (aquí se incluyen las regulaciones estatales, tanto en su elaboración como en su ejecución) público en beneficio privado. Por supuesto, esta afirmación supone que existe un agente (un político o un miembro de la administración pública), que cambia el comportamiento del estado, obteniendo unos flujos financieros (monetarios o en especie), denominados sobornos, orientados a lucrarse individual o grupalmente (incluyendo al partido político al que pertenece el individuo afectado).

Para precisar mejor el concepto de corrupción se puede apuntar un par de clasificaciones. En primer lugar, según el grado de rechazo social, criterio que es relevante por su impacto en las contiendas electorales, contribuyendo a cambiar la estructura política del parlamento y el partido político que encabeza el gobierno. Desde este punto de vista, aparecería una corrupción blanca, con escaso rechazo social, que puede consistir en el uso de bienes públicos con fines personales, pero donde también se incluirían los gastos excesivos o el derroche de recursos públicos. A continuación, aparecería la corrupción gris, con rechazo de parte de la población, como el uso de información privilegiada o, en ciertos casos, se podría considerar también la captura del estado. Finalmente, se encontraría la corrupción negra, que padece un rechazo social generalizado, como el robo de fondos públicos, el uso del cargo público beneficiando deliberadamente a agentes privados o el tráfico de influencias.

Una segunda forma de clasificación de la corrupción es según la parte del estado afectada. Desde este punto de vista, la corrupción puede clasificarse en dos tipos. En primer lugar, la política, que afecta a los parlamentos o a los gobiernos. Esta consiste en pagos ilegales que se realizan a miembros del gobierno o también en la compra de votos de parlamentarios. El resultado se plasma en la aprobación de normativas o de proyectos en beneficio de aquellos que pagan los sobornos, aunque también puede afectar a la ejecución de grandes proyectos. Este tipo de corrupción tiene su impacto más importante sobre la definición y el diseño de la política económica. En segundo lugar, se encuentra la corrupción burocrática. Esta afecta al cuerpo funcionarial del estado y también se materializa en la realización de sobornos. No obstante, este tipo de corrupción afecta normalmente a la ejecución de proyectos o a la puesta en práctica de normativas y se sustenta en la capacidad que tiene el cuerpo burocrático para dar prioridad a unas normas sobre otras o de reinterpretar la legislación existente. Así pues, en este caso la corrupción afecta a la ejecución de la política económica.

Entre las consecuencias de la corrupción destacan las estrictamente económicas y las relacionadas con la política económica en concreto. La corrupción supone el uso de mecanismos paralelos a los de mercado, de manera que se altera la eficiencia de este para asignar los recursos, al tiempo que distorsiona la distribución de la renta. En concreto, la corrupción aumenta los ingresos o reduce los costes de ciertas empresas privadas e introduce anomalías en sus relaciones. El segundo tipo de consecuencias tiene relación con la política económica. Un ámbito que aparece muy afectado es el de las políticas de regulación. Por ejemplo, la aprobación de restricciones a que empresas que puedan participar en ciertas actividades en beneficio de las que han pagado los sobornos. También la corrupción presenta un impacto muy negativo en términos presupuestarios estatales puesto que se orienta a la reducción de pagos de impuestos o bien a ser beneficiario de gastos públicos. Así pues, la corrupción limita la eficacia y eficiencia de la política económica, pero, en términos más generales, introduce una dimensión de arbitrariedad en las conductas del estado, de modo que se crean problemas de legitimidad, al tiempo que genera sombras sobre la autoridad de los niveles superiores de gobernación, que no pueden llevar a la práctica sus proyectos políticos.

La Política Económica como disciplina

Debe ponerse de relieve la distinción entre las actuaciones concretas del estado o políticas económicas y la Política Económica como disciplina científica. Esta última estudia las intervenciones del estado en la economía. Como su centro primero de atención es el estado, la dimensión política es esencial. Así pues, la Política Económica es el resultado de la confluencia entre la Economía y la Política, pero no debe olvidarse, como se suele apuntar, que el componente político es el "sustantivo", mientras que el "económico" es el adjetivo. La Teoría Económica es una fuente inspiradora de la Política Económica, pero como ha concentrado su atención en el análisis económico de la iniciativa privada, ha dejado de lado la preocupación analítica acerca del estado y sus intervenciones, y, por tanto, explicar la política económica necesita del complemento de los logros científicos procedentes de otras disciplinas. Esta situación ha llevado a hacer la distinción entre la Teoría Económica y la Teoría de la Política Económica.

Por otra parte, y con una fuerte influencia anglosajona, se ha ido extendiendo la idea de Economía Aplicada, en gran medida como agrupación de las contrastaciones empíricas de las teorías económicas (sobre la iniciativa privada, como se ha subrayado antes). Desde ciertos puntos de vista, se ha considerado a la Política Económica como una aplicación de la Teoría Económica y, por tanto, como una "economía aplicada". Sin embargo, dada la génesis de la actual Teoría Económica, y como parte de las aspiraciones de la Política Económica van más allá del ámbito estrictamente económico, es cuestionable que esta disciplina se pueda reducir a una simple economía aplicada.

En términos históricos, inicialmente surgió la Economía, bajo el nombre de Economía Política, como una parte de las ciencias sociales, morales o políticas. Pero fue ya iniciado el siglo XIX, cuando el autor alemán Karl Rau (1792-1870), escribió una trilogía sobre Economía Política, durante el periodo 1826-1832, en la que, en su segundo volumen, le concedía un rango especial a la Política Económica como parte autónoma. La perspectiva de Rau hundía sus raíces en las tradiciones alemanas de administración del estado (cameralismo), matizadas con ciertas influencias liberales procedentes de Inglaterra. Hasta finales del mencionado siglo, la visión de Rau fue dominante en Alemania e, incluso, a principios del siglo XX se notaba su influencia en las obras de autores como Richard van der Borght (1903), Friedrich von Kleinwachter (1911) o Josef Grunzel (1909-10).

Los enfoques que concedían una atención especial a las intervenciones gubernamentales fluyeron desde Alemania a Italia, siendo pionero en este último país Luigi Fontana-Russo (1907 y 1935), seguido por figuras que aparecieron en los años 20-30 como Vicenzo Porri, Corrado Gini o Gustavo del Vecchio. Estas tendencias contrastan con las aparecidas en Francia, pero especialmente en Gran Bretaña, donde generalmente se incluyen las intervenciones del estado dentro de una economía aplicada, sin conceder rango especial a la Política Económica como disciplina, perspectiva enraizada en la visión liberal generada en Inglaterra como país pionero en su industrialización.

En el caso de España, aunque llegó a introducirse la idea de la disciplina de la Política Económica hacia mediados del siglo XIX a través de los economistas Andrés Borrego (1844) y Manuel Colmeiro (1845), habrá que esperar a principios del siglo XX para que se creen las primeras cátedras de Política Económica, y de la mano del primer catedrático, Víctor Brugada, sean impulsados estos estudios. Sin embargo, la guerra civil en España, entre otros motivos, cortó los esfuerzos realizados y solo con el inicio de la creación de las facultades de economía, a partir de 1944, se extendieron de manera más sólida los estudios sobre Política Económica.

4. ELEMENTOS DE UN NUEVO ENFOQUE DE LA POLÍTICA ECONÓMICA: CONSENSO Y PODER

La Política Económica se ha caracterizado tradicionalmente por su enfoque estático, que le ha imprimido limitaciones interpretativas, tanto respecto a la compresión de la realidad, como en cuanto al asesoramiento. Para aumentar su relevancia se requiere dinamizar sus planteamientos. Una manera de iniciar una crítica es a través de repensar aquello que tradicionalmente iniciaba la reflexión de la política económica, a saber, los problemas de trasfondo. Estos se han concebido como dados exógenamente (situaciones rechazables que aparecen y que deberían ser cambiadas). Tal como se apuntará en el siguiente capítulo, estos problemas adquieren un rango especial porque son interpretados así por los propios agentes participantes en la sociedad. Más aún, al menos parte de esas irregularidades son generadas por los actores sociales. Estas consideraciones conducen a atisbar que los agentes sociales son el marco de la política económica, pero, más aún, pueden transformarse en el objetivo de esta.

Que se susciten como relevantes unos problemas y no otros, o que se establezcan unas soluciones por parte del estado en lugar de otras, no solo depende de los propios agentes sociales en sí mismos, sino de las relaciones entre éstos. Esto es así porque el marco de referencia utilizado es la existencia de una sociedad. Así pues, la relación entre agentes sociales pasa a un primer plano en la política económica. A este respecto, un factor esencial para una reinterpretación de la política económica supone una "descosificación" de los fenómenos-problemas económicos y reconsiderarlos como resultados de las relaciones sociales.

Las relaciones entre los agentes pueden ser de cooperación o de conflicto. Estas últimas son especialmente relevantes de cara a las explicaciones de política económica por las inestabilidades sociales que pueden provocar. Los conflictos activan a los actores, movilizan recursos, promueven coaliciones y estimulan tensiones. Debe señalarse que, tal como se ha apuntado con anterioridad, los conflictos no solo tienen lugar en la sociedad-economía, sino también dentro del propio estado, debido, entre otros motivos, a las interrelaciones existentes entre sus diversas partes.

Desde este punto de vista, el estado y, por ende, la política económica, tendrá como referencia los conflictos sociales. Por un lado, la percepción del estado acerca de los conflictos estará condicionada por la interrelación de los grupos organizados de la sociedad con la propia estructura estatal y sus agentes internos (por ejemplo, la administración pública o los distintos niveles de gobernación del estado). Por otra parte, porque los conflictos se plasman en fenómenos económicos y sociales valorados negativamente. Así pues, una de las fuentes que suscitan las intervenciones del estado (política económica) es la aparición de conflictos sociales o la manifestación de sus resultados (inflación, desempleo, desequilibrios exteriores, déficit público, desindustrialización, etc.).

Aquello que se ha apuntado hasta el momento pone en un primer plano en el análisis el conflicto (en el mercado, en el estado o en sus relaciones mutuas) como provocador de la política económica. Sin embargo, una cuestión distinta es qué da la lógica a la consolidación o a la puesta en práctica de una política económica en la realidad. Esto conduce a tener presente que un elemento esencial de las sociedades es su supervivencia (reproducción a largo plazo), que se sustenta en la generación de estabilidad (a corto y medio plazo). Y, esta última, tiene en su centro el consenso social. En este ámbito, el estado, como una de las principales formas organizativas sociales, presenta dentro de sus fines la consecución de esa estabilidad. Por este motivo, la política económica será efectiva en la medida en que contribuya a establecer consensos sociales. Así pues, un nuevo enfoque de los análisis de política económica presentaría en su centro la forma en cómo llegar a consensos sociales, desplazando o amortiguando los conflictos.

Conseguir (o al menos un cierto) consenso social, no significa que todos los agentes sociales participen o que, en caso de hacerlo, tengan la misma influencia. La asimetría en las relaciones es una característica inevitable. Así pues, en la configuración y aplicación de una política económica efectiva se ha de tener presente que no todos los grupos sociales participan y, aquellos que son activos, lo hacen desde posiciones distintas, con mecanismos diferentes y con diversa intensidad.

Este tipo de consideraciones pone en un primer plano el concepto de poder, es decir, la capacidad de los agentes para imponer a otros sus propósitos estratégicos o circunstanciales (en especial, cuando los otros tienen pretensiones distintas). En este contexto, la política económica pasa a ser una parte de un juego social, siguiendo las aportaciones de Matus (véase el cuadro posterior), en el que los agentes luchan por mantener y extender sus recursos de poder, dentro de un contexto (cambiante), físico e institucional. Los recursos de poder son movilizados dentro de la economía descentralizada (el mercado), pero también, en la medida de lo posible, dentro del propio estado para que, a través de la política económica se contribuya a la consecución de sus pretensiones. La confluencia dentro del estado de las acciones de los agentes sociales supone que, aunque el gobierno tiene autoridad y cuenta con recursos de poder, tiene una capacidad de maniobra limitada. Esta requiere del apoyo, colaboración o connivencia de grupos sociales. Por este motivo, las intervenciones del estado constituyen un vector, con mayor o menor fuerza, para alcanzar los objetivos y, en definitiva, para modificar la realidad. Esta perspectiva pone en un primer plano la capacidad de negociación del estado, de convencer y de comunicar a la sociedad, abriendo nuevas dimensiones analíticas a la Política Económica.

La Planificación Estratégica Situacional (PES) y la política económica

La planificación estratégica situacional fue elaborada por Carlos Matus, presentando sus inicios en su trabajo "Estrategia y plan", seguido con "Planificación de situaciones" y culminando en la obra póstuma "Teoría del juego social". El concepto de PES es una reacción a la consideración de que se debe renunciar a construir el futuro de una sociedad, defendida por los defensores a ultranza del mecanismo de mercado. También es una respuesta a los defensores de la planificación centralizada que pretendía predecir y determinar exactamente el futuro, obviando las dinámicas político-económicas, internas y externas.

La PES presta atención a la existencia de multitud de agentes (gobierno, patronales, sindicatos, grupos de presión, empresas multinacionales, etc.), en un contexto concreto institucional y de integración internacional del país. En estas condiciones, la PES pretende contribuir a dibujar el futuro de la sociedad-economía, partiendo de un contexto específico. La primera característica es la que fundamenta su aspecto de "estratégico" y la segunda su faceta de "situación".

Una situación en la PES está definida por la confluencia de diversos agentes (entre los que se encuentra el gobierno y sus estructuras), con diversos intereses, dotados de distintos recursos de poder, que dibujan expectativas para alcanzar sus pretensiones (sintetizadas en aumento en sus recursos de poder). Las situaciones están impregnadas de incertidumbre vinculada a problemas informativos, no solo acerca de las conductas y capacidades de los agentes implicados, sino también sobre qué actores existen en la realidad, o de cómo se perciben ellos mismos (ausencia de claridad en sus intereses y en sus capacidades para movilizar recursos de poder).

Desde esta concepción, el gobierno (y la política económica) constituye un agente más en el juego del conjunto de actores de un país, aunque hay que reconocer que dispone de una posición privilegiada, entre otros motivos, debido a la gran centralización de recursos financieros de los que dispone y a causa de su capacidad de regular la sociedad. Pero estos rasgos estimulan el interés del resto de agentes en penetrar en el estado para que se incline en favor de la defensa de sus intereses particulares.

Así pues, la PES ilumina una interpretación más omnicomprensiva de la política económica, en la que se integra no solo la dimensión económica, sino también la social, la psicológica, además de, por supuesto, la política. Es decir, es defensora de una transdisciplinariedad (concepto que va más allá de la superposición de distintas disciplinas, que es como se suele interpretar la interdisciplinariedad) y, en este sentido, la PES trata de ir más allá de la visión que ofrece la política económica tradicional de fragmentación de la realidad (distintos tipos de políticas económicas aisladas unas de otras). Por tanto, la PES puede constituirse en un punto de referencia para una reconstitución de la Política Económica en el siglo XXI.

Conceptos clave

Mercado	Medidas discrecionales
Estado	Objetivos de política económica
Relaciones de intercambio	Visión tecnocrática de la política económica
Función institucional del estado	Enfoque de los fallos del mercado
Función estructural del estado	Enfoque empírico de la política económica
Función estabilizadora del estado	Valores en la política económica
Función legitimadora del estado	Presiones legales sobre el estado
Función dinamizadora del estado	Presiones semilegales sobre el estado
Política económica	Presiones ilegales sobre el estado
Política Económica	Captura del estado
Responsables políticos	Corrupción
Restricciones a la política económica	Poder
Dilema estado vs. mercado	Conflicto
	Consenso en política económica

Bibliografía de referencia

Arias, X. C (1996): *La formación de la política económica.* Cívitas, Madrid, cap. 1, 2 y 3.

Arias, X. C. (2018): "Política económica: redefiniciones al filo del abismo" en Tomás, J.A. y Sánchez, A.: *Política Económica 2017.* Tirant lo Blanch, Valencia, pp. 87-100.

Arias, X. C. (2022): "Economía española: las instituciones importan". *Papeles de economía española,* nº 168, pp. 2-19.

Cabrillo, F. (2018): "La economía, el estado y el derecho". *Información Comercial Española,* nº 905.

Cuadrado, J. R (dir) (2023): *Política económica. Elaboración, objetivos e instrumentos.* McGraw Hill, Madrid (séptima edición), cap. 1 y 2.

Gómez, J. L. (2019): *Economía y política.* UNED, Madrid, cap. 1, 2 y 5.

Fernández, M. A. (2000): *La competencia.* Alianza, Madrid.

Lapuente, Víctor (2016): *La corrupción en España.* Alianza, Madrid, cap. 1 y 2.

Marín, J. Mª y García, J. (2017): "La intervención pública en la economía: Hacia un nuevo concepto de la Política Económica" en Mancha, Tomás (coord.): *Política Económica, economía regional y servicios.* Thomson Reuters-Civitas.

Matus, C. (2008): *Teoría del juego social.* Universidad Nacional de Lanús - Fundación Altair, Buenos Aires

Mazzucato, M. (2019): *El valor de las cosas.* Taurus, Madrid, cap. 8.

Mazzucato, M. (2021): *Misión economía Una guía para cambiar el capitalismo.* Taurus, Barcelona.Pons, C. (2018): "Los beneficios sociales de la competencia y su defensa". *Información Comercial Española,* nº 905, pp. 109-120.

Sánchez, A. y Tomás, J. A. (2017): "La política económica y sus ciclos de vida" en Aranda, E., Pérez, S. y Sánchez, A. (coords.): *Política económica y entorno empresarial.* Pearson, Madrid, pp. 3-26.

Tirole, J. (2015): "Fallos de mercado y políticas públicas". *Papeles de Economía Española,* nº 145, pp. 3-15.

Tomás, J. A. (2016): "La política económica en el siglo XXI" en Sánchez, A. y Tomás, J. A.: *Política Económica 2015.* Tirant lo Blanch, València, pp. 91-116.

Tomás, J. A. y Sánchez, A. (2017): *Conflictos de mercado y de estado en la política económica.* Tirant lo Blanch, València.

Tema 2

La configuración de la agenda y el diseño de la política económica

De una manera breve, la política económica consiste en una acción deliberada de las autoridades estatales por la que se adoptan unas medidas con las que se pretenden alcanzar unos objetivos económicos y resolver problemas existentes. No obstante, un análisis con mayor profundidad requiere dar un paso hacia adelante. De hecho, esta perspectiva concentra *de facto* su atención en una dimensión de la política económica, en concreto en la fase del diseño, pero obvia parte de los retos que aparecen en el propio establecimiento de los instrumentos y su ajuste con los objetivos perseguidos, amén de no entrar a discutir por qué se establecen unos objetivos y no otros, u omite alusiones a la puesta en práctica de las propias políticas económicas.

En este capítulo, se ampliará y precisará la perspectiva anterior a través del concepto de agenda gubernamental, en la que se pondrá de relieve cómo se establecen los objetivos que persigue el gobierno y los instrumentos con los que pretende llegar a conseguirlos. Se iniciará la exposición explicando por qué un hecho se transforma en un problema dentro de la política económica, después, se concretará la atención en cómo aquellos se transforman en objetivos y, finalmente, se explicitará la forma (instrumentos) del gobierno, es decir, las soluciones, para alcanzar las mencionadas pretensiones y resolver los problemas.

1. LA GESTACIÓN DE LA AGENDA: LOS PROBLEMAS DE TRASFONDO

La agenda alude al conjunto de objetivos que son perseguidos por el gobierno y a los problemas socioeconómicos que se encuentran de trasfondo. La acción de la política económica requiere el reconocimiento de un problema como público. Esto significa que un aspecto socioeconómico sea identificado como un problema y que se exprese la necesidad de una actuación estatal. Es decir, la definición de la agenda presenta al menos tres ámbitos:

- Reconocimiento de un problema como social
- Establecimiento de la necesidad de la intervención pública
- Asociar el problema a un objetivo (que se encuentre en un lugar relevante dentro de las prioridades de intervención del estado)

John Kingdon definió la agenda como "El listado de aspectos o problemas a los que los políticos, o agentes estrechamente relacionados con esos políticos, le prestan una atención especial en un momento determinado".

En este ámbito de la política económica, las preguntas relevantes son:

- ¿qué es percibido como un problema de política económica?
- ¿cómo y cuándo un problema se introduce en la agenda del gobierno?
- ¿por qué otros problemas son excluidos de la agenda?

En una sociedad ocurren distintos fenómenos, pero muchos de ellos no se consideran problemas. Por ejemplo, hasta hace relativamente poco tiempo la no integración de la mujer en el mercado laboral no se consideraba un problema económico, sino que se trataba más bien de un asunto de ámbito familiar. Del mismo modo, en muchos países, la existencia de un bajo nivel educativo o sanitario, no se considera un problema al que las autoridades públicas deban prestar atención especial y se asume que es la propia iniciativa privada la que debe dar soluciones a estos interrogantes. Finalmente, puede destacarse que, en las economías capitalistas el motor de la dinámica recae sobre el capitalista, pero la ausencia de espíritu empresarial raramente se concibe como un problema al que el sector público le deba ofrecer una respuesta.

Por tanto, los problemas socioeconómicos no existen de manera objetiva, sino que dependen de cada sociedad y del momento histórico considerado. Así pues, los problemas no existen, sino que se construyen. En definitiva, es la propia sociedad la que define los problemas socioeconómicos y, por tanto, entre los elementos esenciales acerca de la consideración de qué es un problema económico susceptible de ser abordado por el estado se encuentra la propia situación socioeconómica, los agentes sociales existentes y sus relaciones, así como las ideologías predominantes.

En general, la configuración de un problema como tal se puede explicar de cuatro maneras:

- como situación. En este caso, el problema es un estado de dificultad o la aparición de un conjunto de condiciones no deseables. Por ejemplo, la falta de productividad de la tierra.
- como discrepancia. Desde esta perspectiva, el problema se asocia a la diferencia entre aquello que es y lo que debería ser. Por ejemplo, el elevado fracaso escolar.
- como amenaza, es decir, aquello que podría ir mal en el futuro, como la aparición de cuellos de botella en el abastecimiento de energía importada.
- como oportunidad, o sea, la apreciación de aspectos que se pueden desaprovechar, como podría ser la posibilidad de desarrollo de actividades industriales creadoras de empleo cualificado.

Las dos primeras concepciones sobre la configuración de un problema presentan una perspectiva estática o sincrónica, al tiempo que suponen un enfoque reactivo, es decir, aparece el problema y se reacciona para abordarlo. Sin embargo, las dos últimas percepciones de la construcción de un problema se incluyen en una dimensión dinámica o diacrónica, en la que la acción es proactiva (antes de que pueda aparecer la irregularidad, se tiene presente).

Una vez que un fenómeno social se ha atisbado como un problema, no es inmediata su introducción dentro de la política económica del estado. Al menos se requerirán tres concreciones. En primer lugar, se habrá de construir el problema como "problema público", es decir, se habrá de asumir que se trata de un ámbito de intervención estatal. Por ejemplo, tradicionalmente en EE.UU. se asume que la salubridad de la población es un problema, pero, en general, no se concibe como un problema público, excepto para algunos colectivos sociales (pobres y ancianos). En segundo lugar, se ha de definir el problema en sí mismo, en general, fijando en qué consiste, estableciendo las dimensiones cualitativas y cuantitativas de la irregularidad y concretando los factores que le afectan. Por ejemplo, durante mucho tiempo el trabajo precario no era considerado como un problema real puesto que la definición era genérica y las estadísticas al respecto eran escasas y muy pobres informativamente para saber su envergadura y su alcance. En tercer lugar, se ha de evaluar la capacidad para solucionar el problema. Con frecuencia en este ámbito se suele incluir un análisis coste-beneficio de acometer la solución del problema. Un caso extremo de esa faceta supone que no pueda resolverse el problema. En este ámbito de discusión entraría la erradicación total de la pobreza dentro de una economía, que se estima que es imposible de conseguir, y se suele sustituir por el reto de mejorar las condiciones de vida de segmentos de población prioritarios de referencia.

Esquema 1. La formación de la agenda

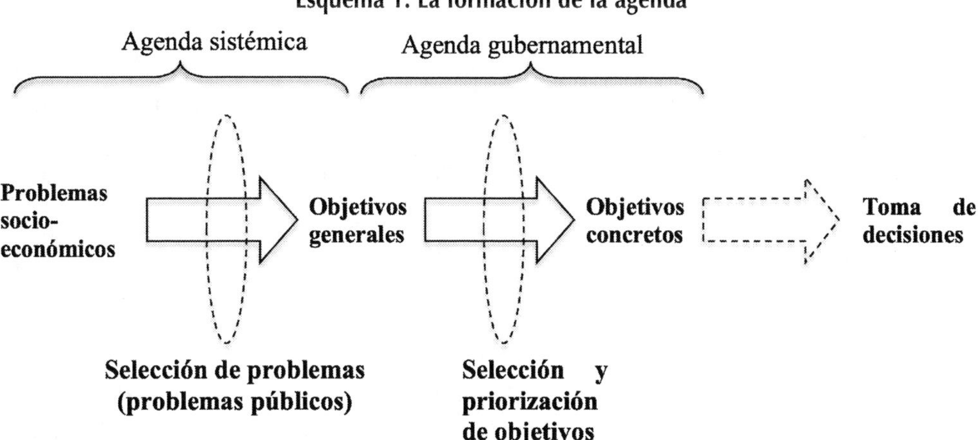

Sin embargo, la consideración de un problema como de ámbito público solamente lo transforma en un objetivo genérico del estado. El listado de problemas que el gobierno puede pretender solucionar puede ser muy extenso, pero solo aquellos que tengan más prioridad serán relevantes en la realidad. A este respecto, y a la luz de la anterior explicación, los problemas socioeconómicos apuntados configuran aquello que se denominaría la agenda sistémica, la parte de aquellos que se asuma que son de interés público, definiría la agenda gubernamental general y los que se encontrasen en la parte superior dentro de las prioridades estatales serían la agenda gubernamental concreta. Entre la primera y la segunda agenda hay un proceso de selección, mientras que, entre la segunda y la tercera, además de la selección tiene lugar una priorización de objetivos-problemas.

En particular, la consideración de un problema social como relevante para la intervención pública y su ulterior introducción en la agenda gubernamental sigue varias etapas en las que tiene lugar una selección de acontecimientos, ámbitos o resultados en unas condiciones de escasez de capacidades para reconocer y resolver problemas (incertidumbre). Los mecanismos de promoción de un fenómeno económico a la agenda gubernamental operan de las siguientes maneras.

1.– *Por promoción interna.* Se da cuando, al menos formalmente, desde dentro del propio estado se asume un problema como susceptible de intervención y es introducido dentro de sus pretensiones de actuación, es decir, se incorpora en la agenda gubernamental. Este mecanismo puede ser de dos tipos:

1.1.– Por *consolidación.* Consiste en que el gobierno promueve un hecho en su agenda, que goza de gran aceptación, de manera que cuenta con apoyo popular. Dentro de este caso se encontraría las incorporaciones en las agendas de fenómenos que causan situación de alarma en la población, con impacto emocional sobre el electorado, así como problemas que afecten a la mayor parte de la población. Ejemplos concretos serían la defensa de las pymes, el estímulo del pleno empleo o la defensa del nivel de vida de los pensionistas.

1.2.– Por *movilización.* Se produce cuando el gobierno incorpora un asunto a su agenda y desde los ámbitos institucionales se traslada a la opinión pública para ganar legitimación. Un ejemplo de esta sería la promoción del euro en España y el cambio en el papel de la política monetaria o, en términos más políticos, la incorporación de España a la OTAN.

2.– *Por promoción externa.* Cuando agentes sociales interactúan con el aparato estatal y consiguen incorporar parte de sus pretensiones como problemas a las que el sector público debe dar respuesta. Esta perspectiva destaca el papel esencial que en este proceso de filtrado (selección y priorización) juegan las asociaciones que se organizan dentro de la sociedad, es decir, los grupos de presión, cuyo concepto se explicará en un capítulo posterior. Los grupos organizados en la sociedad actúan para poner de manifiesto que un aspecto social estratégico para sus intereses particulares es un problema y requiere de la intervención pública para darle solución. Por ejemplo, en la reforma en el sector eléctrico que tuvo lugar en España en la década anterior las empresas tradicionales de producción de energía eléctrica consiguieron que el gobierno asumiera que los problemas de costes de este tipo de energía se debían, en gran medida, a los generados por las nuevas empresas productoras de fuentes renovables, excluyendo de la discusión las irregularidades en la competencia en este sector, la fijación de precios o las ayudas de las que aquellas tradicionalmente habían sido objeto.

2. LA CONFIGURACIÓN DE LA AGENDA: LOS OBJETIVOS DE LA POLÍTICA ECONÓMICA

Después de las anteriores reflexiones acerca de los problemas, debe pasarse a discutir cómo estos se concretan en objetivos de la intervención gubernamental. Siguiendo el enfoque de Kingdon de corrientes múltiples se pueden distinguir tres tipos de factores que condicionan la fijación de un objetivo en la agenda gubernamental. Se trata de los problemas, las políticas y la política (sistema político). El primer ámbito contiene los problemas y consiste, tal como se acaba de apuntar, en la transformación de un hecho socioeconómico en un problema social y, ulteriormente, en uno de carácter público. El segundo ámbito es el de las políticas, es decir, el de las soluciones, donde se destaca que existe una gran variedad de instrumentos con los que se trata de dar solución a los problemas existentes. El tercer ámbito es la política, que consiste en la posición de la sociedad respecto a distintos fenómenos, como la acción de los grupos de presión, o en cambios legislativos, así como en variaciones organizativas dentro del estado.

Cada uno de los tres ámbitos presenta su propia dinámica y solo en ciertos momentos los cambios en los tres coinciden de manera que se abre un periodo, una *ventana de oportunidades*, en el que se pueden introducir aspectos novedosos en la agenda gubernamental, que cambian la estructura de la política económica. Cuando tiene lugar una ventana de oportunidades, asciende un objetivo a la agenda y se aceptan unas formas de alcanzarlo, que son encajados por los políticos. Se debe destacar que el planteamiento de las propuestas y su consideración por los políticos se presentan durante un periodo relativamente corto (en general, se suele asumir que dura entre tres y seis meses, pero, en todo caso, menos de un año). Después de este momento, las restricciones a las que se enfrentan los políticos resultan perentorias y se prescinde de las propuestas realizadas.

En los tres ámbitos apuntados ocupa una posición destacada la acción de los políticos. Pero estos, en la realidad, poseen unas ideas vagas y confusas sobre qué hacer (situación de ambigüedad). La reducción en el nivel de ambigüedad es conseguida por los asesores, que constituyen una figura clave en el acoplamiento entre los tres ámbitos mencionados. Este actor social consiste en individuos o agrupaciones de personas que influyen directamente sobre los políticos y su repercusión depende del grado de acceso a quienes toman las decisiones, el volumen de recursos de que disponen y las estrategias que lleven hacia adelante. Los asesores son estratégicos en el proceso del diseño de la política económica puesto que, en primer lugar, permiten concretar las soluciones y asociarlas a los problemas establecidos, es decir, los argumentos, los razonamientos y la persuasión pasan a un primer plano en la formación de la política económica y, en segundo lugar, permiten especificar las posiciones ideológicas que se mueven en una dimensión muy genérica y, de esta manera, las transforman en operativas cara la política económica.

No obstante, cuando se habla de objetivos conviene diferencia entre fines, objetivos (propiamente dichos) y metas. Los fines se encuentran asociadas a grandes pretensiones sociales y, por tanto, suelen tener un carácter político muy fuerte (libertad, igualdad u otros similares). Por este motivo, muchas veces, aparecen en textos legales generales (constituciones). Tienen la particularidad de que orientan el marco global de las políticas económicas concretas. Con frecuencia se han tratado de asociar al concepto de bienestar social y este se ha pretendido concretar en algunas ocasiones para conseguir que fuera un factor orientador de la política económica concreta. A este respecto, a mediados del siglo XX, se trató de identificar el bienestar social con la existencia de unas preferencias sociales (similares a las individuales, pero de rango de toda la sociedad), cuantificables, ordenadas claramente según prioridades entre ellas, visibles a políticos y susceptibles de ser saciadas por estos. Sin embargo, estas hipótesis eran muy ficticias y no se pudo concretar una función de bienestar orientadora de la política económica en la práctica. Por este motivo, se optó bien por ofrecer definiciones más generales asociadas con un supuesto interés general, pero que carecieron de la capacidad de orientar a la política económica, o bien por visiones más políticas. Dentro de estas últimas, se asumió una definición práctica *ad hoc* de ese bienestar social (del interés general) ofrecida bien desde la propia cúpula del estado (en sistemas autoritarios), bien desde la sociedad (a través de votaciones de la población, en sistemas democráticos).

Los objetivos (propiamente dichos) son los fenómenos económicos que se pretende alcanzar y se asume que se encuentran asociados a problemas económicos más concretos que se tratan de resolver. Se distinguen de los fines en que son más concretos y suelen tener un carácter económico-social. En general, los objetivos se pueden clasificar según el horizonte temporal, es decir, a largo y corto plazo. Dentro de los primeros se encuentran el crecimiento económico y la distribución equitativa de la renta-riqueza, mientras que, dentro de los segundos, aparecen la plena ocupación, la estabilidad en el crecimiento de los precios o el equilibrio exterior de un país en términos de transacciones económicas.

Cuadro 1. Los grandes objetivos en políticas económicas

Objetivo	Significado	Forma de medida
Crecimiento económico	Aumento sostenido en la actividad económica	Producto Interior Bruto (PIB)
Distribución equitativa de la renta-riqueza	Reducción en las diferencias entre ingresos y riquezas	Índice de Gini
Plena ocupación	Reducción en el nivel de paro	Encuesta de Población Activa
Estabilidad en el crecimiento en los precios	Tasa de inflación reducida	Índice de precios al consumo (IPC)
Equilibrio en transacciones económicas exteriores	Equilibrio en los flujos de entradas y salidas de recursos económicos	Balanza de Pagos

Para poder ser considerado un objetivo como tal se ha de poder cuantificar mínimamente y, entonces, estos valores se denominan metas. Cuanto mayor sea la concreción cuantitativa del objetivo, más puede servir para orientar la política económica y mejor se podrá abordar la dimensión sobre su evaluación en términos de su consecución y resolución del problema de trasfondo. La cuantificación de los objetivos se puede establecer de diversas maneras. Por un lado, mediante la concreción de un nivel o de un valor absoluto, como, por ejemplo, la creación de 800.000 puestos de trabajo; por otro lado, como un porcentaje o tasa de variación, como reducir el paro hasta el 8 por ciento de la población activa; finalmente, a través de una banda de variación, es decir, que el número de parados oscile entre los 2 y 2,5 millones de personas.

Dado el origen heterogéneo de los problemas, una situación similar ocurre respecto a los objetivos incluidos en la agenda gubernamental. Por este motivo, se suscita la discusión sobre la interrelación entre los objetivos incluidos en la mencionada agenda. La interrelación puede ser de tres tipos, a saber, de independencia, de complementariedad o de incompatibilidad. Dos objetivos son independientes cuando la consecución de uno de ellos no tiene relación con alcanzar el otro. Por ejemplo, una mejora en la distribución de la renta y el mantenimiento del equilibrio comercial externo. En términos teóricos esta categorización es relevante, pero en la realidad la independencia siempre es relativa y depende de la "cercanía" entre los objetivos o del modelo considerado. El segundo modo de interrelación es la complementariedad entre objetivos. En este caso la consecución de un objetivo facilitaría lograr el otro. Por ejemplo, alcanzar el pleno empleo, facilita un salario a la población y mejoraría la distribución de la renta. El tercer tipo corresponde a la incompatibilidad entre objetivos, es decir, cuando unos se consiguen en detrimento de los otros. Por ejemplo, esto ocurre cuando se asume la vigencia de un modelo de Phillips, en el que las mejoras en los objetivos de inflación y paro se consiguen uno a costa del otro. Cabe señalar que, con frecuencia, ambos objetivos acabados de mencionar se incluyen tradicionalmente dentro de la máxima prioridad de los gobiernos, elemento que introduce la discusión sobre las prioridades reales dentro de la agenda gubernamental concreta.

Los ciclos políticos y la contradicción entre objetivos de política económica

El debate sobre el ciclo político pretendía relacionar los factores políticos (toma de decisiones de políticos y electores) y su impacto sobre parte de los objetivos (agenda) de la política económica (inflación y empleo). La discusión tenía como elementos comunes que las economías respondían a una curva de Phillips (a corto o a largo plazo), es decir que no se podían incluir simultáneamente en la agenda concreta del gobierno los objetivos de reducción de paro de inflación; que los gobernantes tenían capacidad de influir sobre la economía; y que se enfrentaban dos partidos políticos. Con este sustrato, la distinción entre unos modelos y otros se refería a hipótesis que afectaban a dos tipos de elementos. Por un lado, si la pasión de los gobernantes se orientaba a ganar las elecciones (y alcanzar el gobierno) o se subyugaba a una ideología concreta (que se sintetizaba en la preferencia bien por inflación o bien por paro), es decir, si el gobierno era partidista (tenía sesgo ideológico) o electoralista (daban prioridad a ganar elecciones más allá de cualquier otra consideración); y, por otro lado, si los electores operaban en consecuencia con los resultados económicos, pudiéndose distinguir en que eran considerados (racionales) o no (no racionales).

Combinando la presunción de estas dos últimas hipótesis se acabaron construyendo cuatro modelos de comportamiento distintos, que se sintetizan en el siguiente cuadro:

Modelos de ciclos político-económicos

		Gobierno	
		Oportunista	Partidista
Votantes	No racionales	Modelo electoralista	Modelo partidista
	Racionales	Modelo electoralista racionalista	Modelo partidista racionalista

El primer modelo, el electoralista, confeccionado por William Nordhaus, preveía que los gobiernos realizarían mayor gasto público antes de las elecciones, reduciendo el nivel de desempleo (el objetivo prioritario sería la lucha contra el paro, frente al de inflación). Después de las elecciones se desestabilizaría la economía porque aumentaría la inflación y, entonces, el gobierno aplicaría medidas contractivas (la inflación pasaría a ser el objetivo prioritario dentro de la agenda). Este modelo se trató de mejorar introduciendo una dimensión ideológica (partidista) considerando que los gobiernos y los electores tenían preferencias previas (manifestadas en términos de empleo o inflación). De este modo, Douglas Hibbs elaboró un modelo partidista del ciclo político-económico. El resultado es que cuando gobernaba un partido interesado en conseguir el correspondiente objetivo, las políticas irían enfocadas sistemáticamente en ese sentido, conseguiría su objetivo, pero en detrimento del otro. Cuando hubiese cambio de gobierno, la agenda cambiaría.

En el momento en que se introduce en el modelo electoralista el componente racional de los electores, los ciclos en los cambios en la composición de la agenda seguirían existiendo, pero los ciclos económicos serían menos intensos, puesto que los políticos tendrían en cuenta que los electores les anticiparían sus conductas. En el caso de introducir el condicionante racionalista en el modelo partidista (que supone la consideración de unas hipótesis adicionales en el modelo planteado inicialmente), las variables reales dependen de la política económica a corto plazo (aunque no a largo plazo, debido al cambio de las hipótesis mencionadas), pero la agenda se alteraría en función del partido político elegido para gobernar, al tiempo que este afectará a la tendencia del objetivo prioritario elegido.

Estos modelos tienen problemas para extender su aceptabilidad a diversas realidades. Por ejemplo, no debe olvidarse las serias restricciones que suponen la consideración de que solo dos partidos compiten en las elecciones o que los electores son racionales, así como que la discusión se circunscribe al dilema subrayado por la curva de Phillips de luchar contra los objetivos de inflación o paro.

No obstante, la ventaja de estos modelos es que iluminan dos tipos de matices respecto al contenido de la agenda. En primer lugar, que parte de los problemas económicos son generados e, incluso, acentuados, por la propia dinámica política, no siendo, por tanto, exógenos. En segundo lugar, que el establecimiento de objetivos (y la relevancia de unos problemas) pueden variar no solo por el cambio de gobierno, sino también dentro de un mismo periodo electoral por la alteración en las consideraciones de un mismo gobierno.

Sin embargo, en la confección de la agenda no solo es importante si un objetivo es incluido o no, sino que no es nada despreciable el grado de prioridad que se le asocia dentro del listado considerado. De hecho, una parte de la racionalidad en la agenda gubernamental se consigue a través del establecimiento de una prelación entre los objetivos incluidos. Además, la determinación de las prioridades es un elemento diferencial entre la agenda general y la concreta del gobierno. La fijación de la prelación es una cuestión esencial puesto que afecta no solo a la interrelación entre los objetivos incluidos en la agenda, sino que, a la sazón, presiona sobre el diseño posterior de los instrumentos utilizados por el gobierno.

En el momento de precisar por qué unos objetivos pasan a ser prioritarios respecto a otros se han avanzado varias explicaciones, unas externas al estado y otras internas. Las primeras aluden a la capacidad de los grupos de interés más poderosos para promover sus pretensiones hasta aspiraciones públicas, es decir, objetivos del gobierno. Este tipo de aspectos requiere una explicación pormenorizada sobre los grupos de presión, que se realizará en otro capítulo de este libro. Respecto a los factores internos, remiten a los intereses de los agentes que configuran el gobierno, bien de los propios políticos, bien de las burocracias estatales, bien de los partidos políticos, que alimentan las estructuras estatales. Sobre este tipo de aspectos se realizará también una explicación más detallada en un capítulo posterior.

Con cierta vinculación a los objetivos, aunque con una naturaleza distinta, se encuentran los efectos laterales. Estos constituyen los resultados económicos derivados de la aplicación de medidas, pero no asociados directamente al objetivo perseguido. Los efectos laterales pueden preverse con antelación en la propia etapa de diseño de las medidas, pero, en este caso, si se aplica la política económica es que se estima que no tiene implicaciones negativas o excesivamente onerosas respecto a los objetivos perseguidos. En caso de no haberse previsto, pueden cuestionar el diseño de la estrategia de política económica. Esta discusión conduce a pensar sobre las relaciones entre los efectos laterales y los objetivos, que es similar a la planteada sobre la interrelación entre objetivos incluidos dentro de la agenda gubernamental. En concreto, las interrelaciones pueden ser de independencia, complementariedad y contradicción. Por supuesto la situación más conflictiva emerge cuando existe una contradicción entre el objetivo perseguido y los efectos laterales generados y, en especial, cuando conduce a resultados globales negativos o que son muy gravosos. En este caso se cuestiona el diseño de la política económica establecida y pone en entredicho su efectividad.

3. FORMULACIÓN Y DISEÑO DE POLÍTICAS ECONÓMICAS

La organización del diseño es una faceta de la política económica que se suele sintetizar a través de un esquema fines-medios (objetivos-instrumentos), que agrupa también parte de los elementos acabados de explicar. El mencionado esquema, aunque presenta serias limitaciones explicativas, sí que proporciona una dimensión didáctica muy relevante y ofrece un primer paso en el análisis del diseño de las políticas económicas. Este esquema agrupa 5 elementos esenciales, fines, objetivos, efectos laterales, datos e instrumentos, de los que los tres primeros han sido ya explicados. En este epígrafe, se concentrará la atención en los instrumentos, aunque se aludirá previamente a los datos.

Esquema 2. Esquema fines-medios

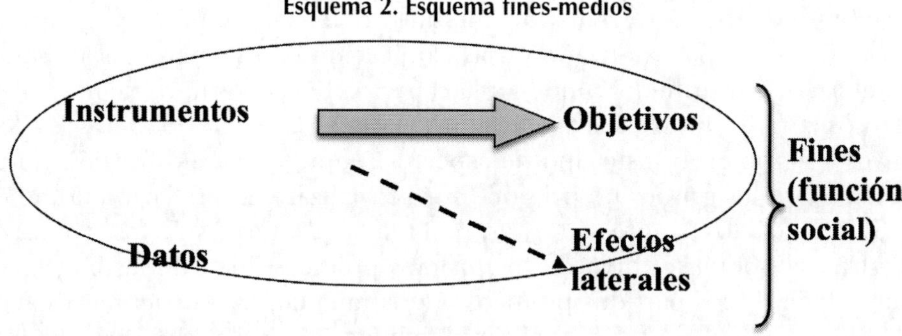

3.1. *Los datos en el esquema fines-medios*

Los datos aluden al marco estructural donde se ubica la política económica. Los datos son esenciales para seleccionar los instrumentos de política económica, puesto que condicionan su efectividad en alcanzar los objetivos. Algunos ejemplos destacados al respecto son los siguientes:

- El marco institucional existente. Las instituciones existentes permanecen constantes o con pocas variaciones a largo plazo y, por este motivo, el diseño de la política económica tiene que tener presente su presencia.
- El grado de desarrollo de las economías y de su marco estructural. Este determina las características de las políticas económicas y su alcance. Por ejemplo, las políticas de control de los tipos de interés cuando el grado de autofinanciación empresarial es elevado y el sistema bancario está subdesarrollado constituyen un instrumento de efectividad muy limitada.
- El talante ideológico dominante en la sociedad y el del propio gobierno. Este tipo de dimensión establece autolimitaciones no sólo a las medidas que se pretende poner en práctica, sino, incluso, a los objetivos que se consideran más relevantes. Por ejemplo, en una etapa recesiva como la acontecida en la Unión Europea a partir de 2008, dentro de un dominio ideológico liberal en el pensamiento económico, se obvió considerar los posibles efectos positivos sobre la expansión de la demanda de un presupuesto desequilibrado (con déficit público), asociado a un creciente gasto público y a su efecto multiplicador.
- El horizonte temporal de la política económica. En función del periodo relevante que se considere la batería de políticas económicas será una u otra. En particular, si los problemas que se pretende acometer son de corto plazo, se desplazará a un segundo plano el conjunto de medidas de tipo estructural.
- La herencia de política económica. Constituyen los efectos de las políticas adoptadas con anterioridad. Estas pueden tener alcance de largo plazo, por ejemplo, la ampliación de los beneficiarios de ayudas sociales distintas o de medio alcance temporal, como ocurre con las construcciones de infraestructuras que afectan a varios años. En todos los casos limitan las acciones de los gobiernos en la adopción de nuevas políticas económicas.
- El modelo teórico que sustenta la política económica concreta. La realidad es compleja y muchos de los instrumentos tienen relaciones con varios objetivos simultáneamente y con diversa intensidad. Al recomendar la aplicación de un instrumento sustentado en un modelo teórico determinado se destaca una relación intensa con un objetivo y se obvian, o se dejan en un

segundo plano, el resto. Así pues, el modelo concreto que se asuma condicionará el diseño de la política económica concreta.

- La estructura de agentes (grupos de presión). En la sociedad se agrupan los agentes y constituyen grupos de presión, que suelen ser estables en el medio o largo plazo. Aquellos que son más fuertes suelen extender su capacidad de influencia durante periodos extensos, condicionando las formulaciones de la política económica.

3.2. La formulación de los instrumentos

Una vez explicitado este comentario sobre los datos cuya brevedad no es indicador de poca importancia en el diseño de la política económica, se pasa a analizar los instrumentos. Estos son las medidas (o sea, las actuaciones, reglas o regulaciones formalizadas) que los gobiernos pueden utilizar, es decir, que están a su alcance, para afectar (orientadas hacia alcanzar) unos objetivos establecidos o, en otras palabras, las soluciones que se ofrecen a los problemas reconocidos. Una vez que se han concretado los problemas relevantes, entonces se pasa a asociarles unos objetivos. Estos últimos se relacionarán con unos instrumentos, que constituirán la base de los programas gubernamentales de política económica. Es decir, esta etapa constituye el centro de atención de los estudios de política económica tradicionales.

En esta dimensión de la política económica, entre los núcleos de discusión más importantes se encuentra la concreción de medidas de intervención, el análisis de diversas alternativas de políticas económicas o la valoración acerca de la eficacia y eficiencia de las políticas concretas previstas respecto al alcance de los objetivos determinados (relación entre los instrumentos y los objetivos). Así pues, en este ámbito, un debate de cierta trascendencia es cómo se pueden introducir mejoras en las técnicas e instrumentos utilizados por los gobiernos y cómo racionalizar el sistema de toma de decisiones. En esta fase también adquieren gran relevancia las reorganizaciones dentro del estado y reasignaciones de competencias. En particular, la promoción de nuevas estructuras administrativas, como la creación de nuevos ministerios, o la atribución de independencia de actuación respecto al gobierno a ciertas agencias estatales, constituyen instrumentos institucionales de política económica. Finalmente, no debe olvidarse que la adopción de un programa de política económica dependerá de factores, como si dispone de un apoyo político suficiente, si presenta una mínima coherencia interna respecto a los objetivos e instrumentos considerados y si goza de una dotación de recursos económicos.

En esta etapa, un agente esencial es el propio gobierno, que establece el diseño definitivo de las estrategias de política económica. Sin embargo, no son nada desdeñables los papeles desempeñados por la burocracia del estado, bien en forma de la propia administración pública (en especial, sus niveles superiores), bien como otras estructuras gubernamentales, como son departamentos ministeriales y agencias estatales especializadas (en particular, si poseen independencia de actuación respecto al gobierno). Asimismo, también presentan un papel activo ciertos grupos de asesores (*think tanks*). Respecto a este tipo de agente, se suscitan serias dudas acerca de que informes o estudios científicos influyan a corto plazo sobre la toma de decisiones de programas políticos, pero a medio y largo plazo, sí que existe una cierta evidencia positiva al respecto, puesto que pueden contribuir a cambiar la visión acerca del mundo existente y sobre la política económica.

Esta fase de la estructuración de la política económica se suele concebir aislada de las anteriores (definición de la agenda) y posteriores (ejecución de las medidas), perspectiva que limita el poder explicativo de la política económica. En concreto, la determinación de una agenda gubernamental condiciona la fijación de los instrumentos, mientras que las deficiencias en la puesta en práctica de las políticas económicas ponen en entredicho las consideraciones acerca de su diseño definitivo. De hecho, el fracaso en la ejecución cuestiona el diseño de los instrumentos de política económica establecidos.

3.3. Los componentes y clasificación de las políticas económicas

Dentro de la estructuración de las políticas deben distinguirse distintos formatos en su diseño. En primer lugar, pueden aludirse a *estrategias*, que constituyen unas previsiones de acción para conseguir unos objetivos a largo plazo. En segundo lugar, se encuentran los *planes*, que establecen unos objetivos específicos en un área económica determinada y marcan unas líneas generales de intervención, teniendo un alcance temporal, en general, de medio plazo. En tercer lugar, se puede apuntar la existencia de *programas*, donde se establece un conjunto organizado, coherente, integrado y coordinado de actividades y recursos orientado a conseguir unos objetivos concretos. En cuarto lugar, se hallan los *proyectos*, es decir, agrupaciones de decisiones operativas y de actividades interrelacionadas y coordinadas, orientadas hacia la consecución de un objetivo particular, siendo la forma de ejecutar los programas. Finalmente, se pueden apuntar las *medidas* específicas, que son las actividades y recursos concretos en manos del gobierno. En términos generales, los planes se componen de programas y, estos, a su vez, se subdividen en proyectos, en los que se organizan distintas medidas específicas.

Esquema 3. Ejemplo de estructuración de la política económica

Plan de desarrollo local

Programas

1. Agricultura y ganadería
2. Medio ambiente
3. Industria y servicios
4. Turismo rural
5. Infraestructuras
6. Transporte y comunicaciones
7. Servicios sociales

Objetivos

- Fijación y aumento de población
- Fomento del empleo
- Aumento cualificación capital humano
- Defensa del entorno ecológico
- Incremento de la actividad económica
- Aumento en la diversificación
- Mejora en calidad de vida

Proyectos

1. agricultura rentable
2. recuperación de tierras baldías
3. limpieza de espacios naturales
4. apoyo a la artesanía
5. apoyo al comercio
6. restauración de viviendas
7. promoción rutas rurales
8. apoyo a colectivos desamparados
9. promoción cultural
10. (...)

Para clarificar mejor el concepto de instrumentos de política económica se pueden establecer varias clasificaciones.

a.– Según su orientación. Se pueden distinguir entre políticas de ordenación, es decir, aquellas que pretenden modificar el marco económico, por ejemplo, las políticas de defensa de la competencia, y las de proceso, caracterizadas porque pretenden regular el funcionamiento de la economía, por ejemplo, establecimiento de multas por abuso de posición de dominio de las empresas.

b.– Según su ámbito de actuación económico. Pueden ser macroeconómicas, cuando pretenden influir sobre el conjunto de la economía, por ejemplo, cambios en el impuesto sobre el valor añadido, y microeconómicas, cuando influyen sobre partes de la economía o sobre las decisiones directas de los agentes, como un cambio en el impuesto por el uso de carbón para generación de energía eléctrica.

c.– Según su impacto temporal. Pueden distinguirse políticas económicas a corto plazo, en general con validez inferior a un año, por ejemplo, compras corrientes del sector público; a medio plazo, entre unos dos y cinco años, por ejemplo, los gastos públicos en infraestructuras; y a largo plazo, con un impacto superior a unos cinco años, como los gastos públicos en educación.

No obstante, se puede destacar una clasificación adicional que suele tener mayor proyección en términos docentes y se encuentra explicitada en el esquema siguiente. Ahí se distingue entre políticas coyunturales, que pretenden adaptar la situación económica a los cambios productivos a corto y medio plazo, es decir, que tratan, más bien de gestionar los ciclos económicos que tienen lugar en las distintas economías. Ejemplos de estas intervenciones estatales son las de carácter monetario, presupuestario, de equilibrio en el sector exterior y, en ciertas ocasiones, las de rentas. El segundo tipo de grandes políticas son las de carácter estructural, cuyo objetivo es cambiar las características del aparato productivo. Estas pueden afectar a partes específicas de la economía (políticas sectoriales) o a varias áreas productivas simultáneamente (políticas horizontales). Por supuesto, son actuaciones estatales que se piensan a largo plazo. Dentro de estas se encuentran, entre otras, las agrarias o las industriales, dentro del primer subgrupo apuntado, y las tecnológicas, las de competencia, las de infraestructuras o las de regulación, que se incluirían en la segunda agrupación.

Esquema 4. Clasificación didáctica de políticas económicas

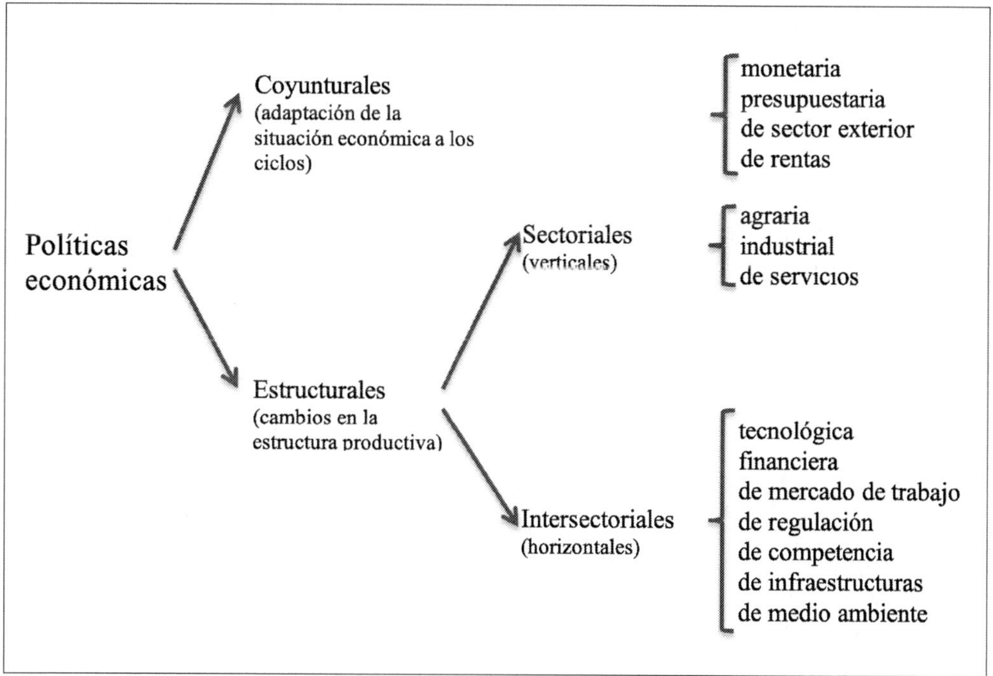

Finalmente, conviene apuntar de manera explícita las distintas medidas de política económica, que son los elementos constitutivos de los proyectos y, por tanto, de los programas, a los que aluden los planes. Estas pueden ser de los siguientes tipos:

1. Suministro directo de bienes y servicios, en los que se incluye la discusión acerca de cómo cubrir los costes, es decir, con pago total o parcial por parte de los beneficiarios. Por ejemplo, si los costes de mantenimiento de las autopistas los cubren los usuarios con unas tasas o se exime a estos y, entonces, se paga desde el presupuesto estatal, es decir, se les carga a todos los contribuyentes.
2. Definición de marcos globales de actividades, es decir, el establecimiento de regulaciones generales sobre actividades económica. Por ejemplo, si se reserva una actividad productiva al sector público como único operador o si es acometida por un número concreto de agentes privados.
3. Intervenciones directas en mercados a través de regulaciones específica. En este caso, después de estar fijado el marco global se requiere perfilar detalles normativos para que las actividades económicas funcionen apropiadamente. Por ejemplo, estableciendo unos precios administrados, como se trataría de la fijación de un precio determinado al gas butano vendido en bombonas estándares.
4. Ingresos públicos, en general en la forma de impuestos, que constituyen flujos financieros realizados desde la población al estado. A este respecto resulta relevante cuál es el hecho por el que se realiza el pago, cómo se cuantifica (es decir, cómo se fija la base de referencia) y, finalmente la tasa o porcentaje a pagar.
5. Gastos públicos, que son flujos financieros desde el estado a la población. En general, se manifiestan en forma de ayudas y subsidios. Dentro de este ámbito, parte de la discusión se refiere a si las ayudas son a fondo perdido, adoptan la forma de créditos, constituyen subvenciones en tipos de interés o se plasman como avales.
6. Incentivos no monetarios, que normalmente adoptan la forma de campañas o actos de promoción o disuasión de actividades. Dentro de estos se incluyen las campañas de propaganda realizadas por los organismos estatales, como, por ejemplo, campañas informativas antitabaco o de ahorro energético.
7. Diplomacia económica. Este tipo de medidas es más reciente y consiste en la defensa y promoción de intereses económicos nacionales en el exterior. Estas medidas son más relevantes cuanto más internacionalizada está la economía de un país y, en especial, cuando posee grandes empresas que aspiran a proyectarse en el ámbito internacional.
8. Acuerdos público-privados, que adoptan la forma de contratos del estado con empresas privadas, por ejemplo, para construir instalaciones, así como concesiones administrativas, es decir, acuerdos con el sector privado para que este gestione actividades públicas-estatales.

3.4. La concreción de la política económica: dimensión legislativa, seguimiento y soporte financiero

La base para la realización de la política económica se encuentra en la legislación emitida por el parlamento y el gobierno. La *legislación* tiene que ser la estrictamente necesaria para dar solución a los problemas planteados, ha de contemplar la coherencia con el marco legislativo existente y debe poseer un grado de concreción elevado para acercarse a la realidad a la que se pretende dar una respuesta. Por este motivo, suele existir un sistema de complementos normativos en la legislación, en el caso español denominados disposiciones legales, que se incluye en los distintos tipos de leyes. Estas disposiciones pueden ser:

- Adicionales, que amplían aspectos específicos, por ejemplo, desde el punto de vista territorial o sectorial
- Transitorias, de duración limitada, permitiendo el paso de un marco legal anterior al nuevo
- Derogatorias, que dejan sin efecto normas jurídicas anteriores
- Finales, referidas a la regulación de excepciones, a elementos complementarios, a la ubicación de la nueva normativa en otros marcos legales, así como alude a la entrada en vigor y, en su caso, finalización de la validez de la legislación.

Por supuesto, la concreción legislativa de la política económica no acaba en la emisión de una legislación base, sino que, para adaptarse mejor a la realidad requiere de un desarrollo legal ulterior progresivo. En general, este tipo de aspectos deben contemplarse dentro de la fase del diseño de la política económica, aunque suelen incluirse en la etapa de aplicación, que se presentará de una forma más extensa en el siguiente tema. Las normas jurídicas se pueden jerarquizar en función del organismo que las emita. En la parte superior se encuentra la legislación expedida por la presidencia o el parlamento del país, que son las entidades elegidas directamente por la población. En el caso español, este tipo de normas jurídicas son las leyes orgánicas y las leyes ordinarias, las primeras aprobadas por mayoría absoluta y las segundas, sin la necesidad de esa exigencia. En segundo lugar, se encuentran las normas decididas por el gobierno que, en el caso español, son los decretos (decretos ley, si se refieren a circunstancia extraordinarias, y legislativos, que constituye la forma normal de dictar leyes por el poder ejecutivo). En tercer lugar, aparecen las normas con rango inferior a ley y de carácter vinculante, que normalmente se conocen como reglamentos. Estas adquieren, en el caso español, la forma concreta de decretos (parte de los acabados de comentar), órdenes ministeriales, resoluciones (con las que, en general, se pone fin a un procedimiento administrativo), circulares (a través de las que un nivel superior de la administración del estado da instrucciones de obligatorio cumplimiento a sus subordinados), instrucciones (que dictan normas de actuación), reglamentos orgánicos (emitidos por gobiernos regionales), ordenanzas municipales (firmadas por corporaciones locales)

Una vez emitida la legislación que sustenta la política económica en concreto resulta imprescindible realizar un *seguimiento* administrativo. Estas actividades deben ser contemplada explícitamente, aunque, con cierta frecuencia, se prescinde de ella, por multitud de razones ajenas a cuestiones del propio diseño de la política económica. El seguimiento puede ser de dos tipos, a saber, institucional o técnico. El primero es ejercido por organismos que aplicarán y supervisarán las medidas proyectadas, cuidando de coordinar a los distintos agentes implicados (gobernanza). Estos organismos pueden ser los oficialmente establecidos, como parte de las estructuras ministeriales, pero también otros creados *ad hoc*, como comisiones especiales o interministeriales. Respecto a la supervisión técnica, con frecuencia aparece recogida en los correspondientes textos legales aprobados y se refiere a la generación, diseminación (publicación de esta información, así como determinación de su periodicidad) y grado de elaboración (confección de indicadores analíticos, sobre gastos o acerca de resultados) de datos. En ciertos casos, también se incluyen requisitos respecto a la evaluación del proceso de gastos y de resultados obtenidos.

Un adecuado diseño de una política económica debe poner de relieve su *impacto económico*. Dentro de este se deben especificar los efectos sobre los sectores sociales o productivos afectados (empleo, productividad, innovación, ...), sobre los precios y acerca del régimen de competencia, sin olvidar las implicaciones administrativas de las mencionadas medidas. En esta parte resulta indispensable evaluar el *impacto real* de la legislación, en el sentido de poner de relieve si acaba resolviendo los problemas subyacentes a su aprobación.

Quizás una de las secciones más relevantes a este respecto son sus consecuencias sobre el presupuesto (financieras), en términos de gasto y de ingresos, tanto desde una perspectiva anual, como para los sucesivos años. En este ámbito, debe señalarse si la cobertura de los correspondientes gastos sería a través del propio presupuesto público, bien aumentando los impuestos (aquí es relevante la discusión sobre si estos serían generales —directos o indirectos—, bien específicos o bien en forma de tasas), por reducción en otras partidas o incurriendo en endeudamiento (previsión de préstamos). En su caso, se podría contemplar cubrir los gastos a través de emisiones monetarias o recurriendo a la participación privada (por ejemplo, en la forma de otorgar concesiones de explotación de infraestructuras).

A pesar de las anteriores recomendaciones para pulir el diseño en la práctica, muchas de estas se suelen dejar de lado. El caso español es paradigmático al respecto. La mejora en la política económica requeriría un perfeccionamiento en la forma de generación de la legislación. Debería conseguirse que mecanismos establecidos actuaran realmente, al tiempo que podrían crearse algunos organismos de control adicionales. Por ejemplo, debería ser sistemático el cumplimiento en la elaboración de la Memoria de Análisis de Impacto Normativo, por la que, antes de aprobar una legislación, se debería clarificar la oportunidad de la nueva, sus objetivos y sus impactos sobre el resto de entramado legal, así como su repercusión financiera. En el mismo sentido, se debería evitar la inflación legislativa. Asimismo, debería incorporarse un control procesual, con un informe final en el que se incluirían las consultas realizadas, los dictámenes solicitados, así como un resumen de las actas de las comisiones parlamentarias donde se hayan introducido las diversas modificaciones, explicitando su procedencia y justificación. Este tipo de procedimientos debería estimular la transparencia en la generación de la legislación y poner obstáculos a la introducción de intereses espurios (grupo de presión) en los textos legales. En términos administrativos, también podría contemplarse la creación de una oficina estatal que controlase la estructura regulatoria, como la Oficina de Información y Asuntos Regulatorios (OIRA) en EE.UU.

4. RELACIONES ENTRE OBJETIVOS E INSTRUMENTOS

En la segunda mitad del siglo pasado, se generalizó una discusión en la que distintos autores defendían que los objetivos tenían un carácter político mientras que los instrumentos se definían técnicamente, siendo estos últimos un ámbito de discusión económico-académico. Sin embargo, cuando se observa la realidad y también a la luz de la exposición ya realizada en este capítulo, esta distinción en la naturaleza de ambos componentes resulta falaz. Por un lado, en ciertas ocasiones, los objetivos presentan un carácter técnico-económico y una prueba de ello es la extensión de argumentos que defienden que ciertos objetivos de la política económica se "despoliticen", por ejemplo, la inflación, y se creen organismos independientes del gobierno que velen por la consecución de ese objetivo (en este caso, la constitución de un banco central independiente). Por otro lado, con frecuencia, los miembros del gobierno o sus asesores predican la utilización de un tipo de instrumentos, de manera sistemática (predisposición insistente), entre otros motivos por sus preferencias aisladas o articuladas (este último fenómeno se conoce por ideología), elemento que pone de relieve un carácter político de los instrumentos. Por ejemplo, la preferencia de los políticos por actuar sobre los niveles de gastos e ingresos públicos, dejando de lado la aplicación de políticas estructurales (en actividades con impacto generalizado en la economía como el energético o en telecomunicaciones) que pueden cambiar el marco de funcionamiento económico. Desde este punto de vista, existe una preferencia por la utilización de unos instrumentos que apuestan y defienden el *status quo*, consideración alejada de aspectos técnicos e integrada dentro del ámbito político.

En términos más generales, cuando se postulan grandes objetivos, siempre existen diversas formas de alcanzarlos, pero se observa que los instrumentos recomendados por los políticos impregnados de una determinada ideología siempre suelen ser los mismos. Por ejemplo, cuando se pretende conseguir mejorar la eficiencia económica se suele recomendar defender los derechos de propiedad privada. Sin embargo, aquella puede alcanzarse de distintos modos, como privatizando entidades estatales, pero también reforzando los incentivos de las direcciones de las empresas públicas o estimulando la creación de cooperativas. En el mismo sentido, cuando se trata de alcanzar una mayor estabilidad económica se recomienda estabilidad monetaria, pero inmediatamente después se presenta el problema de elegir si se consigue con reglas o con intervenciones discrecionales. Una situación similar acontece cuando se trata de lograr una distribución más homogénea en la distribución de la renta. En este caso, en ciertos casos, se puede operar fuera del mercado y, entonces, se plantea si es preferible actuar sobre gastos públicos o con ingresos. Adicionalmente, en caso de preferir esta última, se suscita la duda de si los impuestos deben ser progresivos o no, al tiempo que emerge a la superficie la cuestión de cuáles serían los impuestos más idóneos sobre los que actuar. Tal como se ha comentado más arriba en los tres ejemplos apuntados, tiene lugar una selección sistemática de unos instrumentos en detrimento de los otros en función del corte ideológico del gobierno, significando una politización de los instrumentos.

Así pues, tanto los objetivos, como los instrumentos se encuentran impregnados de elementos tanto políticos, como técnico-económicos. Una forma de superar la mencionada dicotomía es a través del uso del enfoque *polacotómico* (múltiple o flexible), elaborado por el profesor español José Jané. Este tiene la característica de que clasifica los instrumentos, integrándolos con los objetivos de política económica ofreciendo una perspectiva más amplia, más elástica, más flexible que la que transmite el esquema fines-medios.

Esquema 5. Enfoque Polacotómico de Política Económica

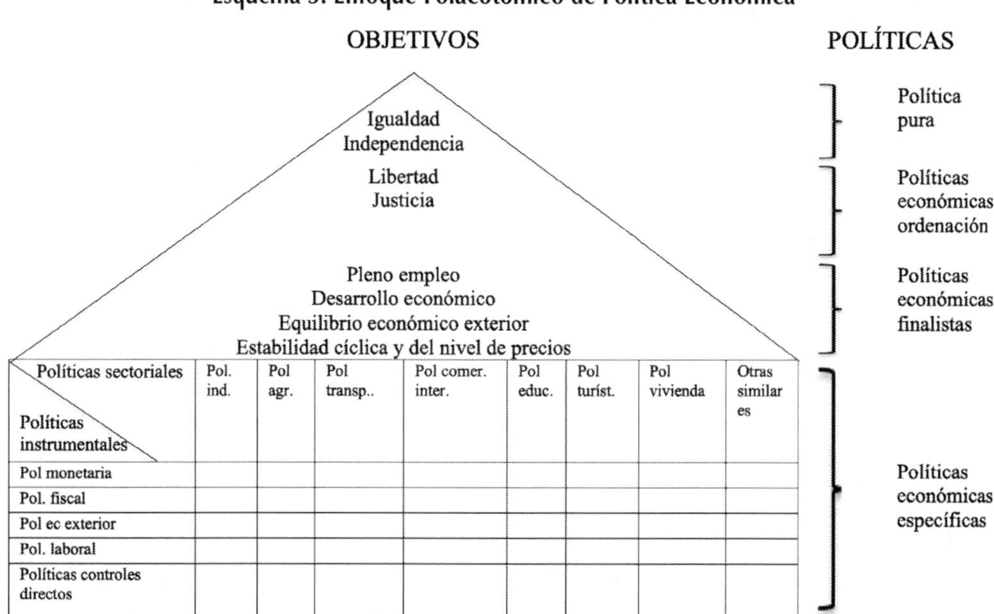

Fuente: Jané (1974)

Se pueden distinguir tres tipos de políticas (de ordenación, finalistas y específicas) que se organizan piramidalmente entre ellas mismas a través de los objetivos que persiguen. Las políticas de ordenación tratan de cambiar el marco de referencia (organizador) de las economías y, por tanto, tienen en su centro de referencia los fines, que aluden a elementos como igualdad, justicia o libertad. Los contenidos de estos fines son ámbito de referencia de la política pura. Ejemplos de estas políticas serían las nacionalizaciones, las de defensa de la competencia, las de distribución de la renta o las de equilibrio regional. Las políticas económicas finalistas persiguen conseguir un equilibrio interno y externo que permitan un desarrollo económico, objetivos subordinados a los fines antes mencionados. De hecho, que se utilicen unas u otras y la intensidad en su uso dependerá de los contenidos de los fines antes mencionados. Dentro de estas políticas se encuentran las relacionadas con gestión del ciclo económico o control de precios. Finalmente, las políticas económicas específicas tienen por objetivo resolver problemas concretos que aparecen en la economía. Por este motivo, estos objetivos son medios para alcanzar las pretensiones de estabilidad interna y externa antes mencionados. A su vez, que se consideren unos problemas, o la gravedad de estos, que motiven la puesta en práctica de instrumentos específicos, dependerá de los objetivos de las políticas finalistas y, a la sazón, de los contenidos de los fines. Esta perspectiva permite una visión de la política económica como un todo y marca los fines y, por ende, los valores como elementos esenciales, tal como se ha expuesto en el primer capítulo de este libro.

Este esquema tiene la peculiaridad de que enlaza las distintas políticas existentes, y también los objetivos, transformándolos unos en instrumentos de los otros. Es decir, que subraya la distinción difusa entre instrumentos y objetivos, poniendo de manifiesto la irrelevancia de la discusión acerca de la ausencia de juicios de valor en los instrumentos de política económica o de la atribución de un carácter estrictamente político o económico a los objetivos o a los instrumentos de las políticas económicas.

Nuevas tendencias teóricas en el diseño de políticas económicas: enfoque de diagnósticos

Este enfoque ha sido desarrollado recientemente y está siendo difundido por Dani Rodrik, profesor de la Universidad de Harvard en EE.UU. Cuando se pretende diseñar políticas económicas se suele utilizar un modelo teórico de trasfondo, explícito o implícito, que, con frecuencia, tiene problemas para asumir diversos elementos relevantes de la realidad. Esta última deficiencia conduce a recomendar políticas económicas que acaban presentando efectos negativos. El enfoque de diagnósticos constituye una aproximación pragmática en el diseño de políticas económicas y aspira a superar, en parte, los límites ideológicos de ciertos modelos económicos aplicados tradicionalmente.

El primer paso dentro de la metodología de este enfoque consiste en dilucidar los principales problemas que estrangulan el desarrollo en un país. De esta manera, se establece un listado de problemas esenciales. En función de los problemas, uno o varios modelos pueden ofrecer opciones de actuación y, en definitiva, permitir aconsejar diseños de política económica. Este método se desarrolla siguiendo varios pasos:

1. Planteamiento de modelos opcionales

En este momento se enumeran los modelos con los instrumentos y los objetivos perseguidos, que finalmente han de conseguir el desarrollo económico. En la práctica, cuando se confrontan modelos, las diferencias entre muchos de los asesores radican no en las políticas económicas (instrumentos), sino en la elección de los modelos (relaciones entre instrumentos y objetivos, y prioridades de objetivos). En esta fase, a los efectos, los asesores ofrecen una lista de compras (de modelos) para los gobiernos, pero sin una prioridad susceptible de ser útil a los políticos para intervenir en la economía.

2. Selección de modelos

El siguiente paso es cómo establecer una jerarquía de utilidad entre los distintos modelos. Para ello se recopila información, con la peculiaridad de que en muchos casos no existe y, cuando aparece, no es tajante para seleccionar los modelos, aunque sí permite eliminar algunos ellos, es decir, reducir la mencionada lista de compras. A partir de ahí se desarrolla un esquema de decisiones para poder navegar entre los diversos modelos.

Como elemento esencial para estimular el crecimiento económico se asume que la inversión juega un papel estratégico. Por este motivo, se plantea la pregunta de cuáles eran las principales restricciones a la inversión. A partir de ahí se discute si las limitaciones proceden desde la oferta o desde la demanda. Si se asume que los problemas se originan en la demanda y, en particular de problemas financieros, se pasa a concretar si las irregularidades se deben a una falta de ahorro o a una insuficiencia en el sistema financiero. Si se apuesta por la primera opción, se dirime si el culpable era el gobierno o en el sector privado. En caso de inclinarse por la primera opción, entonces se puede plantear si los problemas proceden de aspectos legales (por ejemplo, impuestos excesivos) o paralegales (por ejemplo, corrupción o inestabilidad política). Y así sucesivamente. En cada nodo decisional se establecen test empíricos que ayuden a seleccionar el modelo más apropiado para esa circunstancia (ese contexto y ese momento) y, progresivamente, se van descartando modelos.

3. Validación del diseño

Los elementos cruciales de este método son, por un lado, la facilidad en ir pasando de unos modelos a otros puesto que la realidad necesita de varios modelos, no de uno solamente, y, por otro lado, que en el proceso se pueden considerar distintos modelos, reduciendo la carga ideológica en el resultado final. El descarte de modelos pone en un primer plano la validación de las decisiones adoptadas. Esta verificación se realiza en cuatro dimensiones:

a. Verificación de supuestos críticos

En general, esta validación afecta al ámbito de los datos, dentro del esquema fines-medios. El elemento esencial de discusión suele referirse a si las hipótesis de los modelos se ajustan a la realidad y no a la inversa. Este aspecto invita a reflexionar sobre las presunciones acerca del funcionamiento de las instituciones que, al cambiar de país, o bien no existen, o bien actúan según dinámicas distintas.

b. Verificación de mecanismos

Que alude a las ratificaciones en las relaciones de causalidad en los modelos y, en particular, dentro del esquema fines-medios, se refiere a las relaciones entre los instrumentos y los objetivos. La discusión se centra en los instrumentos y, en si los mecanismos propuestos por los modelos son realmente operativos, es decir, se ajustan a la realidad y no son los que el asesor quiere ver a través de su modelo establecido *a priori*.

c. Verificación de conclusiones directas

El debate está orientado hacia el alcance de los objetivos principales perseguidos. Aquí vuelve a apreciarse que los modelos se preocupan por pretensiones elegantes formalmente, pero en los que es discutible si los objetivos son relevantes en la realidad.

d. Verificación de conclusiones incidentales

Los interrogantes se suelen plantear sobre los efectos laterales en el esquema fines-medios. La aplicación de una política genera unos resultados secundarios que pueden cuestionar la puesta en práctica de unas medidas, al tiempo que pueden hacer aparecer fenómenos inesperados que requieren nuevas explicaciones.

4. Relevancia del enfoque de diagnósticos

Este enfoque no asume que existe un modelo para todos los países, además de que puede variar en función del momento. Así pues, el enfoque de diagnósticos tiene un carácter dinámico y pretende diseñar políticas económicas combinando teoría y realidad, no tratando de encorsetar la segunda dentro de la primera, como se suele hacer con frecuencia

Conceptos clave

Formación de la agenda gubernamental	Efectos laterales
Diseño de políticas económicas	Datos
Agenda sistémica	Estrategias
Agenda gubernamental general	Planes
Agenda gubernamental concreta	Programas
Priorización de objetivos	Proyectos
Promoción interna de problemas	Políticas de ordenación
Promoción externa de problemas	Políticas de proceso
Ciclos político-económicos	Políticas coyunturales
Ventana de oportunidades	Políticas estructurales
Esquema fines-medios	Políticas sectoriales
Fines	Políticas horizontales
Objetivos	Enfoque polacotómico
Metas	Enfoque de diagnósticos
Medios-instrumentos	

Bibliografía de referencia

Arias, X. C (1996): *La formación de la política económica.* Cívitas, Madrid, cap. 4.

Arias, X. C. y Caballero, G. (2006): "El retorno de las instituciones y la teoría de la política económica" en Esteban, M. y Serrano, F.: *La política económica en tiempos de incertidumbre.* Netbiblo, A Coruña.

Barac, M. (2020): "Los nuevos enfoques teóricos de la política económica: las corrientes múltiples" en Sánchez, A. y Tomás, J.A.: *Política Económica 2019.* Tirant lo Blanch, València, pp. 83-92.

Cuadrado, J. R (dir) (2019): *Política económica. Elaboración, objetivos e instrumentos.* McGraw Hill, Madrid (sexta edición), cap. 3 y 4.

Galindo, M. A. y Aranda, E. (2017): "Objetivos de política económica" en Aranda, E., Pérez, S. y Sánchez, A. (coords.): *Política económica y entorno empresarial.* Pearson, Madrid, pp. 51-92.

Gómez, J. L. (2019): *Economía y política.* UNED, Madrid, cap. 3 y 4.

Jané, J. (1974): "Por una estructura operativa de la Política Económica". *Revista Española de Economía,* vol. 4, nº 1, pp. 4-44.

Mancha, T. (2008): "El ciclo político-económico en la democracia" en Gámir, L. (dir.): *Política económica de España.* Alianza, Madrid.

Mancha, T. y Gallo, Mª. T. (2015): "Intereses electorales y ciclos político-económicos" en Toboso, F. y Caballero, G. (eds.): *Democracia y políticas económicas.* Síntesis, Madrid.

McCombs, M. (2006): *Estableciendo la agenda. El impacto de los medios en la opinión pública y en el conocimiento.* Paidós, Barcelona, cap. 3 y 4.

Rodrik, D. (2016): *Las leyes de la economía. Aciertos y errores en una ciencia en entredicho.* Deusto, Barcelona.

Toboso, F. (2017): Breve reflexión contra los planteamientos tecnocráticos en materia de actuaciones político-económicas" en Bono, E. y Sánchez, A. (eds.): *Política económica frente al neoliberalismo.* Tirant lo Blanch, Valencia.

Villena, J. E. (2017): "Retos y limitaciones de la política económica en la actualidad" en Mancha, T. (coord.): *Política Económica, economía regional y servicios.* Thomson Reuters-Civitas.

Tema 3

Estructuración de la política económica: aplicación y evaluación

Tradicionalmente, los análisis de políticas económicas se han orientado hacia la fase de su diseño. Desde este punto de vista, se tenía especialmente presente el papel del político, que se solía identificar con el del asesor económico, y se destacaba su interés acerca de cómo dar soluciones a los problemas que se le planteaban, es decir, a cómo se diseñaba la política económica y, en ciertos casos, a cómo se configuraba la agenda gubernamental. Parte de la importancia de acometer estas partes de la política económica se asociaba a su relación con la obtención de votos o a llevar a cabo un proyecto político, asociado a los partidos políticos correspondientes.

Sin embargo, las facetas mencionadas de la política económica ofrecen una visión muy parcial de la realidad y de las propias intervenciones del estado. Resulta imprescindible poner de manifiesto de manera expresa la aplicación de la política económica, por la razón de evitar que las medidas y programas queden reducidos a una simple manifestación de intenciones. No obstante, ampliar las explicaciones a la etapa de la aplicación de la política económica exige considerar explícitamente la participación de otros agentes, como la administración pública, así como tener presente otro tipo de restricciones que exceden con creces los límites de la economía y adentrarse en otros campos, como la política o la sociología. Este es un motivo que explica que esta faceta haya sido desdeñada por los enfoques tradicionales económicos.

Adicionalmente, en este capítulo se explicará la evaluación de la política económica, fase que también ha sido muy poco tratada en los análisis tradicionales. Sin embargo, ya en el siglo XXI se han ido cambiando las consideraciones sobre la relevancia de esta fase de la política económica, bien con el objeto de averiguar el grado de efectividad de las actuaciones concretas planificadas o bien para obtener información adicional para mejorar las políticas económicas diseñadas.

Así pues, en este capítulo se continuará explicando la estructuración de la política económica. En primer lugar, se aludirá a la aplicación de las medidas y programas estatales y, en segundo lugar, se concentrará la atención sobre su evaluación. De este modo, con este capítulo y el anterior, se dispondrá de una visión global acerca de la estructuración de la política económica.

1. LA APLICACIÓN DE POLÍTICAS ECONÓMICAS

En esta fase se destaca cómo las políticas se transforman en acciones y cómo se pretenden alcanzar los objetivos previamente establecidos. En definitiva, esta etapa presta atención a cómo las intenciones de los políticos llegan a plasmarse en la realidad o, dicho de otra manera, qué ocurre entre el establecimiento de un programa de política económica y la obtención de los resultados. Por este motivo, en esta fase de la política económica pasa a un primer plano el papel que juega la administración pública, tanto su organización como su funcionamiento. Desde esta perspectiva, uno de los retos esenciales a alcanzar es la adecuación de la política económica a las posibilidades de la administración del estado. Por supuesto, esta circunstancia limita en la realidad el alcance de la política económica diseñada.

Esta etapa presenta dos dimensiones distintas: la especificación y la ejecución. En la primera se concreta la legislación que da soporte a los programas de política económica, mientras que en la segunda se subraya la interacción de las medidas decididas por el gobierno con la población y sus agrupaciones (en especial con los grupos de interés).

Esquema 1. La aplicación de la política económica y sus partes

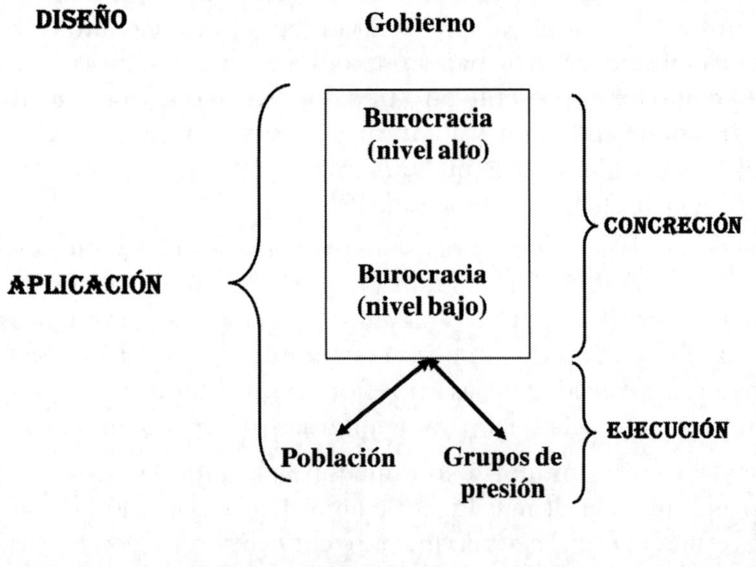

DISEÑO

Gobierno

APLICACIÓN

Burocracia (nivel alto)

Burocracia (nivel bajo)

CONCRECIÓN

Población

Grupos de presión

EJECUCIÓN

1.1. La especificación o concreción de políticas económicas

En un primer momento, las políticas económicas diseñadas se concretan en términos legales para que se puedan poner en práctica, al tiempo que se dotan de los recursos financieros necesarios. El primer aspecto se refiere a que la política económica (las decisiones de los políticos) adopta la forma de textos legales, en primer lugar, de tipo marco (en los que se apuntan los rasgos de programas de intervención), pero luego han de precisarse a través de otras legislaciones de tipo medio (elaboradas por el gobierno o los ministerios) y, finalmente, es necesario aprobar otras más específicas para el desarrollo de aspectos particulares (que atañen a competencias de departamentos de ministerios o de niveles gubernamentales inferiores). Por añadidura, la aprobación de un programa de política económica requiere de dotación financiera. Esta faceta resulta esencial puesto que, con frecuencia, cualquier política económica exige una atribución monetaria para que sea viable. De hecho, no es infrecuente que se aprueben programas de actuación que, al no concretarse legalmente o al no dotarse financieramente, no se lleven a la práctica, como ha ocurrido en España con la política de reconversión de varios sectores manufactureros o la relacionada con personas dependientes.

La concreción de las políticas económicas remite indefectiblemente a la estructura organizativa y funcionamiento de la administración del estado. Por supuesto, en la definición de la agenda y el diseño esta estructura organizativa también juega un factor determinante, pero en ciertos casos se puede hacer una abstracción de él. En el caso de la aplicación de las políticas económicas se debe aludir específicamente a este componente de la realidad económica.

El estado está formado por una estructura organizativa (la administración estatal). En su parte superior se encuentran los ministerios, que son entidades político-administrativas del estado especializadas en áreas concretas. Estos son esenciales porque para poner en práctica una política económica se requiere que una estructura administrativa la lleva hacia adelante: un programa de política económica que no esté adscrito a una estructura administrativa estatal nunca se llevará a cabo.

Además, en caso de que la política económica en concreto sea poco importante para el propio ministerio las expectativas de que se aplique se cuestionarán. Por este motivo, cuando existe una gran prioridad por el desarrollo de un cierto tipo de política económica, como la tecnológica, quizá la primera medida sería la creación de un ministerio al respecto, siguiendo el ejemplo, uno de tecnología, es decir, un organismo administrativo de primer nivel. De esta manera, esta estructura administrativa presentaría un mandato específico en el sentido prioritario establecido y, entonces, sería más previsible que se estimulase la aparición y aplicación de diversas medidas al respecto, entre otros motivos importantes, porque el ministerio contaría con asignación presupuestaria directa orientada hacia ese objetivo justificativo de su existencia y porque las más rudimentarias evaluaciones de su actividad tendrán presentes los aspectos particulares que administra, en este caso, los tecnológicos. En el mismo sentido, en caso de que un área prioritaria de intervención sea una parte más de las competencias de un ministerio, entonces la atención que se le preste estará condicionada por factores como la mayor proyección política de los objetivos, por la facilidad en su cumplimiento, etc., que pueden dejar, en definitiva, en un segundo plano esas actividades más prioritarias establecidas por instancias superiores. Siguiendo con el ejemplo anterior, si el ministerio es de industria y servicios, las actividades tecnológicas serán solo una parte minúscula de su interés (administrativo), cuestionándose desde un principio el área prioritaria mencionada.

El grado de especialización de una estructura administrativa en un ámbito va desde cuando un departamento ministerial no posee gran especialización, abordando varios tipos de competencias simultáneamente, pasando a cuando existe un departamento especializado al respecto (por ejemplo, en España, la Secretaría de Energía, que existía dentro del Ministerio de Industria, Comercio y Turismo) a que tenga autonomía propia (por ejemplo, el Consejo de Energía Nuclear) o a que sea plenamente independiente del gobierno (siendo un caso típico el del Banco Central de España). Respecto a este último caso, el argumento que normalmente se utiliza para defender ese estatus especial es que se conseguirán mejor los objetivos estratégicos de la política económica que tenga encomendado el organismo, no solo porque realizará un mejor diseño, sino porque tendrá una especial vehemencia en su aplicación. Sin embargo, una de las críticas más serias, y a la sazón no resuelta, es que la independencia del poder político transformará al organismo en más vulnerable a las presiones de los grupos de interés afectados, fenómeno conocido como captura del regulador, reorientando la política económica hacia intereses muy particulares y con distorsiones graves en los diseños originarios de las intervenciones estatales.

En el momento de la especificación de la política económica, un elemento esencial se refiere a la estructura temporal. Esta presenta dos dimensiones esenciales, por un lado, cómo se lanza la política económica y, por otro lado, la dilatación en la obtención de resultados. Respecto al primer aspecto, las medidas de política económica se pueden agrupar en paquetes o programas, que pueden carecer de cohesión interna y cuyos componentes pueden contradecir medidas aprobadas anteriormente. Esta situación supone la aparición de obstáculos, a veces, insalvable en la aplicación de las políticas económicas. Por otra parte, la puesta en práctica de todas las medidas de una vez es complicado y, entonces, pasa a un primer plano si se aprueban progresivamente y por bloques. Dentro de la primera vía, las propuestas iniciales aprobadas pueden suponer un incentivo o un obstáculo para las siguientes, bien porque generen incoherencias técnicas con la situación existente o bien porque no se obtengan los resultados esperados. En este ámbito de discusión debe destacarse que cuando se aprueban medidas de manera progresiva, comenzarán a reaccionar los agentes sociales, que pueden cuestionar o generar un mayor consenso respecto del programa de referencia, frenando o estimulando su ejecución. Por ejemplo, las reformas en el sector agrario aplicadas por Deng Xiaoping en China a finales de los años 70 y principios de los 80, tuvieron unos resultados económicos muy positivos y consiguieron un gran apoyo por parte de la población, fenómeno que estimuló la ampliación de las políticas económicas al sector industrial y al sector exterior.

La segunda dimensión se refiere a los desfases temporales en la política económica. Estos no solo afectan a la ejecución, sino que se extienden a todas las fases de la política económica. Sin embargo, los problemas que generan los desfases temporales emergen a la superficie con más fuerza, y por ser resultado de los acontecidos en etapas previas, en la etapa de aplicación de la política económica. Existen desfases desde el momento en que se detecta un problema hasta cuando se decide actuar, en el periodo en el que se fijan las soluciones y cuando se concretan en normas legales y se aprueban. Estos desfases se conocen como *internos de reconocimiento*. A estos habría que añadir los característicos de la concreción de la política económica, que son los *desfases internos administrativos*. En el caso de las políticas presupuestarias los desfases temporales (internos de reconocimiento) suelen ser de alrededor de un año, periodo que se ciñe al ciclo presupuestario. No obstante, el desarrollo del presupuesto se descompone en grandes programas como, por ejemplo, infraestructuras públicas, que requieren concretar proyectos, hacer licitaciones e ir ejecutando segmentos de los proyectos, demorando en varios años los resultados (internos administrativos). En otro caso extremo aparecerían las políticas monetarias que se pondrían en práctica con bastante rapidez y cuyos desfases internos suelen ser mucho más cortos.

Esquema 2. Desfases en la política económica

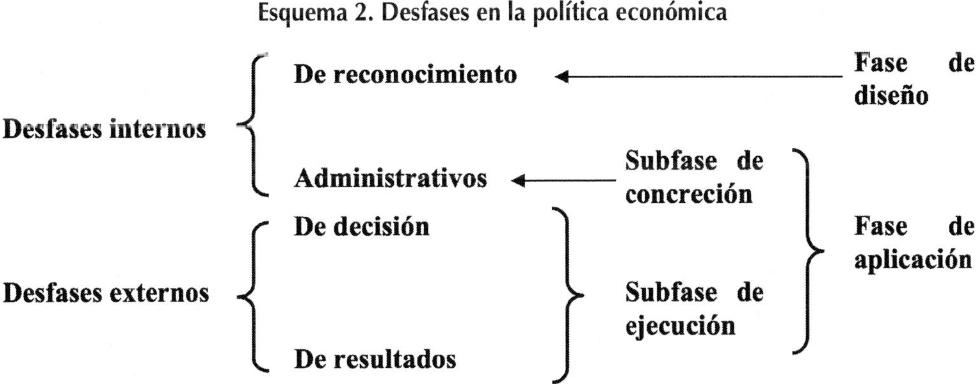

Una mención aparte requiere que cualquier programa caerá, de un modo u otro, en las competencias de varios ministerios, circunstancia que suele ser más evidente cuando aparezcan solapamientos explícitos entre esas estructuras administrativas. Esto generará un problema esencial en la especificación de las políticas económicas que puede cuestionar su viabilidad. Por ejemplo, en 2012, el gobierno en España, a través del Ministerio de Industria, Comercio y Turismo se planteó como objetivo esencial reducir el déficit financiero que se había generado en el mercado de la electricidad. Una de las medidas contempladas era la redefinición de los sobrecostes de las infraestructuras en los territorios no peninsulares que, entonces, deberían ser cubiertos directamente por el presupuesto estatal central. Sin embargo, esta consideración desequilibraba las previsiones de déficit, por lo que el Ministerio de Hacienda se opuso y no se pudo alcanzar el objetivo financiero-energético mencionado. Cuando estos problemas son sistemáticos entonces se suelen crear estructuras interministeriales para coordinar la especificación de las políticas económicas. No debe olvidarse que estos problemas en el ámbito de la aplicación de las políticas económicas ponen en entredicho el propio diseño de aquellas.

Por debajo del gobierno aparece la estructura administrativa del estado. Como se ha apuntado, es esencial en la fase de ejecución de la política económica. Para llevar a cabo su meta, su estructura se descompone por niveles que se dividen en tareas. Para que la estructura global sea operativa y responda al movimiento continuo de la economía, las mencionadas tareas tendrán que estar respaldadas por una persona que constantemente trabaje a este respecto. Aquí aparece la figura del funcionario. A ese rango se accede a través de una oposición que genera un puesto vitalicio en la estructura administrativa estatal, al tiempo que sirve de comprobante de un cierto nivel de competencia cualificativa. De esta manera, se consigue que la estructura administrativa funcione constantemente con un nivel determinado de competencia en el cumplimiento de sus funciones, que son las garantías mínimas para conseguir los objetivos técnicos de ejecución de las políticas económicas.

No obstante, los trabajadores del estado constituyen un cuerpo bastante heterogéneo. Por un lado, destacan los funcionarios, acabados de mencionar, que se encuentran respaldados por unas oposiciones, pero, por otro lado, aparecen los interinos que cubren funciones durante un tiempo determinado. Debe de distinguirse explícitamente la existencia de los funcionarios que se encuentra en la parte superior de la estructura administrativa del estado, es decir, la elite administrativa, que disponen de una gran influencia tanto en el diseño, como en la ejecución de la política económica y a la que se aludirá con detenimiento en el capítulo 5. También debe ponerse de relieve otra figura de la administración del estado a la que no se suele aludir: los cargos de designación política. Estos ocupan lugares altos dentro de la administración del estado, desempeñan sus tareas temporalmente y sus funciones son esencialmente políticas. Esta última se concreta en la pretensión de los miembros del gobierno de ubicar a personas de confianza en la administración estatal para evitar que esta última pueda ser hostil a la ejecución de sus proyectos.

Aunque se insistirá sobre estos aspectos en capítulos posteriores, la organización de la administración estatal según funciones supone un elevado grado de especialización dentro de trabajos concretos, aspecto que conduce a la necesidad de llevar a cabo una fuerte coordinación interna. De hecho, toda la estructura vertical del estado resulta derivada de la necesidad de conseguir esta coordinación. Una parte nada desdeñable del tiempo de los funcionarios se dedica a ajustarse con los otros para que los servicios generados puedan ir hacia adelante. La permanencia (vitalicia) en sus puestos de trabajo contribuye esencialmente a aliviar este tipo de coordinación, puesto que genera un aprendizaje acumulado.

Adicionalmente, debe señalarse que, aunque las funciones presentan bastante grado de especificación, no ocurre con la suficiente precisión como para ajustarse a la riqueza de la realidad existente. De este modo entra en juego la relevancia de la iniciativa personal de aquellos que ocupan el cargo. Esta aparece definida por elementos psicológicos propios, sociales y por incentivos, teniendo todos ellos unas fuentes heterogéneas de gestación. Este componente humano resulta vital para cubrir los vacíos aparecidos en los diseños y en las concreciones de las políticas económicas. Por ejemplo, en ciertos casos, solo se especifican y de una determinada manera las políticas económicas que presentan unos beneficios directos para los altos cargos del ministerio correspondiente, debiéndose cubrir las holguras con iniciativas administrativas de bajo nivel o directamente personales.

De estas últimas consideraciones se puede deducir que la administración del estado presenta sus propios intereses, aunque bien es cierto que, dada la heterogeneidad apuntada, se encuentra poco cohesionada. En todo caso, aquello que sí que es claro es que no suelen coincidir con los del gobierno. Estas circunstancias complican adicionalmente el funcionamiento del estado y, por tanto, aquello que atañe a la política económica.

Así pues, la administración del estado se constituye en un mediador entre el gobierno y la sociedad. Por este motivo, es clave tanto para el diseño de las políticas económicas (destacando su papel de recolección y tratamiento de datos con los que se concretan los problemas, los objetivos y los instrumentos), como para su aplicación. Así pues, la eficacia con que funcione el aparato administrativo condicionará los resultados de las políticas económicas. En particular, un mal funcionamiento de la burocracia estatal o su falta de eficacia suele impedir que las medidas adoptadas por el gobierno se lleven a cabo o no se realicen en los periodos adecuados, impidiendo alcanzar los objetivos previstos.

1.2. La ejecución de políticas económicas

En esta faceta se destaca que se pone en relación la administración del estado con la propia sociedad y sus formas organizativas (grupos de presión). En este ámbito, la burocracia estatal posee márgenes de maniobra y límites en su actuación, que junto con las reticencias de la sociedad y la propia oposición de la sociedad (grupos afectados), puede conducir a que no se consigan los resultados previamente establecidos. En ambos casos, esta situación cuestiona la formulación y el diseño de los programas de política económica.

El elemento esencial en esta etapa es que quién está implicado no es solo el gobierno, sino el conjunto del estado y la sociedad. De hecho, la fase de especificación requiere de la participación activa de la burocracia estatal, mientras que la etapa de ejecución necesita además de la implicación (connivencia o rechazo) de la sociedad o de los grupos de interés existentes. Por ejemplo, en 2012 el gobierno aprobó unas medidas de política económica para que emergiese y se legalizase el trabajo doméstico (empleados del hogar), sin embargo, los resultados fueron muy modestos porque, por un lado, la sociedad, es decir, los empleadores y los empleados, no tenían ningún interés en legalizar este tipo de trabajo y, por otro lado, porque no se crearon instrumentos de movilización del aparato administrativo para ejercer un control sobre ese ámbito laboral. Así pues, explicar esta fase requiere mencionar explícitamente, no solo a la administración estatal, sino también aspectos organizativos de la sociedad.

En las condiciones acabadas de apuntar, una dimensión que adquiere una especial relevancia es la transmisión de la información vinculada a las políticas económicas concretas a la población y, por este motivo, resultan esenciales los mecanismos de difusión y de información que utiliza el estado a este respecto. De hecho, tan importante es una medida de política económica como la percepción que tenga la población de esta. Esta situación se explica porque parte de las expectativas de los agentes sociales se configuran con la información de las medidas de política económica y la competencia del estado para llevarla a cabo. No es menos importe la consideración de que con la difusión informativa se pretende ganar apoyos políticos de distintos agentes sociales con los que transformar en viable la política económica que se pretende adoptar.

En términos prácticos, la importancia de la comunicación en la política económica se observa en que, de manera sistemática, oficial o informalmente, ciertos documentos previos (por ejemplo, borradores de leyes o decretos-ley) se distribuyen, en unos casos, directamente a agentes implicados y, en otros, se difunden a través de los medios de comunicación. Hasta tal extremo esta dimensión es importante que, en ciertos casos, se pueden considerar como medidas de política económica, como se trataría de determinadas intervenciones de los gobernadores de bancos centrales o ciertos informes de estas instituciones.

Un elemento adicional a tener presente es que, en la puesta en práctica, que incide en la efectividad de la política económica diseñada, también existen desfases temporales. Estos son conocidos como retrasos externos y se han de considerar aparte de los que aparecen en las otras fases de la política económica. Las medidas de política económica pretenden influir sobre la sociedad, pero su reacción, en su caso, a veces, no es inmediata. En primer lugar, la población deberá percibir la aplicación de las medidas y la voluntad del gobierno de llevarlas adelante, y pasar a tomar la decisión de modificar sus conductas (*desfase de decisión*) y, en segundo lugar, se requerirá más tiempo hasta que tengan lugar los resultados (*desfase de resultados*). Estos desfases temporales son esenciales no solo para evaluar la efectividad de las medidas de política económica, que tendrán horizontes temporales distintos, sino en el momento de introducir nuevas políticas o programas, que pueden entorpecer los ya puestos en práctica.

Relacionado con los aspectos temporales acabados de apuntar aparece el seguimiento de las políticas económicas, elemento al que cada vez se le presta mayor atención. Este factor es característico de la etapa de aplicación y pretende iluminar qué ocurre en parte de esta fase. La supervisión pretende poner de relieve la efectividad de las medidas adoptadas, yendo desde la especificación a la puesta en práctica y pudiendo alcanzar a la valoración de los resultados obtenidos. Así pues, la supervisión se solapa, a veces, con la evaluación de las políticas económicas. La supervisión trata de generar información acerca de las medidas adoptadas para controlar cómo se está realizando y si están teniendo resultados. En definitiva, la supervisión permite obtener datos acerca del ritmo en la aplicación de las políticas económicas y de sus resultados (eficacia). No obstante, cabe señalar que los aspectos a más largo plazo y relacionados con la obtención de resultados económicos suelen quedar excluidos de la supervisión.

Interpretaciones de la ejecución de la política económica

Desde un enfoque tradicional, dominante a mediados del siglo XX, el gobierno tiene pleno control (poder) sobre la puesta en práctica de la política económica, mientras que la burocracia y la sociedad, en general, presentan un componente pasivo. Esta hipótesis se sustenta esencialmente en la idea de que la sociedad y el estado son relativamente poco complejos. Con este trasfondo, se construyó el enfoque de aplicación de políticas económicas "*de arriba abajo*". Esta visión es asumida por aquellos analistas que concentran su atención solo en el diseño de las políticas económicas. Desde este punto de vista, el gobierno diseña la política económica y, luego, pasa a ejecutarse automáticamente hacia abajo. Si los resultados no son los previstos entonces se apunta que los problemas son esencialmente informativos, aunque también pueden encontrarse en una inadecuada asignación de competencias entre organismos públicos.

Frente a este enfoque, en los años 70-80 del siglo pasado, surgió el "*de abajo a arriba*". Este asume que la sociedad es compleja y que los grupos de presión y la burocracia estatal son activos (presentan sus propios intereses y tratan de defenderlos), influyendo sobre la ejecución de las políticas económicas diseñadas. En estas circunstancias, la consideración de los intereses de los agentes implicados, así como el mayor grado de formación de la población en economías desarrolladas deberán ser considerados explícitamente no solo para conseguir mayor efectividad en la consecución de los objetivos previstos en un programa de política económica establecido, sino también en la propia definición de la agenda y en las formas de conseguirla (diseño de instrumentos).

No obstante, aunque se han planteado estos modelos para interpretar la puesta en práctica de las políticas económicas, ambos presentan deficiencias. Los primeros sobreestiman la capacidad de los políticos para poner en práctica las políticas económicas que diseñan, mientras que los segundos exageran la discrecionalidad de los burócratas y de ciertos grupos de presión para condicionar las políticas económicas. Por este motivo, en la actualidad se está tratando de buscar un modelo de síntesis.

Durante los años 80 del siglo pasado se empezó a reflexionar sobre la necesidad de integrar los niveles de gobierno con la propia sociedad y se comenzó a atisbar una idea bastante genérica como la de llevar hacia adelante un "buen gobierno". Una forma un tanto específica de plasmar esta idea, que tuvo bastante difusión, fue la *Nueva Gestión Pública*. Este enfoque defendía una delegación de funciones hacia niveles inferiores del estado, un control amplio de las actividades, desde los recursos hasta los resultados, mayor orientación hacia el usuario y un aumento en el papel jugado por los mecanismos descentralizados (libre contratación, uso de competencia entre organismos públicos, cobro entre entidades estatales, externalización de actividades e incentivos por resultados obtenidos). Así como los enfoques primeros apuntados ponían énfasis en la traslación de competencia a lo largo de la estructura vertical del estado y acerca de la consideración sobre los intereses existente dentro del propio sector público, la Nueva Gestión Pública predicaba la aplicación al sector público de normas de funcionamiento de la iniciativa privada capitalista. El problema de esta perspectiva es que, aunque sí que es cierto que en algunos casos es aplicable, en otros, que suelen ser muy relevantes, no es posible, quedando muy limitado el alcance de su influencia real.

En parte como respuesta a la anterior visión economicista, surgió en los años 90 del siglo pasado la idea de gobernanza, que tenía un componente más político. Esta apuesta por una mayor integración y participación de las decisiones público-privadas y, también de intensificar las relaciones entre estado y sociedad civil. Aunque son discutibles sus concreciones prácticas, sí es cierto que se ha generado cierto tipo de recomendaciones que se están popularizando en la actualidad, como fomentar la transparencia (transmisión de información), mejorar la rendición de cuentas (informar y justificar decisiones adoptadas) o aumentar la capacidad de sancionar. Todos estos aspectos suponen un mayor control del gobierno, en especial en la etapa de ejecución de la política económica.

2. EVALUACIÓN DE POLÍTICAS ECONÓMICAS

2.1. Concepto y caracterización de evaluación

La evaluación consiste en obtener información sobre la elaboración y puesta en práctica de las políticas económicas para mejorar las asignaciones de recursos o las regulaciones establecidas. Debe ponerse de manifiesto que la evaluación siempre estará marcada por su carácter finalista respecto a una acción o medida de política económica: legitimarla, mejorarla, iniciarla o controlar los fondos financieros que la sustentan. En definitiva, pretende iluminar méritos y defectos de las medidas de política económica aprobadas.

Desde un punto estático, la evaluación se limita a contrastar informaciones existentes sobre procesos de ejecución de decisiones de políticas económicas o sobre si los resultados previstos se ajustan a los reales. Sin embargo, desde un punto de vista dinámico, la evaluación no se limita a trabajar sobre los datos existentes, sino que genera nueva información susceptible de ser utilizada por los agentes implicados en la política económica. Desde esta perspectiva, la evaluación trata de obtener información de los programas de política económica y de los servicios públicos abastecidos tratando de determinar si son eficientes, eficaces y rentables, económica y socialmente.

De estas consideraciones se deriva que la evaluación trabaja con información procedente de las propias medidas de política económica tratando de comparar los resultados previstos con los realmente obtenidos. Al estar vinculada a la realidad inmediata y a la acción, por un lado, se encontrará mediatizada por la información y conducta de los agentes directamente implicados y, por otro lado, contará con una presión o restricción temporal digna de reseñar. Este último aspecto es relevante por sus implicaciones en el debate político.

La faceta de la evaluación trata de estimar si se han conseguido ciertos parámetros previstos en las políticas económicas planificadas. Sin embargo, su apreciación varía en función de la concepción o de las aspiraciones que se tenga al respecto. Desde un punto de vista más bien administrativo y con una perspectiva relativamente estrecha, se concibe la evaluación como la estimación del ajuste o grado de coincidencia de las medidas previstas respecto a la legalidad o a su correspondencia con los flujos financieros que tenían inicialmente asociados. Así pues, este tipo de evaluaciones concentran su atención en cómo ha tenido lugar su ejecución la política económica en términos financieros, contables y/o legalidad. Por ejemplo, estas auditorías examinan que los registros financiero-contables se hayan apuntado y se haya registrado como corresponde (legalmente).

Una perspectiva más amplia remite a la consideración de los resultados obtenidos, que pasarán a ser introducidos en la evaluación. De hecho, la importancia de la evaluación radica en que los gobiernos pretenden obtener legitimidad no solo a través de la legalidad en sus intervenciones, sino de los resultados obtenidos. Esta forma de evaluar supone referirse a si se han alcanzado los objetivos establecidos, considerándose esta evaluación de eficacia. Sin embargo, no suele ser menos importante introducir también la consideración de los costes en los que se ha incurrido. En este caso la evaluación tendrá connotaciones sobre la eficiencia resultante. Estas valoraciones son relevantes puesto que ponen de manifiesto en qué se gasta el dinero, qué bienes o servicios se ofrece y, en su caso, si podrían obtener bien de manera más barata o bien siguiendo otras vías. Con frecuencia estas realizan el seguimiento de los objetivos vinculados a un determinado programa de política económica, apoyados con técnicas de medición de eficiencia productiva de las unidades gestoras. Por ejemplo, aquí se podrían incluir las auditorías sobre los gastos de proyectos de inversión en infraestructuras.

Las anteriores evaluaciones no aluden a que se hayan resuelto los problemas (que puede que no tengan objetivos explícitos asociados o que, aun teniéndolos, no tengan relación o sea muy leve). Este motivo suscita considerar explícitamente si se han zanjado los inconvenientes contemplados inicialmente y, por tanto, incidiendo en el impacto real. Adicionalmente, dentro de este ámbito, debe señalarse no solo si se resuelve las contrariedades de referencia, sino que deberá incluirse en el análisis la generación de elementos inesperados o no deseados (efectos secundarios) por su impacto sobre aquel. Asimismo, en esta cuestión también adquiere relevancia la durabilidad en la resolución de los problemas.

Esquema 3. Tipología de evaluaciones

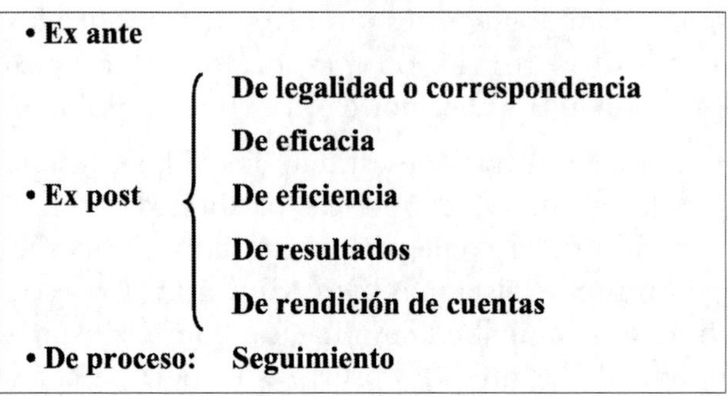

Finalmente, debe considerarse una forma de evaluación que cada vez se está tratando de promover con mayor intensidad. Se trata de la rendición de cuentas, que vinculan estrechamente los resultados de las políticas económicas puestas en práctica con recomendaciones, bien sugiriendo cambios en el diseño o en la ejecución de las políticas económicas, bien derivando responsabilidades. No debe olvidarse que este tipo de evaluación, y en parte también las anteriores, pueden presentar un fuerte componente político en el sentido de transformarse en argumentos orientados a movilizar apoyos para sustentar una propuesta de política económica, pero también para oponerse a las previstas.

Las evaluaciones apuntadas hasta el momento se suelen realizar de manera posterior a la puesta en práctica de las medidas de políticas económica y cuando se han alcanzado los resultados (*expost*). Sin embargo, en ciertas ocasiones se realizan estudios *exante* que tratan de poner de relieve obstáculos destacados y permitir mejorar el diseño de las políticas económicas. Dentro de estas últimas se han extendido mucho las relacionadas con los informes de impacto medioambiental en los proyectos de inversión de infraestructuras. También en contrapunto a las *expost*, aparecen los fenómenos de supervisión, que analizan las políticas económicas mientras se encuentran en el momento de ejecución, es decir, consistirían en evaluaciones de proceso (mencionadas en la primera parte de este capítulo). Parte de la lógica de estas últimas radica en que mientras se realiza el diseño y se ejecuta la política económica se genera información complementaria que puede permitir introducir modificaciones en las diversas etapas ulteriores y conseguir un mejor cumplimiento de las medidas iniciales adoptadas. Este tipo de evaluación procesual supone el establecimiento de controles, muchas veces explicitados en la aprobación de las medidas de política económica, que se transforman en un seguimiento de los programas que se pretenden acometer. Estas evaluaciones resultan esenciales para detectar en el momento las deficiencias existentes, resolverlas y conseguir que se consigan los objetivos establecidos.

2.2. La institucionalización de la evaluación de las políticas económicas

Una parte de las evaluaciones se realizan de manera esporádica, sin exigir condiciones para su puesta en práctica o cuando se han detectado irregularidades dignas de reseñar. Estas suelen presentar un alcance limitado y con frecuencia tienen poca profundidad. Frente a estas aparecen otras que se realizan de forma periódica y suelen disponer de mayor envergadura y repercusión, siendo un ejemplo de estas últimas las de legalidad o las de correspondencia.

La anterior explicación cabría sintetizarla en que las evaluaciones pueden ser internas o externas. Las primeras tienen lugar dentro de la propia administración del estado y suelen estar bajo los auspicios del poder ejecutivo. Mientras tanto, las auditorías externas se encuentran bajo la competencia del poder legislativo. Las segundas, al depender de un organismo elegido directamente por el electorado, presentan un carácter más independiente del poder ejecutivo, que suele ser el responsable del diseño las políticas económicas.

Esta discusión requiere incidir más sobre quién realiza la evaluación y, por ende, sobre su grado de institucionalización. En este caso, el elemento esencial es si existe un organismo específico que realice las evaluaciones de las políticas económicas y el grado de capacidad de acción de que disfruta. El mínimo grado de institucionalización correspondería a la ausencia de organismos específicos de evaluación de las políticas económicas, siendo un departamento, en general, dentro del poder ejecutivo quien asumiese, en ciertos momentos, estas labores. Un siguiente grado de institucionalización se alcanzaría cuando apareciese una entidad con autonomía administrativa, dependiente del poder ejecutivo (al que tendría que evaluar), siendo este último quien aprobaría en última instancia los informes del organismo evaluador. El siguiente grado correspondería a la existencia de una entidad administrativa con independencia (formal) del poder ejecutivo, teniendo un estatuto al respecto, pero quedando coartadas parte de sus funciones evaluadoras a través de, por ejemplo, la escasez financiera, límite al alcance de sus informes o la excusión de actividades que refrendar. Finalmente, se encontraría el caso de cuando existiese una entidad administrativa plenamente independiente del poder ejecutivo (y vinculada al poder legislativo o al judicial).

En términos teóricos, que una organización evaluadora sea independiente del poder ejecutivo le otorga más prerrogativas para realizar un mejor balance de las políticas económicas en proceso de decisión o adoptadas. En general, el organismo auditor adquiere más independencia en la medida en que se le reconoce, al menos:

- existencia explícitamente dentro de la constitución del país
- el mandato es claro
- capacidad real de recabar información de los organismos auditados
- independencia de los auditores y técnicos del organismo auditor
- publicidad de sus informes y garantía de transmisión en su integridad
- que sus decisiones solo puedan ser cuestionadas, en caso extremo, judicialmente
- explicitación de las consecuencias de sus informes negativos
- asignación presupuestaria-financiera suficiente
- autonomía para fijar las retribuciones y las carreras profesionales de los miembros de la organización auditora.

Aunque se estima que esta sería una situación idónea y dado que es en los países en los que mayor independencia de los organismos auditores donde las políticas económicas presentan una mayor calidad, no debe olvidarse que esta característica sigue presentando un problema muy grave, a saber, la captura del evaluador, que, a la sazón, pone en cuestión el propio carácter de la independencia. En gran medida, esta se manifiesta a través de que se nutre con personal de la propia administración del estado, que es donde vuelven cuando terminan sus tareas de auditoría. Además, este flujo en los dos sentidos genera una autocomprensión de las actividades político-administrativas, que dificulta una auditoría realmente independiente.

2.3. *Las técnicas de evaluación de política públicas*

Las anteriores consideraciones no podrían llevarse a la práctica si no existiesen técnicas específicas de evaluación de políticas económicas. Aunque este campo requiere una mayor profundización, sí se puede afirmar que no solo existen, sino que, más aún, conforme gana relevancia la faceta de la evaluación, se están creando progresivamente nuevas técnicas. Dentro de estas se encuentran las de carácter cuantitativo y la de signo cualitativo.

Las técnicas cuantitativas. Se suelen utilizar para programas de gastos, por ejemplo, inversiones en infraestructuras y, en ciertos casos, son también útiles para políticas orientadas hacia educación o sanidad. En definitiva, se utilizan cuando se pueden cuantificar los instrumentos (gastos públicos) y los objetivos (beneficios sociales), así como las externalidades y su impacto temporal, en especial, a largo plazo. En general se pueden distinguir tres tipos de estas técnicas, los análisis coste-beneficio, métodos de análisis de unidades gestoras y métodos de análisis del impacto sobre los beneficiarios.

i.– Análisis coste-beneficio. El análisis coste-beneficio analiza los gastos de un programa de política económica y los compara con los beneficios obtenidos. Aunque, esta dimensión parece obvia que sea contemplada, con mucha frecuencia, aún pudiéndose cuantificar, se rechaza la opción. Así pues, este tipo de análisis permite cambiar parte de la concepción del diseño de las políticas económicas.

Una versión simplificada de este método es el análisis coste-efectividad, que se aplica cuando es posible precisar los costes sociales (por ejemplo, el gasto público desarrollado), pero no se pueden obtener estimaciones monetarias de los beneficios sociales, situación que conduce a sustituir estos por índices no monetarios de la efectividad del gasto, según los objetivos perseguidos. Este tipo de análisis, como en cualquiera de tipo cuantitativo, presenta serios problemas cuando no se pueden cuantificar y delimitar monetariamente los instrumentos y/o los objetivos-resultados. Un caso típico suele ser el de los gastos en defensa, puesto que las partidas presupuestarias relevantes se encuentran diseminadas en varios ministerios, como el de defensa, el de educación o el de industria, entre otros. Por añadidura, la concreción de la defensa-seguridad suele presentar serias dificultades para ser cuantificable. El segundo problema de estos métodos es que suelen ser útiles para presupuestaciones estatales guiadas por objetivos, pero con frecuencia los gastos públicos suelen presentar un carácter multiobjetivo.

ii.– Métodos cuantitativos de análisis de eficiencia productiva de las unidades operativas. Se trata de análisis comparativos entre unidades similares que ofertan servicios o productos parecidos. A partir de ahí se pueden establecer rankings de los centros operativos en función de su eficiencia productiva. En ciertas ocasiones, se pueden derivar de ahí, si es el caso, reestructuraciones en el conjunto de centros. En ciertos casos, cuando se conoce la forma de producción de la organización concreta (función de producción), se pueden aplicar ciertos métodos econométricos. En otros casos, pueden utilizarse índices específicos para observar el cambio en la productividad de los factores productivos derivado de la aplicación de una política económica concreta. No obstante, el alcance de este método es bastante limitado por la gran heterogeneidad entre unidades operativas.

iii.– Métodos de análisis del impacto sobre los beneficiarios según los objetivos perseguidos. Se trata de un análisis que pretende establecer una causalidad entre las políticas económicas aplicadas y los resultados económicos derivados para los diversos agentes. En general, el mecanismo esencial es determinar dos grupos sociales similares, uno afectado por las medidas de política económica y el otro no, y comparar los efectos económicos sobre ambos.

Las técnicas cualitativas. Así como las anteriores técnicas presentan cierta utilidad en los programas de gastos del sector público, adolecen de serios problemas cuando se aplican a políticas de regulaciones o con fuerte implicación de los agentes privados. Los problemas esenciales radican en la dificultad de definir y medir el objetivo, así como el impacto, en particular, por las externalidades existentes. En éstos ámbitos se requieren técnicas de análisis más cualitativas. El problema de estas técnicas es que presentan muchos componentes *ad hoc* y resulta difícil establecer generalizaciones.

En términos de políticas de regulaciones, las privatizaciones presentan serios problemas para evaluar. Por un lado, cuando se acometen suelen afectar a empresas que disfrutaban de monopolios naturales, no existiendo otras parecidas en el ámbito productivo en el que operaban. Por otra parte, esta situación se repite en la forma de llevar a cabo la privatización, pues sigue tratándose de ejemplos únicos. Finalmente, en caso de que se realice una evaluación de la política concreta de privatización y resultase desfavorable, difícilmente se podrá hacer nada al respecto, puesto que la reestatalización sería cuestionable. Un ejemplo al respecto está constituido por la privatización de Telefónica en España. También, en el mismo sentido, se encuentran los cambios en las regulaciones de la competencia en el sector eléctrico en España, que pasó de una situación de regulación administrativa a otra de supuesta competencia. En este caso, elementos esenciales para realizar la evaluación sería construir indicadores cualitativos sobre seguridad energética, composición de las diversas fuentes de energía o regularidad en abastecimiento, pero que son de muy difícil concreción.

Un ejemplo relevante corresponde a las políticas de constitución de clústers, que cada vez están adquiriendo más notoriedad. Esta consiste en crear una estructura institucional donde colaboren, en general en un mismo territorio, empresas, centros educativos y de investigación, agencias gubernamentales y otras instituciones con el objetivo de aumentar la competitividad de las empresas participantes y estimular el desarrollo económico. Cuando, por ejemplo, se ha aplicado en el País Vasco, se ha considerado que se ha tratado de una buena política industrial, que ha aumentado las relaciones entre las empresas y ha mejorado sus condiciones económicas y de competitividad. Para evaluar este tipo de políticas se ha de analizar la actividad del clúster y establecer relaciones con el desarrollo económico, factor este último que resulta complicado. En particular, un elemento esencial dentro de estas políticas es el desarrollo de las relaciones internas entre las empresas participantes, que conducen a poner de relieve factores, como facilitar la cooperación, crear un ambiente de confianza o compartir conocimiento y experiencias. Todas estas dimensiones son muy difíciles de concretar.

En definitiva, las formas de evaluación tradicionales tienen como referencia, frecuentemente, los resultados finales, mientras que la singularidad de la política de clústers radica en las relaciones, siendo este elemento el que se habría de evaluar con detenimiento, quedando en un lugar más secundario las consideraciones acerca de los integrantes individuales o la estructura de la asociación. Esta situación conduce a la construcción de indicadores cualitativos que, tanto para su elaboración como para la obtención de información, se requiere una participación activa de las entidades integrantes del clúster. Así pues, el proceso de evaluación, que con frecuencia se entiende como de arriba hacia abajo, habría que reconsiderarlo desde un punto de vista participativo. Este hecho obliga a que para la evaluación se requiera una sensibilización especial de los miembros a evaluar, que añade dificultades adicionales al proceso de contrastación.

La evaluación de políticas públicas en España

- **La Intervención General de la Administración del Estado (IGAE)**

Organismo dependiente del Ministerio de Hacienda y Administraciones Públicas. Su ámbito de evaluación se encuentra estrechamente vinculado a los Presupuestos Generales del Estado. Entre sus funciones se encuentra las de realizar auditorías sobre control de legalidad, adecuación de los registros con la realidad, controlar la buena gestión financiera y verificar el cumplimiento de los objetivos marcados en los Presupuestos Generales del Estado. Sin embargo, aunque las dos primeras funciones se suelen cumplir, las dos segundas siguen consiguiéndose, en el mejor de los casos, de manera marginal. Sus métodos de evaluación no son públicos, al igual que sus informes.

- **El Tribunal de Cuentas (TdC)**

El TdC depende directamente del Parlamento. Su ámbito de evaluación es de todo el sector público. Sus funciones son de evaluación de la legalidad y, en cierta medida, eficiencia, con la particularidad de que puede enjuiciar la responsabilidad contable de quien ha gestionado flujos financieros públicos. Sin embargo, en la práctica ha concentrado más su atención en la legalidad y en la regularidad legal, y en menor grado en la eficiencia económica y a la búsqueda de responsabilidades. De hecho, el TdC ha sido objeto de diversas críticas por su incapacidad para sacar a la luz casos de corrupción, así como por el alargamiento en sus actuaciones, en gran medida sustentado en una falta de recursos. Asimismo, se ha criticado su independencia debido a que el nombramiento de los máximos responsables ha sido bastante sensible a presiones políticas.

- **La Agencia Estatal de Evaluación (AEVAL)**

Creada en 2007, aunque disuelta en 2017, era dependiente del Ministerio de Hacienda y Administraciones Públicas. Su objetivo era la evaluación y análisis de las políticas públicas con el objetivo de estimular la eficiencia económica de los recursos empleados, rendir cuentas a la sociedad y mejorar la calidad de los servicios públicos. En principio, tenía amplias competencias y un gran papel difusor de información. Sin embargo, sus estudios e informes fueron relativamente limitados, concentrando su atención en análisis de calidad de servicios públicos y dejando de lado los estudios de eficiencia y eficacia en el uso de recursos públicos o los impactos de las políticas públicas. Además se han suscitado dudas sobre el nivel profesional especializado de su plantilla.

2.4. Los límites de la evaluación: más allá de la visión tecnocrática

Los aspectos apuntados y que suelen argumentarse sobre la evaluación suelen sintetizarse en que la evaluación debe estimularse como un mecanismo para conseguir introducir mejoras en el diseño e, incluso, en la definición de la agenda o en la propia ejecución de la política económica. Sin embargo, esta perspectiva, de corte más bien tecnocrático, obvia que la evaluación se ha de insertar en un contexto político o, dicho de otro modo, prescinde de una parte esencial: el impacto político.

En particular, cuando la puesta en práctica de la política diseñada no se ajusta a los objetivos o no resuelve los problemas, en efecto, el primer paso puede ser ponerlo de manifiesto, un segundo momento es recomendar opciones, pero en una tercera etapa se pone en tela de juicio la competencia de aquel que la diseñó o la puso en práctica. Esto, a veces, se visibiliza en la rendición de cuentas en la evaluación de las políticas económicas. Pero aquello que se destaca es que, si se han establecido, diseñado o puesto en práctica mal, entonces se requiere una recriminación. Es decir, se ha de señalar al responsable y se han de establecer medidas punitivas de diverso grado. Esto supondrá una reacción del nivel político de la sociedad o administrativo del estado, que dada su situación dentro de la estructura organizativa social, pondrán trabas a que esa recriminación le pueda llegar y, por tanto, que se puedan elaborar argumentos utilizando la evaluación de las políticas económicas.

Esta es una explicación de por qué la evaluación suele tener problemas de subdesarrollo o bien que se defienda formalmente y se la obstaculiza realmente. En este sentido, aunque técnicamente, a priori, se valora muy positivamente el establecimiento de organismos independientes de evaluación de políticas económicas, en la práctica, esta voluntad queda difusa. Por ejemplo, en 2007 se creó en España la Agencia Estatal de Evaluación de las Políticas Públicas, a la que nunca se le acabaron de concretar sus funciones, se le asignó un presupuesto minúsculo y unos recursos humanos muy escasos, de forma que realmente nunca llegó a funcionar, hasta que fue eliminada en 2017. En definitiva, para conseguir una independencia de los organismos se requiere voluntad política, que no existe debido a que las evaluaciones *ex-ante* limitan la capacidad de acción de los políticos y, en su caso, de beneficiar unilateralmente a los grupos de presión más influyentes, mientras que, las evaluaciones *ex-post* ponen de manifiesto los límites en el alcance de sus actos, bien en su falta de eficiencia, en su carencia de eficacia o en la ausencia de relación de los efectos positivos previstos con los grupos sociales susceptibles de ser beneficiados.

Por añadidura, aparece el fenómeno de la captura del evaluador, más relevante aún en aquellos organismos que autoproclaman su independencia, puesto que constituye un elemento indirecto adicional que limita en sí mismo la evaluación de las políticas económicas. La captura de estos organismos, como el de los otros estatales, supone un problema sobre el que resulta difícil luchar, pero al que se le ha de añadir la ausencia de voluntad política de conseguirlo. Este problema constituye un obstáculo de gran dimensión en la evaluación de las políticas económicas. En definitiva, no se puede esconder en la realidad que la evaluación de las políticas supone la construcción de argumentos de uso político, es decir, que es un soporte orientado a movilizar apoyos para sustentar una propuesta de política económica, pero también para oponerse a las previstas.

Conceptos clave

Aplicación de políticas económicas	Desfases internos de administración
Evaluación de políticas económicas	Desfases externos
Especificación de políticas económica	Evaluación de correspondencia
Ejecución de políticas económicas	Evaluación de eficacia
Administración pública	Evaluación de eficiencia
Papel de funcionarios en la política económica	Evaluación de impacto
Enfoque "de arriba abajo" en aplicación de políticas económicas	Evaluación de rendición de cuentas
Enfoque "de abajo a arriba" en aplicación de políticas económicas	Auditorías internas
Nueva Gestión Pública	Auditorías externas
Supervisión de la política económica	Institucionalización de la evaluación
Gobernanza	Independencia en la evaluación
Desfases internos de reconocimiento	Técnicas cuantitativas de evaluación
	Técnicas cualitativas de evaluación
	Intervención General de la Administración del Estado

Bibliografía de referencia

Albi, E. y Onrubia, J, (2016): "Institucionalizar la evaluación económica de políticas públicas: eficiencia y rentabilidad social". *Papeles de Economía Española,* nº 147, pp. 50-67.

Antuñano, I. (2017): "Política económica y control del sector público" en Mancha, Tomás (coord.): *Política Económica, economía regional y servicios.* Thomson Reuters-Civitas

Bernanke, B. (2014): *Mis años en la Reserva Federal,* Deusto, Barcelona, caps. 3 y 4

Castro, A. E. y Teixeira, J. F. (2017): "La formación de la política económica: agentes y limitaciones" en Aranda, E., Pérez, S. y Sánchez, A. (coords.): *Política económica y entorno empresarial.* Pearson, Madrid, pp. 27-50

Doménech, G. (2017): "¿Mejor antes o después? Controles públicos previos versus controles públicos posteriores". *Papeles de economía española,* nº 151., pp. 47-62.

Feinstein, O. (2007): "Evaluación pragmática de políticas públicas". *Información Comercial Española,* nº 836.

Meynaud, J. (1961): *La elaboración de la política económica.* Tecnos, Madrid.

Moral, I. (2019): "Evaluación *ex post* de una intervención pública". *Información Comercial Española,* nº 907, pp. 37-50.

Roncaglía, A. (2019): *La era de la disgregación. Historia del pensamiento económico contemporáneo*. Prensas de la Universidad de Zaragoza, Zaragoza, cap. 4.

Ruiz, A. (2012): "Panorámica actual de la evaluación de las políticas públicas". *Presupuesto y Gasto Público*, nº 68, pp. 13-23.

Sabatier, P. A. y Mazmanian, D. A. (1981): "La implementación de las políticas públicas" en Aguilar, Luís F. (ed.): *La implementación de la Políticas*. Porrúa, México.

Sánchez, R.; Bueno, F. y García, A. (2019): "La evaluación *ex ante*. Una visión de la oficina de coordinación y calidad normativa". *Información Comercial Española*, nº 907, pp. 23-36.

PARTE II
FORMACIÓN DE LA POLÍTICA ECONÓMICA

Tema 4

Estructura institucional y la formación de la política económica

En los anteriores capítulos se ha explicado el concepto de la política económica y cómo esta se estructura. De la mencionada exposición se deriva que, para profundizar en la idea de política económica, es necesario explicitar sus circunstancias concretas. Por tanto, se requiere prestar una atención especial al marco institucional en el que la política económica se encuentra inmersa. Sin embargo, perfilar esa especificación, espacial y temporalmente, exige mencionar también a los agentes implicados, así como las circunstancias externas que repercuten de manera sustancial tanto sobre las instituciones como esos actores. Esta concreción es aquello que se entiende por formación de la política económica.

En este capítulo se abordarán las primeras explicaciones acerca de la formación de la política económica y, en concreto, se concentrará la atención sobre el marco institucional en el que se genera la política económica. En primer lugar, se aludirá a la idea de instituciones, pero simplemente como paso para apuntar la relevancia del marco global organizativo concreto que existe en una sociedad respecto a la explicación de la gestación de la política económica. En segundo lugar, se pondrán de relieve los elementos esenciales de la estructura de un gobierno, figura a la que se le atribuye usualmente la capacidad de realizar política económica, así como su complejidad organizativa. En tercer lugar, se profundizará en este último aspecto aludiendo a la existencia de la administración pública, de comisiones estatales especializadas en la gestión de áreas económicas y de empresas públicas.

1. LAS INSTITUCIONES Y LA ESTRUCTURA CONSTITUCIONAL

En el primer capítulo se apuntó la importancia de las instituciones, en el sentido de que los individuos no viven aislados, sino que se encuentran agregados generando una sociedad que va más allá de la simple suma de sus miembros: las personas se forman y adquieren significado en la medida en que viven integradas socialmente. En una sociedad, para su funcionamiento y su posibilidad de extender su vida en el tiempo (reproducción), se establecen unas pautas o normas. Estas indican aquello que se puede hacer o no en una sociedad, asociando unos incentivos positivos o negativos (sanciones). Estas normas pueden ser recogidas en la legislación, constituyendo la base de las instituciones formales, pero pueden ser asumidas directamente por la sociedad, sin aparecer en textos programáticos y, entonces, se trataría de instituciones informales.

Uno de los elementos esenciales que muestra la configuración de las instituciones formales en un país es la estructura constitucional. Esta puede adoptar diversas formas, pero existe una tendencia a que se presente explícitamente en forma de un documento marco (constitución en sí misma), junto a legislaciones de gran alcance (como el Código Civil). Entre sus contenidos se encuentran la sistematización de los deberes y derechos de los ciudadanos. Por ejemplo, determina qué parte de la población tiene derecho a voto. Asimismo, fija las características de una de las formas organizativas más relevantes de la sociedad, es decir, el estado. En concreto, precisa los organismos estatales y sus relaciones, es decir, qué características tienen los poderes legislativos (parlamento), ejecutivo (gobierno) y judicial (tribunales), estableciendo separación entre ellos, si fuera el caso (estado liberal vs. organicista). También se apunta si los mencionados poderes presentan una estructuración vertical, por ejemplo, siguiendo unas distinciones territoriales, al tiempo que concreta las atribuciones competenciales de todas las instancias acabadas de mencionar.

Asimismo, la constitución recoge la composición interna de esas entidades y las formas de elegir a sus miembros. En ciertas ocasiones, la estructura constitucional establece límites a la intervención del sector público, bien en términos agregados, por ejemplo, como recientemente han mostrado ciertos países en fijar límites al volumen de déficit público, o bien en términos puntuales, delimitando la actividad empresarial del estado. En el mismo sentido, la constitución muestra el conjunto de legislación que organiza la vida en la sociedad, así como su estructura interna legal y, por consiguiente, define el marco global de la toma de decisiones políticas (económicas).

Esquema 1. Estructura constitucional del estado

Estructura constitucional

estado:
- estructura organizativa
- política económica

Poder legislativo (Emisión de la legislación: parlamento)
Poder ejecutivo (Ejecución de la legislación: gobierno)
Poder judicial (Control de la legislación: tribunales)

mercado:
- derechos de propiedad
- contratos *(ámbitos del sector privado y grado de comerciabilidad de actividades)*
- formas de competencia *(relaciones entre agentes)*

La estructura constitucional establece también qué son los agentes privados y públicos, a través de la concreción de los derechos de propiedad y especifica las relaciones entre los distintos sujetos, es decir, fija las características y el alcance de los contratos. Respecto a estos últimos, determina los deberes y derechos de las partes contratantes, al tiempo que excluye o limita áreas en las que se pueden desarrollar relaciones mercantiles (adquisición de armas, definición del alcance del significado de drogas o establecimiento de límites al uso de las personas). También dibuja las formas de relación entre los diversos agentes, es decir, los tipos de competencia, por ejemplo, a través de la fijación de monopolios públicos.

Así pues, la estructura constitucional define la fisionomía del estado, enmarca sus intervenciones en relación con el sector privado y define el marco de desenvolvimiento de los agentes privados. Es decir, la estructura constitucional plasma las reglas formales del juego existentes en una economía y, por este motivo, crea el marco de la política económica.

2. EL PARLAMENTO Y EL GOBIERNO EN LA POLÍTICA ECONÓMICA: LA DIRECCIÓN POLÍTICA

En este trabajo se tiene como referencia a las economías desarrolladas con regímenes democráticos y, esta última característica, sobre la que se volverá con más detenimiento en el capítulo siguiente, se concreta en que parte de la población elige a unos representantes que son los que adoptarán las decisiones de política económica. El primer elemento destacable es la composición de los mencionados representantes. Atendiendo a esta consideración se puede distinguir entre dos tipos de formas organizativas. En primer lugar, el modelo presidencialista, en el que la población elige a un presidente del país, que goza de la legitimidad de la representación popular y suele tener unas atribuciones muy extensas. En segundo lugar, se encuentra el modelo parlamentario, en el que también, a través de unas elecciones, se selecciona a un grupo de personas que representarán al resto de miembros de la sociedad, que se reúnen en un foro denominado parlamento. En ambos modelos, el representante es el agente legitimado para la emisión de la legislación para la organización de la sociedad y, por ende, la relacionada con la política económica.

2.1. El gobierno

Sin embargo, dada la complejidad social, ambas formas de representación suelen mostrar limitaciones para gestionar las decisiones operativas sociales y, por este motivo, contribuyen, a su vez, de una manera decisiva, en la elección de un representante que preste atención a las decisiones del día-a-día, es decir, los problemas corrientes de una sociedad-economía. Este representante es el gobierno. El presidente del país o el parlamento elige al cabeza del gobierno que, a su vez, seleccionará a un conjunto de personas que le ayuden en ciertos ámbitos especializados: los ministros. Debe señalarse que, aunque la designación de los ministros suele ser una competencia del primer ministro o cabeza del gobierno, con mucha frecuencia, su composición definitiva se encuentra también influida por el propio presidente del país o por el parlamento. En este último caso, si una agrupación partidista posee en el parlamento una mayoría sustancial de miembros, entonces los ministros suelen pertenecer a esa facción, pero, si es minoritaria, entonces los ministros pueden encontrarse asociados a segmentos parlamentarios distintos y no ligados directamente al primer ministro.

En gran medida, la justificación del gobierno se sustenta en la necesidad de adoptar decisiones operativas que, por ejemplo, el parlamento no tiene la capacidad de llevar a cabo con la flexibilidad y maleabilidad que presenta el ejecutivo. Por un lado, en el parlamento se llevan a cabo intensas, pero muy lentas, discusiones entre las diversas fracciones allí representadas, ritmo que se acentúa cuando existe bicameralismo (congreso de diputados y senado) y sistema de comisiones parlamentarias donde se discuten los asuntos que se debaten. Por otro lado, este ritmo pausado del parlamento contradice la continuidad que exige el tratamiento de los asuntos económicos. Adicionalmente, las discusiones para la adopción de medidas de política económica suelen gozar de una cierta transparencia en el parlamento por la contrastación de opiniones entre los distintos grupos políticos que ahí se albergan. Por este motivo, ciertas discusiones de carácter reservado, como los asuntos de seguridad y defensa, deben tener un tratamiento especial y vinculado al gobierno.

Estas consideraciones no significan, en principio, que el gobierno pueda adoptar cualquier tipo de decisiones y, de hecho, el parlamento puede aplicar distintos tipos de control. En primer lugar, el parlamento puede ejercer una supervisión *expost* del gobierno de diversas maneras, como recabar información puntual al primer ministro o a los ministros correspondientes; o de forma más global, regularmente, a través del establecimiento periódico de actos de comparecencia del gobierno (con carácter anual) o de manera esporádica (como se trataría de una moción de censura). Este tipo de exámenes son más visibles cuando el ejecutivo no tiene una mayoría parlamentaria clara que lo respalde. Debe señalarse que este tipo de comprobación, a veces, puede presentar serios límites. En particular, esta situación puede ocurrir cuando el gobierno no dispone de un apoyo mayoritario en el parlamento y entonces esquiva el control de esa cámara de representantes a través de su potestad legislativa (en el caso español, mediante el abuso en la aprobación de decretos-ley). Esta última característica pone de manifiesto que pueden existir tensiones entre el parlamento y el gobierno distorsionando la política económica.

En segundo lugar, un control esencial del gobierno, incluso del parlamento, dentro de un estado liberal es el poder judicial. Esta supervisión no solo se refiere a la legislación emitida, base de la política económica, sino también de las acciones de los distintos miembros que componen los mencionados poderes sociales. Por ejemplo, parte de las legislaciones aprobadas por el gobierno de los EE.UU. para dar respuesta a la crisis del 1929 (conocida como *New Deal*), fue anulada por los tribunales, por no ajustarse a la estructura legal vigente. Por supuesto, para ejercer este control se ha de estimular la independencia del poder judicial, sin la cual este contrapoder no funciona.

En este contexto, el propio parlamento, si no agrupa una suficiente mayoría cualificada dentro de sus miembros, tampoco posee capacidad para modificar ciertas decisiones, por ejemplo, las de carácter más bien institucional. Para evitar la toma de decisiones arbitrarias y unilaterales, la forma más operativa suele ser la creación de contrapoderes. Aunque esta característica se puede extender a diversos ámbitos de la toma de decisiones en política económica, en un estado liberal, supone la división de poderes, con el objeto de preservar la libertad de los miembros de la sociedad. De este modo, tal como se ha apuntado, el parlamento (poder legislativo) controla al gobierno (poder ejecutivo) y, ambos, son supervisados por el poder judicial, al tiempo que se pueden crear instituciones adicionales que complementen las inspecciones de las anteriores instituciones.

A este respecto, no debe olvidarse que el gobierno, pero también el parlamento y el presidente del país, son partes del estado, no esta institución en su conjunto. Por este motivo, su capacidad de toma de decisiones se encuentra limitada, legalmente por la constitución y por las otras partes del estado.

En tercer lugar, aparecen otro tipo de instituciones que pueden suponer contrapoderes y, por tanto, controles, en especial, a la actividad del gobierno. Entre estas organizaciones se encuentran los tribunales de cuentas, que supervisan, por ejemplo, la ejecución financiera de las decisiones gubernamentales, tanto en aquello que atañe a que sean legales, como a que el volumen y la asignación por partidas sean coherentes con la planificación inicial. Junto a estos, en el caso español, también existen otras entidades como la Intervención General del Estado, que controla los gastos públicos, así como otras, de tipo más político, como el Consejo de Transparencia y Buen Gobierno, la Oficina Independiente de Regulación y Supervisión de la Contratación o la Oficina de Conflictos de Intereses. Para conseguir que estos organismos cumplan sus funciones es necesario garantizar su independencia, pero con frecuencia existe una manifiesta ausencia de voluntad para que ello ocurra repercutiendo en una unilateralidad en favor de la toma de decisiones del gobierno e, incluso, del parlamento.

2.2. Los ministerios

Aunque con frecuencia se refiere al gobierno en su conjunto como agente de la formulación y ejecución de la política económica, una visión más realista exige tener presente que dentro de este existen secciones que son los ministerios. Los ministerios son estructuras político-administrativas del gobierno especializadas en ciertas áreas, en particular, económicas. Por ejemplo, el Ministerio de Hacienda, el de Economía o el de Industria. En función de las circunstancias, de la complejidad de la sociedad-economía y de la perspectiva ideológica del gobierno, la estructura ministerial será una u otra. En general, cuando existe una prioridad por desarrollar una determinada área, entonces se creará un ministerio al respecto. Este tipo de conductas supone la puesta en práctica de una política económica institucional, de adaptación de la estructura administrativa del estado a la dirección política desempeñada el gobierno. Tal como se ha apuntado más extensamente en el capítulo anterior, la razón es clara, a saber, para desarrollar una política económica se requiere un agente administrativo que la diseñe o que la acabe de concretar, que reciba una dotación financiera para ejecutarla, que desarrolle esfuerzos para que se ejecute y que responda de los resultados obtenidos al respecto.

Una vez establecida la relación de los ministerios de los que se compone el gobierno, una característica que emerge a la superficie es que sus competencias se solaparán. Esta situación ocurre debido, simplemente, a la complejidad económica. Por ejemplo, cualquier decisión de un ministerio de industria requerirá una financiación, que afectará al de hacienda, tendrá repercusiones sobre los planes económicos globales diseñados por el de economía, impactará sobre el nivel de trabajo y, por tanto, sobre los intereses del correspondiente ministerio o proyectará alteraciones ecológicas, afectando a las competencias del ministerio del ramo. Esta situación conduce a que, con frecuencia, se generen incoherencias en la política económica del gobierno, con tensiones entre las diversas estructuras administrativas del gobierno. El fomento de la coherencia se tratará de conseguir a través de las intervenciones del primer ministro, pero también mediante la creación de comisiones de coordinación o de arbitraje o, en ciertos casos, estas funciones serán realizadas, *de facto*, por un ministerio, como el de hacienda, que asuma el liderazgo. No debe olvidarse que parte de las causas de la falta de coordinación hunde sus raíces en el inmovilismo político, las inercias pasadas, el irrealismo en las percepciones políticas o en la ausencia de liderazgo. Su resultado se plasma en la generación de una política económica incoherente.

3. EL GOBIERNO COMO ORGANISMO MULTINIVEL

La visión anterior ofrecida del gobierno debe completarse insistiendo en su estructura multinivel. Aún en los estados más simples suelen existir, al menos, dos niveles de gobierno. En primer lugar, el central, que suele identificarse con el del país en su conjunto y, en segundo lugar, aparece el de las ciudades concretas, que se identifica con el gobierno local. Adicionalmente, al menos, conforme se transforman en más complejas las economías, aparece un nivel intermedio, que es el correspondiente al regional. Este puede identificarse con una región o con un grupo de regiones. Finalmente, y ya desde mediados del siglo pasado, comenzaron a aparecer organismos supranacionales que agrupaban parte de las decisiones de los estados-nación, que constituían un nuevo nivel de gobierno. Por ejemplo, para el caso español, esta estructura multinivel, desde arriba a abajo, sería el gobierno de la Unión Europea, el del estado central, el correspondiente a las Comunidades Autónomas y, finalmente, el asociado a las Corporaciones Locales.

Esquema 2. Estructura interna del estado, según niveles de gobernación

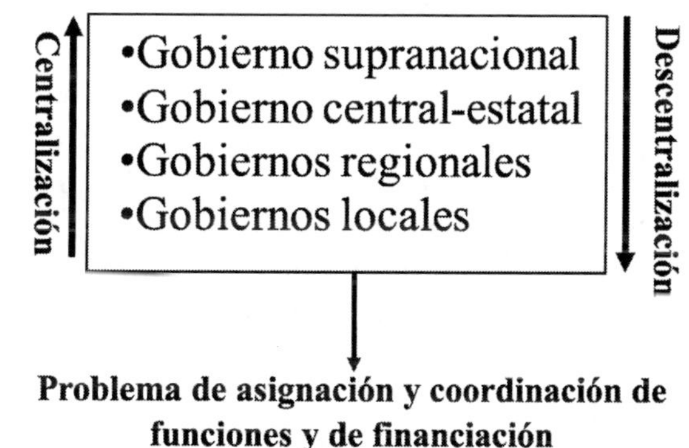

Cuando existe una estructura multinivel de gobernación el problema inmediato que se suscita es cómo asignar la capacidad de decisión. En este sentido, si esta potestad se traslada hacia los niveles inferiores, entonces se trata de una descentralización económica, mientras que, si se desplaza hacia arriba, entonces se habla de una centralización. Sin embargo, la anterior discusión sobre asignación de funciones ha de complementarse con la dimensión de cómo coordinarlas. Una cuestión esencial es que las decisiones están relacionadas unas con las otras y, dotar de unas funciones a un nivel de gobierno, exige establecer mecanismos acerca de cómo gestionar las repercusiones en los ámbitos de capacidad de decisión de los otros.

La discusión sobre la asignación de la capacidad de decisión entre distintos niveles de gobernación exige compartir funciones y es aquello que se ha denominado federalismo fiscal. Siguiendo el debate en este ámbito, se pueden distinguir tres esferas en las que atribuir las decisiones más relevantes estatales, a saber, la asignación, la estabilización y la redistribución de recursos. En todos los casos, las discusiones se refieren a la capacidad de los distintos niveles de gobierno en términos presupuestarios (tanto desde el punto de vista de los ingresos como de los gastos) y regulatorios.

Respecto al ámbito de la asignación, el objeto de la discusión se centra en la provisión de bienes y servicios. Desde este punto de vista, se pueden distinguir, por un lado, los bienes suprarregionales, que afectan a varios territorios simultáneamente, como, por ejemplo, la creación de una línea ferroviaria de alta velocidad. En este caso es recomendable la centralización de la toma de decisiones, puesto que la descentralización puede poner de manifiesto problemas, financieros o de distintas prioridades, que impidan la realización del proyecto, cuestionando que se pueda ofrecer el bien o el servicio correspondiente. Por otro lado, se encuentran los bienes y servicios de tipo regional, es decir, aquellos que se disfrutan en un ámbito más localizado, coincidente con el nivel de gobierno inferior, como, por ejemplo, la recogida de la basura. En estos casos, resulta más aconsejable la descentralización de la toma de decisiones.

No obstante, esta última consideración acerca de los bienes regionales presenta varias matizaciones, que puede exigir cierta centralización en la toma de ciertas decisiones. En primer lugar, se encuentra la aparición de externalidades, como colaborar en las reparaciones de las carreteras intermunicipales, consiguiendo que íntegramente se encuentren en buen e idéntico estado; en segundo lugar, la aparición de economías de escala positivas, como, por ejemplo, en los municipios pequeños resulta muy dispendioso disponer de un camión de recogida de la basura porque, entre otros motivos, ha de estar parado la mayor parte del tiempo o porque se ha de disponer de uno de repuesto. Y, en tercer lugar, que los individuos puedan desplazarse y hacer uso de bienes y servicios de otros territorios, como se trataría de la posibilidad de utilizar la atención sanitaria en otras localidades, en un país en el que se garantiza globalmente la sanidad universal pública. Cuando se pretenden acceder a las mencionadas ventajas o prevenir los contratiempos comentados se pueden coordinar (centralizar las decisiones) diversos municipios, a veces en la forma de una mancomunidad. Pero la mencionada coordinación en ciertas ocasiones queda limitada por las dificultades de llegar a acuerdos, vinculados al destino de recursos financieros o a cómo se genera el servicio o bien. Respecto a esto último, un ejemplo clásico se refiere a los beneficios de disponer de un vertedero de basuras de uso para varias localidades, cuya ubicación concreta suele constituir una fuente de conflictos.

El segundo ámbito de discusión del federalismo fiscal se refiere a la estabilización. En esta esfera se hace referencia a la dinámica económica y la evolución monetaria globales del país. Estos comentarios requieren ampliar la perspectiva puesto que las diversas regiones de un estado se encuentran interrelacionadas y la actividad económica global es el resultado de aquello que sucede en cada una de ellas. Más aún, en muchos casos, la dinámica económica y la monetaria se encuentran influidas por la acción de agentes internacionales, hecho que se destacó de una forma muy visible a finales del siglo XX. El resultado se plasma en que resulta aconsejable dotar de capacidades decisionales a los niveles superiores de gobierno, es decir, conviene una centralización. A este respecto, se puede distinguir aquello que ocurre con la política presupuestaria y la monetaria, competencias que tradicionalmente se han asignado al nivel de gobernación central (estado-nación). En cuanto a la presupuestaria, en ciertas ocasiones, se pueden descentralizar, en ingresos o en gastos, aunque se exige un cierto grado de coordinación. Por ejemplo, este es el caso de los gastos en educación y sanidad en España asignándolos a las comunidades autónomas. En cuanto a la política monetaria, se suele asociar al ámbito de un mercado relevante, que ha de gozar de una cierta unidad valorada por disfrutar de una moneda en común, entonces las mencionadas intervenciones públicas se atribuyen al nivel de gobierno que coincida con esa zona monetaria. En el caso español, la política monetaria se asigna en la actualidad al nivel de gobierno de la Unión Europea.

Finalmente, el tercer ámbito de discusión en términos de asignación de capacidad de decisión se refiere a la redistribución. Este tipo de aspectos tienen por objeto cómo redistribuir la renta y la riqueza en un territorio de referencia. Con frecuencia, las discusiones se suelen centrar más en la renta que en la riqueza. El debate se orienta en dos dimensiones, en primer lugar, la igualación de la renta entre distintos territorios en un país y, en segundo lugar, en reducir los desequilibrios espaciales dentro de un mismo territorio. En el caso de descentralizar mucho, por ejemplo, delegar muchas competencias redistributivas en los gobiernos regionales, es posible que se mejore en igualación en la distribución de renta dentro de los correspondientes territorios, sin embargo, también es previsible que se acrecienten las desigualdades entre distintas regiones. Esta última consideración se sustenta en que las regiones más pobres presentan un menor volumen de recursos y capacidades para conseguir la redistribución deseada. No obstante, este inconveniente también se puede derivar de que la estructura de prioridades de intervenciones estatales difiera entre unas regiones y otras. En caso de la centralización, se podrían evitar las diferencias entre regiones, pero surgirían problemas para conseguir suficientes recursos orientables a mejorar la distribución entre los miembros de las distintas regiones. Una opción más ecléctica consiste en extender una descentralización en la distribución de la renta, pero constituir un fondo de compensación interterritorial (componente centralizado) para amortiguar las diferencias entre regiones.

De la discusión anterior se puede inferir que no existen criterios claros para asignar las distintas capacidades de realizar política económica a lo largo de la estructura vertical de gobernación del estado. Aquello que sí es diáfano es que para analizar la política económica se tendrá que tener presente cuáles son las competencias de cada nivel de gobierno. Este estudio será más complejo en la medida en que se tenga presente que dentro de un mismo ámbito las capacidades de decisión se encuentran compartidas por varios niveles gubernamentales. Este es el caso de las competencias en sanidad o educación en España, cuyas normas generales recaen sobre el gobierno central, mientras que muchas particulares son del ámbito decisional de las Comunidades Autónomas. Adicionalmente, no es infrecuente que el diseño de la política económica puede recaer en un nivel gubernamental, mientras que la ejecución en otro, complicándose el análisis, como por ejemplo las intervenciones de apoyo a las energías renovables que tuvieron lugar en España a principios del siglo XXI.

4. LA ADMINISTRACIÓN DEL ESTADO

En este apartado se explicará la importancia de la administración pública (burocracia) en la formación de la política económica. Este cuerpo administrativo presenta comportamientos propios que no solo condicionan la ejecución de la política económica decidida, sino que, con frecuencia, determina su propio diseño. Por este motivo, se le ha de asignar un lugar especial en la formación de la política económica.

La administración del estado es un servicio civil permanente que garantiza el funcionamiento del estado. Esta se caracteriza por constituir una organización jerárquica que gestiona unos medios materiales estatales. Las tareas de la administración pública se descomponen en funciones, que deben realizarse mediante normas previamente establecidas. El personal que cumple las funciones se selecciona siguiendo procedimientos relativamente transparentes (oposiciones) en los que se valoran los méritos y capacidad de los concursantes. En general los funcionarios gozan de una estabilidad vitalicia en el empleo que ocupan y los niveles salariales suelen ser moderados. Así pues, destacan dos características esenciales de la administración del estado que son su permanencia y su competencia.

La administración del estado cumple dos funciones esenciales. En primer lugar, provee de información a las autoridades (los niveles políticos de la estructura estatal) y, en segundo lugar, ejecuta las decisiones adoptadas por las autoridades. El primer tipo de función es esencial para saber cuál es la situación real en una economía y, por tanto, contribuye a la concreción de los problemas a los que debe hacer frente la política económica, pero también a la especificación de sus objetivos. En el segundo tipo, su acción es imprescindible para llevar a la práctica las decisiones puesto que, en caso contrario, se quedarían como una simple declaración de intenciones. En definitiva, una vez aprobada una política económica su ejecución pasa a depender de la administración pública.

Una percepción superficial de esas funciones confiere un papel pasivo a la administración del estado. Sin embargo, en la realidad, se constituye en un agente activo y con cierta voluntad propia, aunque esta última resulta un tanto difusa debido al carácter heterogéneo de la administración del estado. Dentro de la administración del estado, se puede distinguir una parte superior, su elite (cargos altos de la administración del estado), que se encuentra estrechamente relacionada con el gobierno, le condiciona la información con la que trabaja, limita las opciones existentes, contribuye a la selección de los problemas que pueden ser debatidos políticamente, o mediatiza los instrumentos que pueden ser utilizados, es decir, posee cierto control directo sobre la agenda del gobierno y el diseño de la política económica. También la parte superior de la estructura burocrática mantiene relación con los grupos de presión, colabora en la generación de negociaciones e, incluso, contribuye en el establecimiento de coaliciones, actividades que permiten llevar a cabo una política económica factible. La parte media e inferior de la administración del estado se caracteriza por su mayor relación directa con la población y juega un papel esencial en la ejecución de la política económica.

Desde el punto de vista expuesto hasta el momento, la administración del estado tiene funciones más técnicas (recopilar información y transmitir las decisiones gubernamentales), pero en ciertos casos, como ya se puede derivar de los últimos comentarios señalados, puede disponer de atribuciones más políticas. A este respecto, una de las discusiones más intensas apuntada en los últimos tiempos se refiere a la creación de comisiones estatales especializadas donde se adopten decisiones políticas, ejerciendo, en función de los casos, un mayor o menor control sobre estas las autoridades elegidas democráticamente. Que estos organismos burocráticos adquieran potestades más políticas no solo depende de su fuerza, sino también de la predilección del poder político por no asumir cierto tipo de decisiones, fundamentada, por ejemplo, en encubrir aquellas que se revelan más conflictivas socialmente y con mayor repercusión electoral. Esta delegación de competencias políticas del gobierno a la administración pública se suele justificar por cuatro razones.

Esquema 3. Delegación de competencia y administración estatal

En primer lugar, la complejidad técnica del diseño de ámbitos de la política económica, donde las decisiones son muy complejas y se requiere un elevado nivel informativo, situación que abogaría por delegar la toma de decisiones en comisiones especializadas. En cierta medida, la constitución de comisiones de regulación de actividades o sectores específicos, como energía o telecomunicaciones, serían ejemplos al respecto.

En segundo lugar, se argumenta que hay unos objetivos que presentan un interés general, que van más allá de las contiendas electorales en las que se encuentran inmersos los partidos políticos que gobiernen en cada momento. Por ejemplo, sería el caso de conseguir una inflación moderada. Para alcanzar este objetivo se suele defender la creación de un banco central que ostente la potestad de la gestión de la política monetaria, excluyendo este instrumento de política económica de las competencias del gobierno.

En tercer lugar, se encuentra la conflictividad social y política de adoptar cierto tipo de decisiones. En ciertas ocasiones, los gobiernos pretenden realizar políticas que pueden tener asociadas un gran coste electoral. Para evitar este último punto negativo, se suele recurrir a la creación de ciertos cuerpos administrativos-técnicos, con la participación de expertos en el área de decisión, que elaboren la política económica en sí misma. Por supuesto, la composición de los mencionados cuerpos administrativos se configura para que la propuesta se ajuste a aquello que inicialmente se pretendía conseguir, al tiempo que la decisión final puede ser o no vinculante para el gobierno.

En cuarto lugar, se explica por la debilidad de los gobiernos. Esta situación suele acontecer cuando existen problemas para adoptar decisiones debido a la falta de mayorías en el parlamento o porque hay continuos cambios de gobierno. En estas circunstancias, se presenta una cierta incapacidad de toma de decisiones políticas que, finalmente, son asumidas, en parte, por el aparato administrativo del estado.

Dados los márgenes de maniobra de la administración del estado, que suelen significar un contrapeso a las decisiones gubernamentales, se pueden distinguir cuatro modelos de relaciones mutuas entre este cuerpo administrativo y las autoridades políticas. En primer lugar, sometimiento de esta al poder político. Este suele ser el caso de Alemania y los países nórdicos de Europa. En segundo lugar, colaboración estrecha entre la estructura estatal y la política, como sería el caso de Gran Bretaña. En tercer lugar, fricción entre ambos tipos de organizaciones, como se trata del caso de Francia. Finalmente, puede tener lugar un sometimiento del poder político a la estructura funcionarial, situación que ocurre en los países burocratizados, como Rusia, o en los que existe una gran inestabilidad política. Por tanto, las relaciones entre la administración del estado y el poder político no son inmediatas y se suelen caracterizar por una mezcla de colaboración y conflicto.

Los gobiernos, conscientes del papel estratégico de la administración púbica en el diseño y ejecución de la política económica y, en definitiva, su capacidad para contribuir o frenar su proyecto político-económico, tratan de influir sobre partes de sus composiciones, en especial de la elite administrativa. De ahí se deriva que los gobiernos elijan, en mayor o menor medida, a cargos administrativos de la cúpula burocrática para asegurarse que se transmita su voluntad a través de la administración estatal. Estos constituyen los denominados cargos de libre elección elegidos por los políticos.

Por las razones apuntadas, la administración pública constituye un factor esencial dentro de la formación de la política económica. En estas condiciones, el proceso de elaboración y de ejecución de políticas no debe enfocarse únicamente en un sentido de arriba abajo, sino que debe completarse con una visión de abajo a arriba. Este tipo de consideraciones no debe perder de vista que la administración del estado, además de ser una fuente de voluntad que goza de cierta autonomía, posee unas características específicas que pueden obstaculizar el diseño y la ejecución de la política económica. Entre estas características destacan, en primer lugar, sus tendencias conservadoras. El funcionamiento correcto de la administración del estado se sustenta en una división relativamente precisa de sus funciones y de un sistema preestablecido para mejorar las relaciones entre los diversos cuerpos y miembros individuales. Esta situación conduce a que en su interior exista una preferencia acusada por mantener y seguir las formas y procedimientos establecidos. De hecho, de esta manera, la administración del estado puede acometer la resolución de los diversos problemas que se le plantean. Adicionalmente, las diversas funciones son asumidas por personas concretas que ocupan los cargos correspondientes. Como cada cargo tiene unas funciones asignadas, cada funcionario debe resolver las tareas propias de su puesto de trabajo concreto. Extralimitarse en sus funciones significa que los resultados positivos son atribuidos a otros funcionarios, mientras que los negativos son asignados a la mala actuación de la persona que se ha excedido en el desarrollo de su papel. Además, asumir tareas que no corresponden al propio funcionario, ni está apoyado por el nivel retributivo que se aplica, ni se valora en términos de promoción interna. Todos estos factores conducen a que los comportamientos de la administración del estado sean muy conservadores y pueden constituirse en un obstáculo en la aparición de nuevas políticas económicas.

Una segunda característica de la administración del estado es su tendencia a expandirse, hecho ya constatado a finales del siglo XIX por el profesor alemán Adolf Wagner. A este respecto, las tareas asignadas a los aparatos administrativos siempre pueden mejorarse y para conseguir unos resultados más eficaces, la solución que se plantea internamente es descomponer funciones y aumentar el personal para cumplir las tareas diversas existentes. Por supuesto, estas exigencias presentan dos límites, en primer lugar, el financiero, puesto que los presupuestos del estado son limitados y, en segundo lugar, los problemas derivados de la complejidad, es decir, que al aumentar el tamaño del aparato administrativo es necesario establecer mecanismos o sistemas de coordinación que en muchas ocasiones no son efectivos, generando deseconomías de escala en la gestión de las tareas atribuidas a las estructuras burocráticas. Así pues, también esta característica puede detraer recursos para la aplicación de políticas económicas o dificultar que se puedan llevar a la práctica.

5. LOS ORGANISMOS ESPECIALIZADOS DEL ESTADO: AGENCIAS ESTATALES Y EMPRESAS PÚBLICAS

En este apartado se abundará en la complejidad del estado a través de la constatación de dos tipos de estructuras: las agencias estatales y las empresas públicas. Este tipo de figuras administrativas ha ido cambiando su importancia respecto a la formación de la política económica y resultan esenciales para entenderla.

5.1. Agencias estatales

Para administrar áreas, actividades o grupos de estas, el estado crea organismos específicos. Tal como se ha comentado, un primer tipo de éstos serían los ministerios. No obstante, en este apartado se aludirá a otros, a los que también se han mencionado brevemente más arriba, cuyo rango será de distinto tipo y, por tanto, su importancia o influencia en la política económica puede variar. Un primer grado, según su importancia, de un organismo para gestionar una política económica en concreto será la creación de una sección ministerial o departamento. Su rango administrativo es bastante bajo. Con una categoría superior aparecerían los segmentos ministeriales con una denominación vinculada a la actividad que ha de administrar. En el caso de España, se podrían considerar aquí dentro las secciones que disponen de subsecretaría o secretaría de estado, dentro de un ministerio. Un siguiente grado sería cuando la entidad estatal adquiere autonomía respecto al ministerio correspondiente. En estos casos, los organismos administrativos dispondrían de personalidad jurídica, tesorería y patrimonio propios, con autonomía para cumplir ciertas funciones específicas. Aquí se encontrarían los organismos autónomos, cuyos miembros serían funcionarios y tendrían dotación del presupuesto público, aunque, en última instancia, dependerían del ministerio correspondiente. En España, entre otros ejemplos se encuentran el Instituto Nacional de Estadística (INE) o Turespaña. Finalmente, aparecerían entidades administrativas autónomas de los ministerios, encargadas de gestionar una parte esencial de un área económica, que serían los denominados organismos reguladores. Dentro de estos se pueden apuntar los casos del Banco de España, la Comisión Nacional de los Mercados y la Competencia o la Comisión Nacional del Mercado de Valores.

Sobre esta última figura administrativa se ha generado una literatura muy amplia por sus implicaciones sobre la política económica. La discusión se ha concentrado, y de manera muy sesgada, en torno a la independencia respecto al gobierno, de estas agencias estatales. El ejemplo más paradigmático es el correspondiente a un banco central independiente. No obstante, para una mejor comprensión de este debate se debe ampliar su perspectiva. Estas agencias estatales se crean delegando el gobierno en ellas una serie de competencias motivado en que las tareas a acometer son muy técnicas y complejas, los objetivos asignados los podría alcanzar de una mejor manera, las soluciones propuestas a los problemas se podrían adoptar más ágilmente y los criterios establecidos tendrían mayor continuidad. De esta manera, la creación de una entidad con elevado grado de autonomía podría garantizar el cumplimiento, de una mejor manera, de los objetivos que le fueran atribuidos, fundamentado en que existiría una entidad administrativa de alto nivel ocupada especialmente en conseguirlos.

El problema esencial que se suscita es que aparezcan intereses que desvíen a la agencia autónoma de pretender alcanzar los objetivos que le hayan sido atribuidos. Estos intereses pueden ser políticos, económicos, internos o de conflicto con otras políticas económicas. Los primeros se refieren a las interferencias de los intereses particulares de los gobiernos. Estos pueden ser de carácter electoral, tratando de que se modifiquen normas para ganar las elecciones, transmitiendo los costes al conjunto de la población. Otros pueden consistir en orientar las políticas económicas en el sentido de que generen flujos financieros que abastezcan, directa o indirectamente, al partido que da soporte al gobierno.

En general, la discusión acerca de la independencia de ciertas agencias, en particular en aquello que se trata del banco central, se refiere a este tipo de motivos. En este caso concreto, las medidas para garantizar la independencia de los organismos respecto al gobierno han adquirido cierto grado de concreción, efectividad y popularidad, en particular desde finales del siglo XX, al calor de la línea ideológica dominante en aquellos momentos y que tenía una concepción negativa acerca de las intervenciones del estado. Entre las medidas concretas para garantizar la independencia se encontrarían que gozasen de un estatuto jurídico de autonomía plena respecto al gobierno; los dirigentes deberían ser independientes, se elegirían por mayorías cualificadas en el parlamento y durante un periodo no coincidente con las elecciones en el país, al tiempo que no podrían ser destituidos por el gobierno; además de que las decisiones del organismo solo serían recurribles frente a los tribunales; y se les dotaría de suficiencia financiera y de recursos humanos.

El segundo tipo de intereses que interfieren en los comportamientos de la agencia administrativa son los de los propios regulados. La cuestión es que el sector privado es consciente de la importancia de las decisiones de las agencias sobre sus beneficios y su dinámica futura. Por este motivo, existe un gran interés por parte de los regulados por influir sobre aquel organismo estatal. Con frecuencia a este comportamiento se le denomina *captura del regulador*, explicado en el primer tema, que es cuando el organismo estatal legisla (o interpreta normas legales) en beneficio sistemático de las empresas reguladas (o de las más poderosas). Este hecho se sustenta en que para realizar política económica, las autoridades frecuentemente han de mantener una relación estrecha y continua con el regulado, situación que conduce a la agencia estatal a asumir los puntos de vista particulares de los destinatarios, en detrimento de intereses más generales. Es decir, este tipo de problemas se fundamenta en cuestiones técnicas relacionadas con la asimetría informativa.

Para evitar este tipo de intromisión de intereses espurios, se han previsto varios tipos de medidas relacionadas con las agencias administrativas, como transparencia en sus informes y actuaciones, elevación del nivel político de sus dirigentes, alto nivel técnico de sus miembros, suficiencia financiera, pero en la realidad su alcance es muy limitado. De hecho, la captura del regulador, a pesar de que ocupa un lugar secundario respecto a la discusión acerca de la independencia de los organismos administrativos reguladores, constituye un problema gravísimo y no resuelto dentro de la formación de la política económica.

El tercer tipo de intereses son los asociados a los miembros de la agencia administrativa. En este caso, estos intereses suelen identificarse con la pretensión de obtener rentas complementarias, pero, especialmente, con mejorar las expectativas de promoción personal después del tránsito por la agencia administrativa. Este último aspecto conduce al fenómeno de las "puertas giratorias", es decir, al paso de los funcionarios del sector público al sector privado. De esta manera, se ofrece una remuneración mayor que en el estado, a cambio, de hecho, de la información, conocimientos o relaciones personales de que es depositaria la persona por haber desempeñado un cargo especial de alto rango. Las puertas giratorias constituyen un fenómeno no excesivamente numeroso, pero sí que afecta a parte de la elite de la administración del estado. Por tanto, su impacto es más bien cualitativo. Para evitar este tipo de problemas se suelen introducir legislaciones y comisiones de control de incompatibilidades, pero sus efectos suelen ser muy laxos. Finalmente debe insistirse en que las puertas giratorias suponen compartir elites estatales y empresariales privadas, de manera que se difuminan los límites entre los sectores público y privado, fenómeno que cuestiona el dilema estado-mercado, sobre el que se acrecentaron las discusiones a finales del siglo pasado.

El cuarto tipo de intereses procede del resto de políticas económicas que se realizan. El elemento esencial es que las distintas políticas económicas no son espacios estancos, sino que tienen relaciones unas con las otras. En caso de que se pretenda acometer una política económica por el gobierno, o bien se cuenta con la colaboración de las agencias reguladoras o bien pueden aparecer problemas para su ejecución. En definitiva, los intereses que están presentes en este ámbito son los de coordinar mejor las distintas políticas económicas y, de este modo, ganar legitimidad y efectividad económica por parte del gobierno. Para evitar estos problemas, se suelen establecer normas legales o comisiones de coordinación, así como se promocionan las relaciones personales informales.

Cuadro 1. Agencias autónomas e intereses particulares

Presión sobre la agencia	Medidas aplicadas	Problemas
Políticas (gobierno)	Independencia respecto al gobierno	Se consiguen los objetivos en cierto grado
Económicos (agentes regulados)	Transparencia informativa y control	Captura del regulador
Internos (agentes internos a la agencia)	Transparencia informativa y control	Puertas giratorias
Estrategia de política económica	Comisiones de coordinación	Descoordinación entre políticas

5.2. Empresas públicas

Las empresas públicas son organismos estatales autónomos, aunque se diferencia de otras entidades administrativas en que el personal no es funcionario y no se suelen alimentar directamente del presupuesto público como, por ejemplo, en España, Navantia o Renfe. Este tipo de entidades se crean por el estado para producir o proveer bienes o servicios. La motivación radica en cuestiones políticas, sociales, tecnológicas o económicas. Dentro de las primeras aparecen causas estratégicas, como seguridad o defensa, por acceso a recursos naturales o encontrarse vinculadas a telecomunicaciones o transportes. Las motivaciones sociales se encuentran relacionadas con garantizar el acceso a la población de ciertos bienes o servicios a precios asequibles. En las motivaciones tecnológicas, se puede destacar la existencia de monopolios naturales en ciertas actividades, que existan externalidades positivas o que se requieran grandes inversiones en la actividad. Dentro de estas últimas, debe subrayarse la actividad del estado en la creación de nuevos mercados, que requieren grandes inversiones durante un periodo prolongado de tiempo. Finalmente, se encuentran las causas económicas, vinculadas a apoyos a desarrollos regionales o sectoriales, a la creación de ocupación, en particular en términos territoriales, a conseguir complementariedad con otras políticas económicas realizadas por el gobierno o a rescatar a empresas privadas con problemas.

La empresa pública constituyó un instrumento destacado de la política económica a partir de la II Guerra Mundial. Pero, a partir de los años 70 del siglo XX, las condiciones de los países, especialmente europeos, habían cambiado sensiblemente debido a que la actividad económica no solo había aumentado sobremanera, sino que se había consolidado un cambio generacional (los nuevos dirigentes eran ajenos a los problemas surgidos durante la guerra y la postguerra que habían suscitado la constitución de empresas públicas). En estas nuevas condiciones, junto con las dificultades para acometer los nuevos retos generados por la crisis económica de los años 70 (crisis de la perspectiva keynesiana), se abrió el paso a depositar la esperanza en que el sector privado gozara de una situación privilegiada para resolver los nuevos problemas económicos. También desde el punto de vista de esta nueva ortodoxia, el estado padecía serios problemas para gestionar los recursos productivos. En este contexto, comenzó a cambiar el papel que se le atribuía al sector público empresarial.

Adicionalmente, a finales de los años 80, comenzó la descomposición de la planificación centralizada en el este de Europa, que utilizaba la empresa pública como un eje central de la actividad económica. El desarrollo en aquellas economías de las relaciones descentralizadas económicas pasaba por un desmontaje del sector público empresarial. Así pues, a finales del siglo XX, apareció una ola de desintervención del sector público en las economías avanzadas económicamente, bien por privatización, bien por cesión de sus actividades al sector privado (externalización).

No obstante, a principios del siglo XXI y teniendo como referencia el aumento de la actividad económica en Asia, el modelo oriental de desarrollo económico ha ido adquiriendo cada vez más fuerza. En este se está utilizando a las empresas estatales como punta de lanza de la actividad económica de los países. El caso más claro es el de China, pero también es visible, por ejemplo, en los sectores estratégicos en Rusia. Así pues, a principios del siglo XXI está teniendo lugar un solapamiento entre percepciones opuestas en cuanto al papel de la empresa pública.

Por un lado, en los antiguos países desarrollados se están defendido unas políticas de estabilización, con un sector productivo estatal residual y, por otro lado, en oriente, se está apostando por el estímulo de las empresas públicas como fundamento de un nuevo tipo de crecimiento económico. Dentro de las primeras, la gama de políticas de reajuste de la empresa pública es bastante amplia. En primer lugar, se puede operar un cambio en el sistema de elección de los cargos directivos de las empresas; en segundo lugar, se puede promover una mayor profesionalización en las respectivas direcciones empresariales; en tercer lugar, se puede estimular la independencia de los directivos (meritocracia interna, combinada con la no designación directa de los cargos directivos por el gobierno); en cuarto lugar, se pueden introducir cambios en los sistemas de administración empresarial (como monitorización continua, establecimiento de gestión por objetivos o fijación de incentivos especiales para el personal), vinculado al anterior punto; y en quinto lugar, también se pueden cambiar los incentivos a los gestores. Todos estos cambios suponen la reorganización de las empresas públicas, pero manteniendo la titularidad pública. En caso de no funcionar los mencionados cambios, entonces, se podría pasar a la privatización o a la desregulación de actividades (externalización). No obstante, por razones ideológicas, están primando estas últimas políticas sobre las anteriores.

En este contexto de políticas de reordenación estatal empresarial, cabe señalar una cuestión que debe plantearse en primer lugar: qué papel se le pretende atribuir al sector público. Independientemente de los argumentos tradicionales que condujeron a crear empresas públicas, en la actualidad no se debe desdeñar su papel como controlador-supervisor de mercados. En concreto, esta consideración significa que, en un mercado, especialmente estratégico (electricidad, financiero o comunicaciones), donde intervendría una empresa pública con otras privadas, la estatal sería un elemento adicional que estimularía la competencia en el mencionado mercado, al tiempo que podría generar información sobre esos mercados, detectando irregularidades o anomalías y pudiendo anticipar la aparición de desequilibrios o crisis futuras. Asimismo, no debe olvidarse el papel dinamizador del estado, apuntado en el primer tema, siendo uno de sus ejes el uso de la empresa pública para desarrollar nuevas actividades de futuro. Los estados que se consideran fuertes apuestan por desarrollar este tipo de actividades apoyándose en empresas públicas, aunque, debe señalarse que, en la actualidad, en los países denominados desarrollados, se realiza en menor grado y con menor propaganda en relación con los treinta años posteriores a la II Guerra Mundial.

Por otro lado, la empresa pública se está utilizando especialmente en Asia como un motor económico en condiciones de fuerte internacionalización económica. Se está utilizando a la empresa pública como un instrumento para entrar en actividades donde aparecía una estructura de relaciones ya formada dentro de un determinado mercado y donde se evitaba la entrada de rivales económicos. Desde este punto de vista, las empresas públicas gozan de grandes ventajas y han conseguido resultados positivos en cuanto a la adquisición de activos en el extranjero, encontrar tecnologías en proceso de maduración, acceder a recursos naturales, entrar en nuevos sectores y regiones, o limitar la competencia de rivales extranjeros. Cabe destacar que entre las funciones que está persiguiendo este tipo de políticas se encuentra la de crear nuevos mercados. Ejemplos actuales corresponden al desarrollo integral del motor eléctrico acompañado de la extensión masiva del uso de energías renovables que se está haciendo en China.

Conceptos clave

Parlamento	Descentralización
Gobierno	Administración del estado
Presidencia del estado	Heterogeneidad de la administración estatal
Estructura constitucional	Agencias estatales
Supervisión expost del gobierno	Agencias estatales independientes
Ministerios	Captura del regulador
Legislación en política económica	Puertas giratorias
Gobierno multinivel	Empresas públicas
Federalismo fiscal	Privatización
Centralización	Externalización de servicios públicos

Bibliografía de referencia

Arias, C. y Caballero, G. (2017): "Construcción de la eurozona: El fallo institucional" en Mancha, T. (coord.): *Política Económica, economía regional y servicios.* Thomson Reuters-Civitas, Madrid.

Arias, X. C (1996): *La formación de la política económica.* Cívitas, Madrid, cap. 8, 9, 10 y 11

Arias, X. C. (2021): "Economía española: las instituciones importan". *Papeles de economía española,* nº 168, pp. 2-19.

Arruñada, B. (2021): "Malas leyes". *Información comercial española,* nº 915, pp. 9-28

Caballero, G. (2007): "Comisiones, grupos parlamentarios y diputados en la gobernanza del Congreso de Diputados" *Revista de estudios políticos,* nº 135, pp. 67-107.

Caramés, L. A. (2017): "El federalismo fiscal en el contexto de la globalización" en Mancha, T. (coord.): *Política Económica, economía regional y servicios.* Thomson Reuters-Civitas, Madrid

Durán, J. Mª y Salvadori, L. (2017): "Análisis económico de la administración tributaria". *Papeles de economía española,* nº 154, pp. 112-130.

Galindo, M. A. (2007): "Gobernanza, política fiscal y crecimiento económico". *Información Comercial Española,* nº 835, pp. 25-34.

González, F. y Martínez, D. (2021): "El diseño de reglas fiscales en gobiernos subcentrales". *Boletín económico de información comercial española,* nº 3133, pp. 55-77

Jorge-Sotelo, E. (2016): *¿Nos gobiernan los bancos centrales?* RBA, Barcelona

Lahera, J. (2018): "Representación y representatividad sindical: puntos críticos y una propuesta de reforma". *Papeles de economía española,* nº 156, pp. 18-27.

Rodrik, D. (2011): *Una economía, muchas recetas: la globalización, las instituciones y el crecimiento económico.* FCE, México, parte II.

Segura, J. (2016): "Las instituciones supervisoras independientes en el sector financiero". *Cuadernos de información económica,* nº 250, pp. 117-129.

Sumption, J. (2019): *Juicios de Estado.* Antoni Bosch, Barcelona.

Tema 5

Contenido de las instituciones y la formación de la política económica

En el anterior tema se abordó la estructura institucional básica que influye sobre la formación de la política económica. En este capítulo se explicará cómo se llenan las instituciones esenciales, en particular, en condiciones de regímenes democráticos. Por este motivo, en primer lugar, se expondrá un concepto de democracia y se destacará la competencia electoral a través de la que, formalmente, se transmitirá la voluntad popular a la configuración de la política económica. En segundo lugar, se prestará una atención especial a la estructuración del electorado a través de los partidos políticos. En tercer lugar, se subrayará un aspecto que con frecuencia se obvia, a saber, el papel de los líderes, en concreto los políticos, como guías de la población. Finalmente se aludirá al papel de los asesores, que contribuyen a la concreción y viabilidad de la política económica.

1. DEMOCRACIA Y SISTEMA ELECTORAL

1.1 El electorado

La base teórica de la democracia consiste en la transmisión de la voluntad de la población hacia los órganos esenciales de gobierno de una sociedad. En sociedades simples esta transmisión podría ejercerse de manera directa, pero en las actuales economías desarrolladas y complejas esta situación es prácticamente imposible. Por este motivo, se recurre a un sistema electoral, es decir, a un mecanismo para sintetizar y transmitir la voluntad de la población, que presenta dos dimensiones esenciales. Por un lado, la realización de elecciones periódicas y, por otro lado, el uso de partidos políticos como ofertantes de propuestas organizativas. A través de esta estructura electoral se fija la composición del parlamento y el gobierno o, en su caso, se designa al presidente del país, tal como se ha apuntado en el anterior tema.

El primer elemento esencial se refiere a la voluntad popular, que se manifestaría en forma de la emisión de votos. En este ámbito, la cuestión que sería relevante es ¿por qué vota la gente? En teoría se presume que los individuos poseen un particular punto de vista que lo plasman en forma de voto. Sin embargo, como no existe ninguna teoría que unívocamente dé respuesta a la anterior cuestión, entonces se expondrán tres tendencias explicativas del voto de la población.

En primer lugar, aparecería la de la identificación partidista. Esta consiste en que los votantes, en función de su proceso formativo y su contexto, se identificarían, de una manera poco reflexiva y más emocional, con un partido u otro, al que le otorgarían su voto.

En segundo lugar, se encontraría la concepción racionalista. Esta subraya que los votantes realizarían un análisis coste-beneficio de factores políticos-económicos, derivándose de ese proceso de reflexión el voto a una formación política. Dentro de este grupo se podrían distinguir, al menos, tres variantes distintas. Por un lado, los electores valorarían de qué partido se encuentran más cercanos, es decir, se encontraría en primer término una idea de cercanía a la formación política; por otra parte, para los electores sería especialmente relevante que el partido político defendiese ciertos puntos, siendo elementos claves las propuestas (promesas) presentadas en las compañas electorales, es decir, que habría detrás de esta interpretación una concepto de intensidad en la defensa de ciertos planteamientos; finalmente, aparecería una consideración del supuesto impacto sobre los intereses directos del votante (en ciertos casos, se interpreta como un voto económico), que podría sustentarse en una perspectiva individual o más grupal (colectiva), bien observando aquello que ha acontecido (retroactivo), o bien que puede suceder (prospectivo).

En tercer lugar, el elector orientaría el voto en función de su situación dentro de una subestructura de la sociedad, es decir, que detrás de esta interpretación existiría una idea de pertenencia a un colectivo. El voto del elector dependería de su sexo, edad, estrato social, etnia, etc.

Esquema 1. La indefinición de la voluntad popular

La conclusión que se puede extraer de esta panorámica de interpretaciones es que resulta difícil predecir por qué vota la población. En consonancia con esta idea resulta cuestionable la concreción del concepto de voluntad popular y, en su caso, se puede llegar a plantear si realmente existe en la práctica.

Además de la motivación para votar por parte del electorado, un problema adicional se suscita sobre la forma de obtener información para poder emitir el voto. La cuestión de trasfondo es que para recabar información se requiere incurrir en costes, puesto que esta no es gratis, realizar un esfuerzo y gastar tiempo. Complementariamente, los individuos podrían tratar de organizarse para informarse, pero, en ese caso, además a las mencionadas dificultades habría que incorporar los costes de formar, mantener y pertenecer a una organización. Por otra parte, los ingresos esperados de disponer de más información suelen ser muy pequeños. Es decir, en la búsqueda de información por parte del electorado, los costes son elevados y los ingresos muy reducidos, salvo en ciertas ocasiones. Por este motivo, el electorado presenta una tendencia a no buscar información y actuar siguiendo comportamientos inerciales como los apuntados más arriba. En definitiva, como han subrayado algunos autores, la ignorancia presenta una clara dimensión racional. Por tanto, se puede concluir que los sistemas democráticos operan con un nivel relativamente bajo de información, en un contexto en el que el electorado, al que se le atribuye la soberanía, funciona desorganizada y desinformadamente, características que determinarán la formación de la política económica.

1.2. Electorado, opinión pública y medios de comunicación

Vinculado a los aspectos que se acaban de explicar, aquello que piensa el electorado o la población se identifica, con frecuencia, con la opinión pública. Sin embargo, esta consideración no es inmediata y deberían introducirse, al menos, algunas explicaciones adicionales acerca de en qué consiste ese fenómeno que se relaciona con la población, cómo se genera y cómo se transmite.

Por opinión pública se suele entender a aquellas ideas comunes o coincidentes que tiene la población (electorado) sobre una cuestión, en nuestro caso, socioeconómica. La base de la opinión pública es la cohesión social y, por este motivo, los diversos grupos tratan de incorporar a ella sus valores o ideas particulares. Expresar ideas que contradigan la opinión pública puede llevar asociado el aislamiento o la exclusión social. Aquella presenta una gran importancia porque quienes ostentan el poder deberán observarla y, en su caso, adaptarse a ella, si es que pretenden ser reelegidos en sus puestos como representantes democráticos de la población.

La puesta en común de las diversas opiniones particulares y el establecimiento de aquello en que son coincidentes, constituyendo opinión pública, se realiza de diversas maneras, a saber, a través de reuniones, conferencias u otros mecanismos. Sin embargo, un factor esencial en plasmar esa manifestación se asocia a los medios de comunicación. Desde esta perspectiva, simplista, los medios de comunicación serían foros de expresión de opiniones distintas donde tendría lugar esa aproximación entre perspectivas que es la opinión pública. Así pues, los medios de comunicación se instauran en un eslabón muy importante que conecta a los decisores de política económica con la población. En particular, se les asignaría un papel esencial en la difusión de informaciones acerca de los problemas y transmitir propuestas de solución (política económica).

La configuración de la opinión pública se nutrirá de información diversa, pero una parte destacada de ella será generada por el gobierno. A este respecto, este juega un papel activo puesto que determina qué información transmitir (no ofrecerla o dar de manera parcial o total, al tiempo que generar cortinas de humo con datos de diversa índole), a qué ritmo, a quiénes facilitársela o la forma en cómo hacerlo (concreción del tipo de discurso utilizado, es decir, la manera informativa). Con este trasfondo, el gobierno deberá contar con el apoyo, explícito o implícito, de parte de los medios de comunicación. Garantizar la connivencia de ciertos medios de comunicación constituye un argumento esencial para mantener ciertos canales de televisión como estatales.

También los diversos grupos de presión pretenderán influir sobre la configuración de la opinión pública. Estos tratarán de proyectar sus valores, ideas y pretensiones aspirando a identificarlos con una especie de interés general y ocultando su carácter particular y, a veces, contradictorio con aquel. Uno de los mecanismos que utilizará será la transmisión de su perspectiva a través de los medios de comunicación y, en su caso, se establecerán alianzas con estos, bien facilitándoles información, relaciones, recursos, pero, en especial, financiación.

Debe destacarse que los medios comunicación juegan un papel activo en la generación y la transmisión de la información para influir sobre los contenidos y estructura de la opinión pública. Con frecuencia se subraya que los medios de comunicación son generadores importantes del servicio público de fluidez informativa que garantiza la libertad de expresión, pero esta supuesta neutralidad es eclipsada porque, con frecuencia, se trata de empresas privadas y, por este motivo, su comportamiento aparece condicionado por la generación de beneficios. Adicionalmente, como agentes sociales, tienen sus propios intereses políticos y perspectiva ideológica. Con estos intereses de fondo, los medios de comunicación producen, filtran, seleccionan ritmos y generan estructuras de información. Así pues, los intereses particulares de estas organizaciones suelen entrar en conflicto con la supuesta función de defender la libertad de expresión.

Desde una perspectiva teórica, se podrían distinguir en la sociedad, en cuanto a la explicación actual, tres tipos de poderes, el político (gobierno), el económico (grupos económicos) y el mediático (medios de comunicación). Si son independientes entre sí, podrían actuar como contrapoderes unos de los otros y generarse controles entre ellos. No obstante, los medios de comunicación constituyen en sí, en muchos casos, grupos de interés (poder económico en sí mismo) y se alían con otras agrupaciones al compartir intereses particulares. Como se ha explicado en otros capítulos, la separación entre el estado y el mercado (en particular, las elites económicas) es difusa. Por tanto, la ausencia de separación entre los tres tipos de poderes acaba repercutiendo negativamente en la formación de la opinión pública, que se ve muy influenciada por las valores, ideas e intereses sesgados por los grupos sociales más poderosos. De hecho, la crisis económica de 2008 y la actual del COVID-19 ha fortalecido las relaciones entre esos tres tipos de poderes con una repercusión muy negativa sobre la formación de la opinión pública, que se encuentra en pleno proceso de simplificación (unidimensionalización).

Redes sociales y opinión pública

En el siglo XXI se han consolidado unos fenómenos nuevos: las redes sociales y la digitalización de la información. Las redes sociales se han ido constituyendo en foros de intercambio de informaciones y de gestación de nuevos medios y mecanismos de comunicación. Por este motivo, cada vez se consideran las redes sociales como unos foros que influyen sobre la formación de la opinión pública. De hecho, en sus primeros momentos de existencia, se avanzaron ideas que afirmaban que constituirían foros directos de participación social y focos de democratización informativa. Estas características influirían sobre una configuración más neutral de la opinión pública o más ajustada a la forma de pensar de la población (identificación entre opinión pública y población).

Sin embargo, progresivamente, las redes sociales y los medios digitalizados han estimulado la aparición de un aluvión de datos, muchos irrelevantes, con falta de conexión entre ellos, de diversa relevancia y discutible veracidad, cuando no directamente falsos. A pesar de ello, se alberga la esperanza de que fueran parte influyente de las opiniones públicas. Por este motivo, cada vez más se está desarrollando una gestión consciente y explícita de la información allí introducida y de la que le llega a los usuarios de estas redes sociales. Tanto desde el punto de vista comercial, como económico o político, se están estableciendo mecanismos para añadir, sesgar y ocultar informaciones. En este sentido, se están creando segmentaciones de opinión pública, dirigidas por los intereses económicos (por ejemplo, para orientar las preferencias de compra de los consumidores) o políticos (para mediatizar las percepciones de los votantes). Cada vez se está extendiendo con más profusión el uso de gestiones masivas de datos y su proyección finalista para modificar las visiones de las personas. Así pues, las redes sociales están llevando consigo un fenómeno de manipulación masiva en el sentido de orientar la opinión pública en función de intereses espurios.

1.3. La síntesis o agregación de la voluntad popular

Una cuestión de no poca relevancia se refiere a la emisión de los votos por parte de la población y su traslación a las instituciones, que aparece condiciona por la forma de realizar la agregación. En concreto, esta alude a cómo se traducen los votos en escaños en el parlamento. Aunque a este mecanismo se le puede atribuir cierta neutralidad, en la realidad no es así. En primer lugar, la agregación ha de indicar quién tiene derecho a voto (la base electoral). En este sentido, el primer elemento esencial sería determinar si es la categoría de ciudadano la que dota de esa capacidad inicial. No debe olvidarse que podrían utilizarse otros criterios, como el de los ciudadanos que presentasen un compromiso con la sociedad, calidad que debería concretarse posteriormente. El siguiente paso relevante sería a partir de qué edad se puede emitir el voto. Asimismo, en este ámbito también se debería considerar quiénes quedarían excluidos de la capacidad de votar. En segundo lugar, la agregación asigna votos a escaños y, en este caso, se ha de especificar si los votos no emitidos deberían disponer de sitios libres en el correspondiente parlamento. Esta situación es relevante porque en caso de no permitirlo quedaría anulada la representación de la población que habría decidido no votar.

Esquema 2. La transposición de votos en escaños

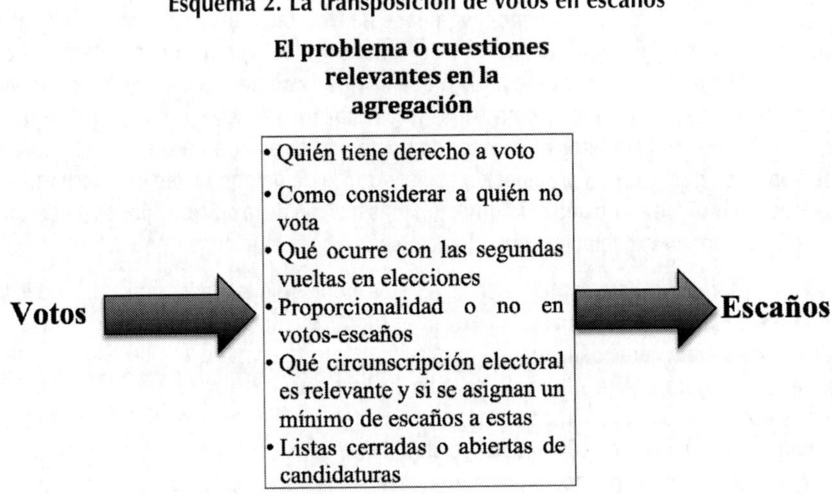

A partir de estas dos consideraciones más generales se debería tener presente, al menos, cuatro más particulares que también determinan sobremanera la trasposición de los votos en escaños. En primer lugar, se ha de considerar si existe o no una segunda vuelta en las elecciones. Esta característica es relevante en los sistemas presidenciales porque si se acomete una segunda votación, entonces aquellos que votaron a candidatos excluidos deberán renunciar a manifestar su voluntad inicial.

En segundo lugar, se ha de decidir si hay proporcionalidad o no entre votos y escaños (aquí se incluiría también la necesidad de obtener un mínimo de votos o porcentaje para conseguir representación parlamentaria). La primera opción representaría mejor la emisión de votos, pero estimularía la multiplicación de partidos que podría dificultar la toma de decisiones. En caso de optar por la segunda opción, con frecuencia argumentada en la estabilidad política, entonces se deforma el reflejo de la estructura del parlamento respecto a la de los votantes.

En tercer lugar, se encuentra la concreción de la circunscripción electoral y con ella, si a cada una, se le asigna un mínimo de escaños. Esta última decisión se suele asociar a la defensa de equilibrios territoriales. El problema es que ese mínimo asignado supone en las regiones menos pobladas que los diputados tienen tras de sí un volumen menor de representación. Adicionalmente, aquellos partidos mayoritarios suelen acaparar los pocos escaños asignados por circunscripción regional dejando a los votos de los otros sin posibilidades de representación. En el caso español, esta situación conduce a estimular el bipartidismo, puesto que los dos partidos mayoritarios se suelen repartir la representación de escaños en las circunscripciones regionales pequeñas.

En cuarto lugar, aparece la discusión acerca de si las listas ofertadas a los votantes son abiertas o cerradas. En el primer caso, se da más capacidad de decisión al votante y en las segundas, la entidad que determina las listas (los partidos políticos), acumulan capacidad de imponer candidatos indeseados por los votantes. No obstante, esta crítica podría ser considerada como menor si se percibe que es el partido y no sus miembros quienes son los portadores de las propuestas políticas.

2. PARTIDOS POLÍTICOS Y SISTEMA DEMOCRÁTICO

El segundo elemento esencial dentro de la caracterización de un sistema democrático son los partidos políticos. Un partido político es una asociación voluntaria de ciudadanos, que propone programas políticos, es decir, formas distintas de intervención en la dirección de la sociedad. Por este motivo, suelen ser agentes esenciales para iniciar debates sobre qué problemas sociales son relevantes y cómo darles soluciones. En este contexto, los partidos políticos compiten unos con los otros para ser elegidos por los electores y poder acceder al poder institucional del estado, y, de este modo, llevar hacia adelante sus propuestas organizativas sociales y de cambio a través de la aplicación de distintas políticas públicas.

Debe señalarse que los partidos se suelen cohesionar a través de unas ideas maestras acerca de cómo debe organizarse una sociedad, derivándose de ella una cierta visión de conjunto del funcionamiento del entorno en el que se vive. Esto es aquello que se denomina ideología. En principio, se asume que esta característica suele ser común a los votantes de un mismo partido político. Asimismo, los partidos se esfuerzan por promover sus ideas y conservar a sus votantes o atraer nuevos a su opción política. Esta se denomina la función de persuasión de los partidos políticos.

Ambos rasgos (ideología y persuasión), cumplen dos funciones adicionales. En primer lugar, la de presentar la información adecuada a los votantes, evitando que tengan que racionalizar o pensar sobre todo tipo de aspectos o propuestas.

En segundo lugar, la ideología destaca la diferencia entre partidos políticos o la singularidad de ellos (respecto a los otros). De esta manera, se evitan costes (de transacción) a los votantes, al tiempo que se limita el uso de información en la toma de decisiones. En definitiva, este tipo de elementos pone de manifiesto el carácter difuso de las preferencias de los electores y una delegación de la capacidad de decidir en los partidos políticos, característica que resulta especialmente relevante cuando llegan al gobierno, porque entonces dispondrán de un mayor margen de maniobra de actuación en el campo de acción de sus propios votantes.

La ideología y la persuasión son dimensiones que ponen de manifiesto que los votantes no saben cuáles son las políticas económicas concretas de los gobiernos (de las formaciones políticas que les dan soporte), al tiempo que los partidos, en su caso, no saben cuáles son las preferencias de los votantes. En ciertas ocasiones se podría mejorar el conocimiento, pero incurriendo en elevados costes que, por añadidura, no eliminarían completamente los mencionados problemas informativos. Se puede deducir de esta exposición que se vuelve a subrayar que existen serios límites a la definición y concreción de la voluntad popular.

Un aspecto al que conviene aludir, si se quiere precisar este tipo de cuestiones, es que los partidos suelen tener una estructura piramidal jerarquizada. En concreto, en la parte inferior de la pirámide y fuera del mismo partido político, se encuentra el electorado afín, pudiéndose destacar la existencia dentro de este de uno, con elevado grado de fidelidad (por su repetición de voto), que, en ciertos casos, dada la cercanía, puede poseer una estrecha relación con el partido político correspondiente. Dentro de este electorado fiel, pero ya dentro del partido, aparecen los afiliados (parte intermedia dentro de la mencionada estructura piramidal), que se encuentran más comprometidos con el partido. Estos suelen destinar tiempo parcial a las actividades de la organización política y son un elemento esencial de vinculación del partido con la sociedad.

Dentro del propio partido se encuentra una serie de miembros que dedican mucho tiempo o todo a las actividades partidistas, ostentando cargos administrativos constantes y siendo retribuidos por el propio partido. Constituyen el aparato del partido. El sentido de esta estructura administrativa es que el partido político es una organización que ha de estar funcionando constantemente y ha de ir ofreciendo respuestas a los diversos retos que se planteen. En su parte superior existen unos organizadores, que son los cuadros políticos del partido, siendo los de cargos más superiores y con relevantes responsabilidades internas, los notables del partido. Estos suelen organizar aspectos concretos de gran envergadura o lideran territorios específicos. En su cabeza se encuentra el líder del partido, que suele coordinar y relacionarse estrechamente con los notables.

Esquema 3. Estructura organizativa de los partidos políticos

Líder
Notables
Cuadros
Aparato
Afiliados
Electorado fiel
Electorado afín

En estas condiciones, pasa a ser un elemento crucial cómo se elige al líder o a los líderes de áreas específicas o territorios. Un mecanismo de elección de un líder es que sea designado por el anterior que encabezaba la organización. Otra posibilidad, no incompatible con la anterior, es que se organice un congreso de representantes de los afiliados donde se elija al mencionado líder. En esta opción hay que poner de manifiesto que la propia estructura administrativa del partido pueda sesgar la elección de los congresistas y, por tanto, condicionar la elección del líder (líderes). Si el líder y los notables condicionan la composición de los miembros de los congresos, entonces estos responderán a los intereses de los ya ubicados en la parte superior del partido y este estamento administrativo ganará autonomía con sus intereses propios y se alejará de la perspectiva de los afiliados y de la propia sociedad. Finalmente, puede elegirse el líder por los afiliados directamente (este sistema se suele conocer como primarias), de manera que se eliminan algunos problemas de enajenación de intereses de los acabados de apuntar. No obstante, este proceso no se aplica en la elección de los notables, de manera que el partido puede seguir enajenado de los intereses de la sociedad y muy condicionado por los suyos internos propios.

La sobredimensión de los intereses de los propios partidos se acrecienta cuando las listas electorales son cerradas, pues entonces el control de los designados como representantes en el estado depende del aparato del partido y, en particular, de su cúpula organizativa. Es decir, este sistema de elecciones acentúa más todavía la organización vertical y directiva de los partidos políticos.

La concentración de poder en las cúpulas de los partidos políticos supone un control sobre su aparato organizativo, que se extiende a través de su penetración en las estructuras del estado. Esta situación es más visible cuando los partidos políticos disfrutan de mayorías suficientes en las distintas instancias estatales. Esta proyección hacia el estado tiene lugar de las siguientes maneras. En primer lugar, en el parlamento, donde los grupos parlamentarios actúan como correas de transmisión de las voluntades de los dirigentes de los partidos políticos; en segundo lugar, en el gobierno, donde se multiplican los cargos públicos de libre elección que, por un lado, desplazan funciones de la administración del estado y, por otro lado, aseguran la fidelidad de cargos intermedios del partido político; en tercer lugar, en el poder judicial, cuando se establecen sistema de elección de los cargos altos por reparto de cuotas entre partidos políticos; finalmente, y en cuarto lugar, a través de la influencia en los organismos de control del estado (por ejemplo tribunales de cuentas, de competencia, oficinas de transparencia, etc.), también mediante el reparto de cuotas de designación entre partidos políticos.

Una situación especial acaece cuando los partidos políticos se institucionalizan oficialmente. Esto significa que son reconocidos por el estado como estructuras oficiales de representación de la población en las instancias estatales, es decir, de canalización del poder de una sociedad hacia el estado (influencia en la composición de ciertas instancias). En estos casos, los partidos políticos adquieren un estatuto oficial, son dotados con el monopolio en la representación oficial de la soberanía popular y reciben financiación pública. En estas condiciones su función de máquina electoral adquiere una especial trascendencia. Entonces se combina la pretensión de captar votos, con los intereses internos de los partidos políticos, de manera que finalmente la resultante conduce a una pérdida de atención sobre la representación de la voluntad electoral durante el periodo legislativo. Más aún, aunque los electores son un punto de referencia, pasa a un primer plano la captación de votos.

Finalmente, los partidos políticos, al transformarse en semi-estructuras estatales, pasan a depender de la financiación oficial y en menor grado o, incluso, de forma absolutamente residual de la que proviene de los militantes, perdiendo éstos instrumentos de influencia sobre el partido. Todas estas consideraciones apuntan hacia que los partidos representan de manera muy limitada la voluntad popular y en un elevado grado sus intereses propios (popularidad, poder, control de recursos, prestigio, etc.)

Vale la pena subrayar que, cuando los partidos políticos se transforman en estructuras semi-estatales orientadas hacia vencer en competiciones electorales, entonces estas entidades priman a unos "votantes" sobre otros. Conseguir nuevos votos individuales depende de muchos factores poco conocidos y menos manejables, pero sí que es posible acceder a otros "votantes", que no son exactamente electores, pero con una influencia sobre la población muy grande. Conseguir el apoyo de esos "votantes cualitativos", resulta vital para ganar elecciones, por la capacidad de arrastre en el electorado que pueden presentar.

Estos "votantes cualitativos" son, en primer lugar, personas o grupos con mejor información, como profesorado universitario. Este tipo de agentes no solo dispone de mejor información técnica que puede proyectarse sobre el electorado, sino que frecuentemente albergan cierto prestigio, de manera que ofrecen mayor legitimidad a las propuestas de los partidos políticos. En segundo lugar, aparecen aquellos que se encuentran en mejor disposición para transmitir la información, como los medios de comunicación. En este caso, resultan estratégicos, no solo para que las propuestas de los partidos políticos tengan presencia en el electorado, sino que se apueste por las ofertas partidistas correspondientes. De hecho, la difusión de los valores, visión, perspectivas y propuestas de los partidos políticos son esenciales para crear las condiciones de las victorias electorales. En tercer lugar, destacan aquellos agentes que presentan mejor dotación o disponibilidad financiera-económica, como bancos o grupos industriales. Las elecciones son un evento esencial que requieren un soporte financiero relevante. Dada la incertidumbre sobre los resultados, se tiende a asumir que de cuantos más recursos se disponga mejores pueden ser los resultados obtenidos. En estas circunstancias, la obtención de grandes volúmenes de financiación (sin entrar a discutir el grado de legalidad) se percibe por el partido político correspondiente como una cuestión esencial (la posibilidad de acceder al poder y llevar hacia adelante sus propuestas políticas) que, por supuesto, supondrá para los grupos que los ceden ventajas adicionales en el caso de que la mencionada organización acceda a gobernar.

En efecto, entonces, no todos los votos son iguales, sino más bien lo contrario, algunos votantes que, por añadidura, pueden no disponer de la capacidad de voto en sí mismos, resultan prioritarios para partidos políticos. Pero, en este caso, pasan a un primer plano, de manera informal, los intereses de esos "votantes" (grupos de presión). En estas circunstancias, los intereses particulares de los partidos políticos se coaligan con los de los mencionados agentes, en detrimento del reflejo de las preferencias de los militantes o la población electoral.

En resumen, la mezcla de los intereses propios-internos de los partidos políticos, su prioridad por captar la atención de segmentos cualitativamente importantes de la sociedad, junto con el uso de argumentos ideológicos (para justificar políticas económicas no aceptadas explícitamente por los votantes) conduce a dos características esenciales del actual sistema democrático. En primer lugar, se reduce la influencia de los electores sobre los partidos políticos y, en segundo lugar, se identifican los intereses de grupos particulares (de dentro del partido político o de grupos de presión) con los del electorado.

3. LOS POLÍTICOS Y EL GOBIERNO

3.1. Estructura partidista y liderazgo

Las anteriores consideraciones conducen a reflexionar sobre las cúpulas de los partidos y, en particular, sobre los cabezas más visibles, es decir, los políticos y, en su caso, el líder político (liderazgo). En primer lugar, debe prestarse atención a la condición de los políticos. En concreto, estos pueden ser ocasionales, es decir, son personas que pertenecen al electorado o a los simpatizantes de los partidos que, por motivos diversos, acaban destinando su actividad a la política, de forma temporal. Estos suelen tener vías propias de remuneración y no suelen olvidar su origen profesional, al que, frecuentemente, vuelven después de su paso por la política. Junto a estos aparecen los políticos semiprofesionales, que reciben ingresos del partido por trabajos esporádicos. Finalmente, aparecen los políticos profesionales, que dedican su vida a la actividad política y a su partido. Esta profesionalización se sustenta en que, por una parte, en ciertos casos, se exigen conocimientos técnicos, que se destinan al uso del partido político en concreto; por otra parte, se necesita destinar atención regular a la organización del partido político y dar solución a problemas de coordinación; y también, se requiere un contacto repetido con la población, que es la que posibilita, a través de los procesos electorales, la ascensión de los partidos políticos a las altas instancias del estado.

Estos políticos profesionalizados son estratégicos dentro del sistema político y la toma de decisiones dentro de un partido y, por ende, de los gobiernos. Un elemento esencial es que estos políticos acaban dependiendo de los ingresos recibidos del partido político. Al mismo tiempo, el sustento será un argumento esencial, implícito o explícito, de la vinculación de otros miembros dentro del partido político que apoyen las posiciones de los del nivel superior (clientelismo político). Esta última situación reforzará dos dimensiones dentro del partido político. En primer lugar, aquella que determina quién está dentro y quién fuera, es decir, se crea una situación de oligarquía y, en segundo lugar, cómo se determina la situación de cada miembro dentro de la organización del partido, así como sus relaciones internas, es decir, se trata de un fenómeno de jerarquización. Estas características cierran la vida del partido hacia el interior y reorientan su atención hacia la cúpula. Entonces, la condición de miembro de la cúpula y, en particular, la consecución de la categoría de líder resulta esencial desde el punto de vista partidista.

Debe apuntarse que las cúpulas partidistas y, en especial, su cabeza-líder (en particular, cuando se transforma, por ejemplo, en presidente del gobierno), no solo tienen una importancia para la formación política en particular, sino también para la sociedad, bien para el electorado, bien en cuanto a la resolución de los problemas organizativos sociales. El líder es importante para la sociedad o grupos de ella porque da evidencia de autoridad, mostrando fuerza o poder, y toma la responsabilidad de guiar al conjunto social. En gran medida el líder muestra un modelo a seguir y permite una identificación irracional de las personas con él. Al mismo tiempo, emite la idea de que se puede triunfar, ofreciendo confianza o intimidación, es decir, se trata de un motor de motivación de la población. En su caso, el líder representa la posibilidad de resolver problemas o conseguir metas que se plantea la sociedad y, en este sentido, comunica con claridad ideas, visión de conjunto y valores, con las que se identifica parte de la población. En definitiva, el líder genera cohesión social (da solidez a la comunidad), papel que es más relevante cuando ocupa la cabeza del gobierno

Esquema 4. Importancia de líder (liderazgo) en la política económica

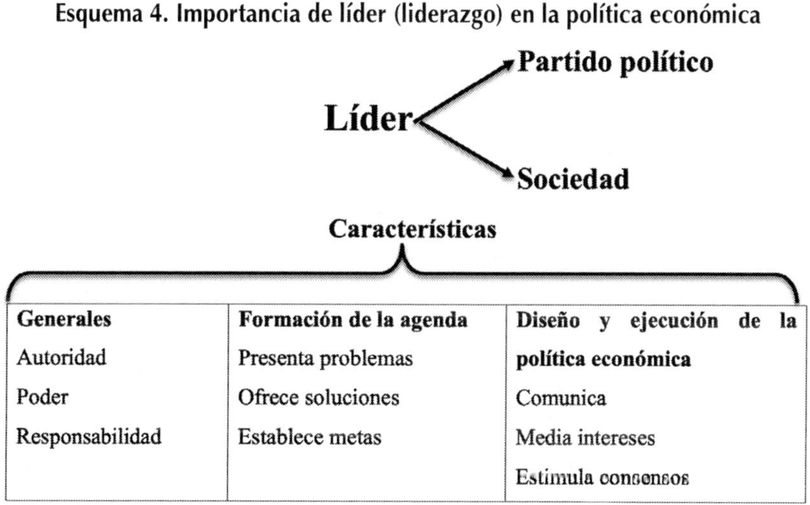

Generales	Formación de la agenda	Diseño y ejecución de la política económica
Autoridad	Presenta problemas	Comunica
Poder	Ofrece soluciones	Media intereses
Responsabilidad	Establece metas	Estimula consensos

En términos más político-organizativos, el líder asume y promueve políticas económicas, es decir, concreta problemas sociales relevantes y establece el diseño de las soluciones, mostrándoselos a la sociedad en su conjunto y a partes de ellas (grupos de presión). Esta consideración resulta esencial para concretar la estructuración de la política económica que se perseguirá. Para cumplir este papel, necesita mediar entre los intereses de los diversos grupos sociales amortiguando los conflictos y ofreciendo consensos. En esta línea de argumentación, pasa a un primer plano su capacidad de persuadir o convencer de que las soluciones que apoya son buenas para la sociedad en su conjunto y para las partes implicadas. Estas dos últimas características son determinantes del diseño de las políticas económicas pues estimulan el consenso social. Una función nada desdeñable con una estrecha relación con la ejecución de la política económica es la de comunicar y explicar las decisiones adoptadas, pues permite ganar adhesión de la sociedad y de los grupos sociales. Finalmente, debe apuntarse que la condición de líder se mantendrá en la medida en que se construyan poderes y contrapoderes sociales en los foros de decisión política, de manera que aquel sea el mediador entre los grupos.

3.2. El comportamiento de los políticos en el gobierno

Después de la anterior exposición relacionada sobre la estructura partidista, se puede pasar a analizar los comportamientos de los políticos en el gobierno. Una primera explicación de estas conductas se vertebraría a través de los valores de trasfondo (a veces adoptan la forma de ideología), que supone un mecanismo de cohesión de la propia organización política partidista en su conjunto, desde la estructura administrativa al electorado. Asimismo, ciertas líneas de actuación se encuentran en los documentos programáticos de los partidos o, en ciertas ocasiones, en los programas electorales, donde se plasma de manea más concreta qué problemas son relevantes y cómo se puede intervenir en la economía.

Sin embargo, en la vida cotidiana la capacidad de intervención de los políticos se encontrará coartada por fenómenos más bien de carácter coyuntural. En concreto, cuando aparece un problema, se habrán de adoptar soluciones (políticas) en ese mismo momento. Este factor resulta esencial y distingue a un político de un analista económico. En estas condiciones, un primer condicionante de la acción de los políticos será la ausencia de información respecto a la definición del propio problema y sus formas de solución. En particular, existirán dificultades para medir la envergadura del problema (por ejemplo, en un accidente medioambiental) o no se tendrá claridad acerca del propio problema o su alcance (por ejemplo, la desigualdad salarial entre hombres y mujeres). En otros casos, aparecerán controversias para valorar las ventajas e inconvenientes de las diversas alternativas (por ejemplo, respecto a la prostitución, no regularla, legalizarla como un trabajo más o ilegalizarla).

Quizá un caso particular de este tipo de dificultades para precisar las anomalías se manifiesta cuando los políticos asumen como un problema a acometer una irregularidad que no pueden resolver o que es tan pequeña, que no se le puede dar respuesta. Se trata de asumir problemas (de trasfondo para la movilización de medidas distintas) donde, socialmente, no los hay o no presentan la suficiente intensidad social. Sin embargo, este tipo de problemas ha conseguido introducirse de manera efectiva en la opinión pública por grupos sociales muy activos. Esencialmente, este tipo de comportamiento suele encontrarse asociado a la pretensión de conseguir adhesiones electorales o hacia desviar la atención política de problemas más importantes, a los que no se les puede dar solución por otros motivos (como se explica más abajo).

Una segunda característica que determinará la conducta de los políticos en el gobierno se refiere al establecimiento temporal de las soluciones (políticas). Un caso específico que suele ocurrir es cuando las soluciones no pueden esperar y es preciso adoptarlas. En definitiva, el político ha de dar respuesta en ese momento, bien por razones técnico-económicas o bien por cuestiones políticas (exigencias respecto al electorado en su conjunto o a parte del mismo —grupos de presión). Así pues, la restricción tiempo es esencial para un político y suele ser un rasgo que suele escaparse a los estudios analíticos de la política económica, aspecto que se abordará con detenimiento en el tema 7.

Un tercer tipo de restricciones de la conducta de los políticos se refiere a la adopción de la propia medida de política económica. En este ámbito, las nuevas medidas, si es que se pretende que sean efectivas, tendrán que ser coherentes con el entramado histórico de políticas económicas y con la estructura económica, política y social. Esto conducirá a la adopción de políticas "inerciales", no desviarse excesivamente de las que ya están en funcionamiento, en definitiva, a un incrementalismo en política económica.

En conclusión, aunque el político en el gobierno pretenda llevar hacia adelante sus planteamientos ideológicos y sus propuestas electorales, finalmente habrá de optar por unas vías intermedias, consideración que se expresa como la medida "menos mala", no la óptima que pretendería llevar a cabo. De aquí se derivan dos formas teóricas anómalas, pero típicas en la actuación práctica. Por un lado, la de aprobar medidas (legislar) sin pretensiones de que se lleguen a aplicar y, por otro lado, dejar pasar el tiempo y no hacer nada o aparentar, a través de declaraciones, sin base legal, que se está haciendo algo. Estos dos comportamientos tienen lugar cuando existe presión electoral general, combinada con las resistencias activas de grupos de interés muy solventes.

4. LOS POLÍTICOS ORGÁNICOS

En una sociedad compleja como la nuestra, no se puede concebir al político como un ente estrictamente físico, sino que en parte constituye la manifestación o la punta del iceberg de una estructura más compleja, aspecto ya apuntado más arriba en la explicación sobre los partidos políticos. Sus ideas y proyectos no suelen generarse en su propia persona y, cuando aparecen, requieren de una concreción suficiente para ser factibles y coherentes con la realidad. En estos rasgos contribuyen de manera esencial, en general, fuera del estado, los asesores (agrupados más o menos formalmente) y las partes superiores de la administración pública.

Los asesores

Uno de los agentes a los que se les está prestando cada vez más atención es a los asesores. La cuestión esencial es que, dentro de la política económica, tanto la definición de los problemas públicos relevantes como la fijación de los objetivos o el establecimiento de los instrumentos más adecuados no resulta una cuestión inmediata. En la concreción de estos tres ámbitos, el papel de los asesores resulta esencial.

El papel de los asesores se sustenta en que el agente formal (presidente de gobierno o ministro del ramo) que diseña las políticas económicas tiene límites informativos, entre otros motivos, porque no puede saber sobre todos los aspectos. El asesor intermedia entre las ideas económicas y la política económica. Por un lado, en una sociedad existe una multitud de ideas económicas que están presentes, pero ni son coherentes entre ellas mismas, ni se encuentran adaptadas al contexto circundante o bien presentan un grado excesivo de generalidad. Por otro lado, la política económica la diseña un agente, que tiene intereses particulares y se encuentra en una situación concreta (condiciones coyunturales, limitaciones estructurales, etc.).

Una primera fase de concreción consiste en hacerlas coherentes con el marco en el que se desenvuelve la economía. En particular, insertarlas en la estructura institucional, ajustarlas al sistema de valores, compatibilizarlas con la situación económica del país y transformarlas en aceptables para parte de los grupos de interés. Una segunda fase consiste en definir mejor las ideas para que respondan a las necesidades de los políticos. En este caso, vuelve a aparecer una selección ulterior de ideas según que puedan sistematizarse y cuantificarse, realizarse previsiones de futuro, valorar decisiones alternativas, derivar recomendaciones concretas de actuación y permitir evaluar los resultados obtenidos. Este tipo de aspectos se han explicado más extensamente en el capítulo 2.

La primera etapa en la asesoría empieza en la definición de los contenidos de los programas electorales de los partidos. A continuación, después de las elecciones y ya en el gobierno, ha de realizarse una concreción y ha de aumentar el número de propuestas para dar respuesta a la complejidad de la realidad existente. El asesor define aquellos problemas económicos, transformándolos en áreas de acción pública y estableciéndolos en objetivos de política económica.

En este contexto, los asesores deben afrontar, al menos cinco grandes retos:

1.– Combinación de los intereses de los políticos con el ámbito económico. La política económica deberá permitir reproducir en el poder a los políticos y, en este sentido, se argumenta la existencia de ciclos político-económicos.

2.– Concreción de la situación real aproximadamente existente. Con frecuencia se parte de la idea de que la política económica gestiona situaciones como sumas de cortos plazos. Así pues, asumir que se sabe exactamente la situación en que se está, con los serios límites informativos existentes, suele ser una hipótesis no aceptable en la realidad.

3.– La conducta de los agentes resulta esencial en la política económica. A este respecto, no solo es importante el diseño de una política económica, sino cómo se realiza (integración de agentes implicados), cómo se comunica y cuál es la respuesta esperada por parte de los afectados (estos dos últimos aspectos se encuentran también estrechamente relacionados con la aplicación de la política económica).

4.– Interrelación entre acontecimientos económicos (y políticos). El objeto de referencia es la sociedad de la que, analíticamente, se puede extraer la faceta económica, pero cuando se pretende intervenir en la realidad no se puede obviar el conjunto social en sí mismo (implicaciones políticas, sociales o territoriales).

5.– Interdisciplinariedad, que se encuentra estrechamente relacionado con el anterior factor acabado de apuntar. Para cambiar un fenómeno económico es necesario recurrir no solo a instrumentos económicos, sino también políticos. Por ejemplo, para estimular el desarrollo puede que sea insuficiente con aumentos en el gasto público, sino que sea necesario preservar el orden público, que se encuentran en una dimensión distinta de la economía.

Políticas económicas de austeridad expansiva y su legitimación política

A partir de los años 80 del siglo pasado apareció una reacción neoliberal frente al intervencionismo económico que se había extendido después de la II Guerra Mundial. La corriente de pensamiento más polemista fue la monetarista, que se combinó con enfoques de la elección pública y con la introducción de nuevos instrumentos analíticos, como fueron las expectativas racionales (nueva teoría clásica). Al calor de este nuevo tipo de perspectiva surgió el enfoque del fomento de la austeridad por parte del estado. Parte de sus defensores más fervientes, como Alesina, Perotti o Tabellini estaban vinculados a la Universidad de Bocconi (Italia). Desde finales de los años 80 del siglo pasado comenzaron a fundamentar su análisis, se perfeccionó en la siguiente década y alcanzó el máximo apogeo en 2010, cuando a este enfoque se le reconoció internacionalmente como guía para la política económica en la crisis vigente en ese momento.

Este enfoque, partiendo, de hecho, de la hipótesis del carácter improductivo del estado, afirma que existe una tendencia a expandir el déficit y endeudamiento estatales en regímenes democráticos, que acaba conduciendo a irregularidades económicas. Para luchar contra la crisis, se recomienda una política económica de reducción de gastos públicos (que conducirá a una disminución en el endeudamiento del estado), en particular de los relacionados con aspectos sociales y con el funcionamiento del propio sector público, combinado con una reducción en los impuestos (con preferencia sobre los directos). Esta retirada del estado de la economía mejoraría las expectativas del sector privado, que aumentaría su actividad y estimularía el crecimiento económico. Los recortes suponen una austeridad y el acrecentamiento en la actividad económica posterior constituye la base de la expansión: políticas de austeridad expansiva.

Sus recomendaciones de política económica referidas a la reducción de gastos e impuestos resultaban muy controvertidas y, cara a los gobernantes, presentaban el problema de ser castigados electoralmente en caso de llevarlas a término. Por este motivo, conforme este enfoque trató de transformarse en una guía práctica para los políticos se planteó como objetivo esencial defender su aceptabilidad para estos. Esta tarea fue acometida en diversos trabajos publicados durante la primera década del siglo XXI. Sin entrar a discutir la poca base empírica utilizada y que se omitían los efectos de la aplicación simultánea de otros tipos de políticas (estructurales o de sector exterior), las conclusiones eran que la población valoraría positivamente la introducción de la austeridad y los gobernantes renovarían sus cargos en las cabezas de sus respectivos países. Así pues, sobre sus propuestas de política económica no solo se defendió su viabilidad económica, sino, también, la política.

A los aspectos acabados de explicar conviene añadir una reflexión sobre el uso de teorías económicas como eje esencial del asesoramiento en política económica. Desde hace ya medio siglo comenzó a ser visible un cambio en los análisis económicos en los que se primaba una fuerte especialización combinada con una tendencia a la generalización de una gran matematización. A este fenómeno hay que añadir su confluencia con otro elemento, consistente en desarrollar teorías que pretenden explicar la realidad, pero guiadas por una racionalidad sesgada más por intereses de promoción de los propios investigadores que por la relevancia económica o política. El resultado se ha manifestado en un creciente distanciamiento entre el análisis económica académico y la complejidad de la vida real (elemento de referencia para la política económica en la realidad).

A principios del siglo XXI se está dando un proceso que presenta bastantes similitudes con aquello que aconteció hace cien años. En aquel momento, existían pocos asesores económicos que pudiesen apoyar la configuración de la política económica y, en la actualidad, se repite la situación por ausencia de economistas con vinculación suficiente con la realidad. Dentro de este contexto, tal como afirmaba el asesor gubernamental británico y académico economista, Alexander Cairncross, no es de extrañar que la enseñanza universitaria tenga aún como reto pendiente el de resolver la preparación de economistas que puedan afrontar las realidades de la elaboración de la política económica. Estas consideraciones vierten serias dudas hacia la calidad de las instituciones de generación de asesores de política económica.

Como se ha comentado, la acción del político exige acceder a información técnica que es facilitada por los asesores. En un primer momento, estos pueden tener un carácter individual, es decir, tratarse de personas físicas, cuya relación se sustenta en la confianza personal. Estas personas físicas están constituidas por funcionarios, políticos o profesionales prestigiosos. Sin embargo, existe una clara tendencia a la institucionalización de los asesores, que adoptan la forma de organismos. Estos pueden consistir en gabinetes vinculados a personajes relevantes, agrupaciones de expertos, consejos económicos y sociales, comités parlamentarios u organismos internacionales de asesoramiento. Dentro de los organismos asesores, cabe mencionar un grupo que está adquiriendo cada vez más importancia. Se trata de los laboratorios de ideas (conocidos en inglés como *think tanks*, siendo, a los efectos, centros de investigaciones con aspiraciones a generar propuestas de aplicación práctica en la realidad) y pueden ser públicos o privados.

Adicionalmente, ha existido una tendencia clara a la institucionalización en las consultas con expertos (asesores) y, de hecho, no se puede concebir la política económica sin este tipo de actividades previas. Debe señalarse que, una característica de este proceso es que no existe una unanimidad entre los especialistas. Una segunda dimensión nada desdeñable es que las recomendaciones han de ajustarse a las limitaciones de la realidad existente. Así pues, la selección entre las propuestas adaptadas al contexto real para llevarlas adelante constituye una característica clave de liderazgo de los políticos.

La elite de la administración pública

En el contexto de la actual explicación, se debe realizar una mención especial, por su situación estratégica dentro de la administración pública del estado, tanto respecto al diseño como en cuanto a la ejecución de la política económica, a la burocracia de alto nivel. A título de ejemplo, en el caso español se trataría de cuerpos administrativos como los de los Técnicos Comerciales y Economistas del Estado, Técnicos de la Administración Civil, Abogados del Estado, Inspectores de Hacienda, Diplomáticos, en cierta medida, jueces (aunque estos, dentro de la estructura institucional, se encontrarían fuera del gobierno) y algunos cargos altos académicos universitarios. Es decir, que se trata de cuerpos administrativos de gran cualificación y especialización, que participan en todos los ámbitos relevantes de la intervención estatal

Como consecuencia del elevado grado de especialización y de conocimiento, los miembros de esta parte de la administración pública requieren una preparación bastante larga (estudios superiores) o realizar oposiciones que tardan periodos extensos en prepararse (suele existir como referencia la necesidad de destinar unos 5 años para aprobarlas, en el caso español). Esto significa que se exige la existencia de unos recursos materiales propios para poder apoyar el largo periodo de preparación, además de unos incentivos inmateriales (estar ubicado en círculos sociales ya situados en esos medios que estimulen el sorteo de obstáculos "morales"). Por añadidura, los estudios que siguen estos funcionarios reflejan las tradiciones de funcionamiento estatal y las ortodoxias en conocimientos. Con el trasfondo de estas características, el resultado es una mentalidad, en principio, conservadora en este tipo de cuerpos administrativos.

Los diversos miembros de los cuerpos superiores entablan en los propios estudios y en el cumplimiento de sus funciones una serie de relaciones relativamente estrechas, por dos motivos principales. En primer lugar, porque son poco numerosos y establecen contactos directos entre ellos mismos. En segundo lugar, porque comparten toda una estructura de valores derivada del sistema de formación, que se acrecienta por los propios intereses de cuerpo administrativo en sí mismo.

Derivado del tipo de función que cumple dentro de la estructura administrativa del estado, esta elite se caracteriza porque es esencial para la concreción de las decisiones gubernamentales. Por un lado, son los organizadores de la estructura administrativa del estado y, por este motivo, disponen de un grado de conocimiento excepcional acerca de su funcionamiento. No debe olvidarse que, mientras que los gobierno van cambiando en función de las elecciones, esta cúpula administrativa se mantiene y ofrece una continuidad en la gestión. Por otro lado, constituyen un eje esencial en establecer las relaciones entre el sector público y el privado, elemento importante tanto para conseguir diseñar políticas económicas realistas, como para que se puedan ejecutar en la práctica. Por este motivo, este tipo de funcionarios tienen un contacto continuo con las empresas privadas, en especial con las grandes, con las asociaciones empresariales y con los organismos internacionales.

Esta relación regular, junto con el sistema formativo de estos cuerpos especializados de la administración estatal, les conduce a que, con frecuencia, compartan valores, puntos de vista y enfoques con las grandes empresas o con los poderes económicos. Esta última característica se acentúa cuando se constata que, con cierta frecuencia, las empresas privadas contratan a este tipo de técnicos que abandonan el sector público, motivado en su buen conocimiento de la legislación, la estructura administrativa o sus contactos, fenómeno que se conoce como puertas giratorias. No debe olvidarse que, aunque suele destacarse que este flujo de personal ocurre desde el sector público al privado, a la inversa es muy frecuente y, no es poco usual que ciertas personas vayan alternando cargos públicos y privados sucesivos en el tiempo. Por ejemplo, en España, son frecuentes los casos en que estos funcionarios han pasado al sector privado, han vuelto al sector público en forma de cargos políticos de segundo nivel (secretarios o subsecretarios de estado), han pasado posteriormente al sector privado (en general como miembros de consejos asesores), han vuelto al sector público en la cabeza de un ministerio y, luego, han pasado al sector privado otra vez. Vale la pena insistir en que estos flujos ponen de manifiesto que las fronteras entre el sector público y el privado no están claramente definidas en economías avanzadas y, por ende, que la discusión sobre el dilema estado vs. mercado, simplemente aparece en el mundo académico y presenta un reflejo endeble en la vida práctica, al tiempo que no permite esclarecer la formación de la política económica.

Así pues, la alta burocracia del estado condiciona, a través de su percepción de la realidad, la información de que dispone el gobierno, contribuye a establecer qué problemas son relevantes y se pueden acometer, así como qué soluciones se les pueden ofrecer. Es decir, son transmisores a los políticos de qué restricciones existen en la realidad. Asimismo, los programas de política económica aprobados pueden ser obstaculizados en su concreción dentro de la administración pública o en su conducción al conjunto de la sociedad. Por tanto, la elite de la administración pública se establece en un límite a la política económica del gobierno.

Conceptos clave

Población	Partidos políticos
Electorado	Estructura jerárquica y piramidal de partidos políticos
Votos	Burocracia del partido político
Sistema democrático	Ignorancia racional del electorado
Sistema organicista	Ideología
Opinión pública	Persuasión partidista
Medios de comunicación	Líder político
Neutralidad de los medios de comunicación	Votantes cualitativos
Poder mediático	Liderazgo y población
Agregación de la voluntad popular	Políticos orgánicos
Sistema electoral	Asesores
Sistema proporcional de votos	Elite de la administración pública

Bibliografía de referencia

Antuñano, I. y Sánchez, A. (eds.) (2009): *Política Económica. Elaboración y políticas coyunturales.* Tirant lo Blanch, Valencia, cap. 2.

Arias, X. C (1996): *La formación de la política económica.* Cívitas, Madrid, cap. 7.

Castaño, Mª. S. (2018): "La economía del comportamiento: la racionalidad limitada de los agentes económicos". *Boletín Económico de Información Comercial Española*, nº 3095.

Ferreiro, J. y Serrano, F. (2006): "Instituciones, incertidumbres y política económica" en Esteban, Marisol y Serrano, Felipe (eds.): *La política económica en tiempos de incertidumbre.* Netbiblo, A Coruña.

Katz, R. S. y Mair, P. (2022): *Democracia y cartelización de los partidos políticos.* Libros de la catarata, Madrid, cap. 3 y 5.

Held, D. (2001): *Modelos de democracia.* Alianza, Madrid, cap. 5-9.

Lippman, W. (2002, 1922): *La opinión pública.* C. de Langre, Madrid.

Marín, J. Mª. y García-Verdugo, J. (2003): *Bienes públicos globales, política económica y globalización.* Ariel. Barcelona, cap. 6.

Rodrik, D. (2011): *Una economía, muchas recetas: la globalización, las instituciones y el crecimiento económico.* FCE, México, parte III.

Rosen, H. S. (2002): "Teoría económica de la política" en Rosen, Harvey S.: *Hacienda Pública.* McGraw Hill, Madrid.

Sachs, J. (2012): *El precio de la civilización.* Galaxia Gutenberg, Barcelona, cap. 6.

Vallespín, F. (2002): "Estructuras condicionantes e ideologías en el siglo XXI" en Antón, Joan: *Las ideas políticas en el siglo XXI.* Ariel, Barcelona, cap. 13.

Villena, A. (2019): *Las redes de poder en España.* Roca editorial, Barcelona.

Tema 6

La elaboración de la política económica: Los agentes informales

El primer paso para explicar la formación de la política económica es aludir a la estructura institucional de una sociedad y establecer sus contenidos. A partir de las ideas expuestas, la población elige a sus representantes a través de los partidos políticos existentes y con ellos se determina la composición de las principales instituciones que definen oficialmente la política económica. Desde este punto de vista, el gobierno resultante realizaría la política económica en consonancia con el apoyo electoral recibido. Estos aspectos han sido explicados en temas anteriores. Sin embargo, esta perspectiva debería matizarse introduciendo la consideración de que existen ciertos agentes que tienen capacidad especial para influir no solo sobre la definición de la política económica, sino también sobre su propia aplicación, aspecto que se aborda en este tema.

A este tipo de condicionante se le debe añadir la cada vez más importante influencia de otro factor, a saber, la globalización. Este fenómeno se puede interpretar como los efectos de las actuaciones de agentes externos dentro del estado-nación. Estos agentes son otros estados, ciertos organismos internacionales y empresas. Por este motivo, se incluyen en este capítulo.

Así pues, en primer el primer epígrafe, se explicará el concepto de grupos de interés y se incidirá en su faceta de presionar sobre las decisiones de políticas económica del estado. A continuación, se concentrará la atención en ofrecer distintas interpretaciones sobre la fisionomía e influencia de los grupos de presión, para, después, establecer relaciones entre este tipo de asociaciones y las restricciones a la política económica que pueden significar. En un segundo epígrafe se prestará atención a los fenómenos de globalización y su impacto sobre la política económica nacional.

1. LOS GRUPOS DE INTERÉS

1.1. Concepto y caracterización de los grupos de interés

Los individuos pueden tratar de defender sus intereses aisladamente, pero también de forma agrupada. No obstante, en sociedades complejas, la efectividad en la defensa de sus intereses por parte de los individuos físicos suele tener poca trascendencia e incidencia real. En contrapartida, aquellos individuos o entidades que se aglutinan para defender sus intereses tienen unas mayores expectativas de que se observen sus pretensiones por el resto de la sociedad y, en particular, por las instituciones de gobierno. Por este motivo, la influencia social de los individuos o grupos de individuos dependerá de su capacidad para organizarse y coordinarse, es decir, de su posibilidad de ejercer una acción colectiva.

Entre las formas más destacadas de armonizar las acciones de los individuos se encuentran los partidos políticos, a los que se ha aludido en el anterior capítulo. Estas estructuras disponen de una organización bastante estable, poseen un discurso global y desarrollan sus actividades en los escenarios institucionales. En el otro extremo se encuentran los movimientos sociales, que tienen una estructura organizativa variable, realizan propuestas parciales y el ámbito en el que se desenvuelven es en el propio tejido social. Entre ambos tipos de organizaciones colectivas se encuentran los grupos de interés. Estos suelen tener una estructura organizativa interna estable, su discurso suele ser sectorial y desarrollan sus propuestas en el ámbito institucional. Los grupos de interés presentan una gran influencia sobre la formación de la política económica y son objeto de explicación en este apartado.

Cuadro 1. Formas organizativas sociales

	Estructura organizativa	Discurso	Área de actividad
Partidos políticos	Estable	Global	Institucional
Movimientos sociales	Variable	Parcial	Tejido social
Grupos de interés	Estable	Sectorial	Institucional

Los grupos de interés integran voluntariamente a sus miembros y tienen por objetivo afectar al proceso político, defendiendo la visión y propuestas de los agentes que los constituyen. En gran medida pretenden influir sobre la formación de la política económica, pero sin asumir responsabilidades institucionales, es decir, presionan sobre las instituciones, pero sin ejercer el poder del que estas están dotadas.

En términos generales, se pueden distinguir dos tipos de grupos de interés: los masivos y los específicos. Los grupos de interés masivos agrupan a un número muy grande de miembros. Al ser tan numerosos, los intereses comunes serán difíciles de definir con precisión y, por este motivo, quedarán difusos, al tiempo que se cruzarán con otros intereses particulares de los propios miembros de las agrupaciones. Adicionalmente, su carácter masivo supone que se requerirá el establecimiento de una estructura interna, relativamente sólida y jerarquizada, para conseguir una coordinación efectiva entre sus miembros. Tanto el carácter difuso de sus intereses, como la necesidad de establecer una estructura organizativa interna, pueden hacer perder cohesión a los mencionados grupos de interés y, con ella, su capacidad de incidir en las decisiones de política económica.

Un ejemplo típico serían los grandes sindicatos. Estos tratan de unificar los intereses de los trabajadores y poseen una estructura administrativa interna para conseguir la coordinación entre sus miembros. Aunque en ciertos casos son eficaces en conseguir reivindicaciones laborales y sociales, un problema creciente que les afecta es que en sociedades complejas su base ha ido diversificándose y presentan serias dificultades para representar los intereses de sus miembros. Por ejemplo, los intereses de los trabajadores manuales y de los que desempeñan tareas organizativas a veces divergen o, frecuentemente, existen problemas para encontrar elementos comunes entre trabajadores industriales y los que trabajan en el sector servicios. Si se tienen presente estos comentarios, entonces se puede comprender la diversidad de intereses que existen dentro de un sindicato y la dificultad para definir una acción común con la que se identifiquen todos sus miembros. Este tipo de motivos debilita la cohesión interna de estas organizaciones, que resulta esencial para disponer de una base de partida sólida a partir de la que poder defender los intereses que persiguen.

Junto a los sindicatos, también se pueden incluir dentro de este tipo a las organizaciones empresariales. En este caso, tienen un número menor de miembros, aunque sus intereses no son más homogéneos que los existentes dentro de los sindicatos. Por este motivo, dentro de las organizaciones empresariales no es extraño encontrar organizaciones específicas que agrupen a empresas de pequeño y medio tamaño o a otras de carácter más sectorial. En todos los casos, la estructura organizativa es más simple, aunque las presiones se ejercen a través de sus contactos e influencias vinculadas a su capacidad de organizar la producción. También vale la pena mencionar otro tipo de agrupación de interés de corte un poco distinto de las anteriores, como es el caso de las asociaciones de consumidores. Estas tienen adheridos miembros con intereses muy diversos, de manera que se generan serios problemas para identificar formas de acción coherentes con las pretensiones de los adscritos a estas organizaciones. Estas dificultades se encuentran agravadas debido a la debilidad en sus estructuras organizativas internas.

Los otros grupos de interés relevantes son los calificados de específicos. En este caso, el número de miembros es muy pequeño y se organizan para defender intereses muy concretos. Esta situación no es un obstáculo para que existan confrontaciones importantes entre sus miembros en otros ámbitos. Estas agrupaciones pueden estar respaldadas por una estructura organizativa formal o no. En cualquiera de los dos casos, el elemento más relevante es que las relaciones entre los miembros son más bien horizontales, es decir, no requieren de una organización mediadora que defienda sus pretensiones.

Un caso extremo se produce cuando el grupo de interés está formado por una sola empresa. Por ejemplo, en regiones con predominio de pequeñas y medianas empresas, la existencia de una empresa de tamaño muy grande le confiere la capacidad de ser interlocutor directo en los correspondientes niveles gubernamentales y de hacer valer sus intereses de forma prioritaria. En otros casos, se suelen agrupar empresas con actividades productivas similares, por ejemplo, empresas de telefonía o bancos, con el objetivo de defender sus intereses. En estos casos, puede existir alguna estructura formal, como una patronal o bien las empresas pueden autocoordinarse cuando sus intereses sean afectados por las políticas económicas.

Para concretar mejor la idea de los grupos de presión, se puede aludir a la aportación, ya tradicional de Mancur Olson, conocida como teoría de la acción colectiva. Desde este punto de vista, se asume que los grupos de interés constituyen una especie de "bien público", en el sentido de que no es posible excluir a los individuos o agentes particulares de los beneficios obtenidos de la presión ejercida por la agrupación. Por este motivo, dentro de los grupos existirá cierta tendencia a la aparición de fenómenos de *free-rider*, es decir, agentes que pretenden participar de los beneficios de la acción del grupo, pero no asumir los costes derivados de esa actividad, hecho que debilita la capacidad de acción del colectivo. Otra constatación destacada por Olson es que el tamaño del grupo determina su capacidad de acción y, en concreto, se apunta que existe una relación inversa entre el tamaño del grupo y la eficacia en la consecución de sus objetivos. Adicionalmente, también se constata que los grupos de interés presentan un proceso de aprendizaje acumulativo, de manera que, al principio de sus existencias, tienen problemas para presionar.

El resultado de estas consideraciones conduce a concebir que exista una multitud de grupos de interés en la economía, pero son muy distintos entre ellos y, en particular, presentan una gran asimetría en su capacidad de influir sobre las decisiones públicas. Existen dos formas de influir, una es conseguir que se acreciente el beneficio propio a través del aumento de la riqueza del conjunto de las sociedades y, la otra, mediante el aumento en la participación en la renta y la riqueza existentes en detrimento del resto de grupos o individuos. Es esta segunda vía la que adoptarán, en general, los grupos de presión existentes.

Todas estas agrupaciones pretenden presentar sus intereses y hacerlos valer. En términos económicos esto se sintetiza en el objetivo de captar rentas. Por un lado, se trata de reducir los pagos al estado, por ejemplo, conseguir exenciones fiscales y, por otro lado, aumentar sus ingresos con flujos procedentes de aquel, como conseguir subvenciones de diverso tipo. No obstante, no debe olvidarse que la captación mayor de rentas no tiene por qué provenir de las relaciones directas con el estado, sino que se puede derivar de las ventajas obtenidas en las relaciones de los grupos de interés con el resto de sector privado. En este sentido resultan de gran relevancia las presiones ejercidas por este tipo de agrupaciones para determinar las regulaciones estatales que definen sus áreas de actividad; por ejemplo, las presiones para evitar que aumente el número de participantes en mercados. A este respecto destaca el caso del mercado español de la telefonía móvil, donde se realizaron grandes presiones orientadas a evitar que se incrementase el número de licencias para operar u obstaculizar la entrada de otras nuevas que ofertaran servicios (operadores móviles virtuales). Otros ejemplos al respecto corresponderían a los límites administrativos reconocidos para establecer farmacias o estancos. También las presiones se pueden orientar con el objetivo de limitar los flujos comerciales, mediante la promoción de aranceles especiales que permitan reservar los mercados nacionales a los productores internos. A este respecto, el sistema proteccionista tradicional agrario europeo respondería a la eficacia en la defensa de los intereses de las agrupaciones implicadas en estas actividades.

Para conseguir maximizar sus rentas, los grupos de interés orientarán sus presiones hacia los gobiernos (todos los niveles en juego) y los parlamentos. Asimismo, también serán destino de la movilización de sus recursos de poder otros segmentos del estado, como el sistema judicial, así como la misma opinión pública, debido a que esta última constituye no solo la base electoral del país, sino también la de otros grupos de presión.

Para conseguir promocionar sus pretensiones, los grupos de interés disponen de diversos modos de actuación. No obstante, en función del grupo en concreto, su variedad de posibilidades de presión será diferente. En general, se pueden distinguir los siguientes mecanismos de presión:

1.– *Incidencia sobre cargos políticos-administrativos estatales.* La forma más efectiva es la promoción de personas afines a los grupos a altos cargos públicos donde se diriman sus intereses. En este sentido, se puede tratar de colocar a miembros cercanos a los grupos de interés en puestos estratégicos del gobierno o en los parlamentos, aunque también en cargos relevantes de los partidos políticos más importantes (puesto que dan soporte tanto al gobierno como a la oposición), así como en las estructuras burocráticas relevantes donde se discutan aspectos destacados que les afecten. Dentro de este ámbito se incluye también el fenómeno conocido como puertas giratorias, por el que las grandes empresas y grupos empresariales privados incorporan en sus senos a personas que han desempeñados cargos de alta responsabilidad en organismos del estado. De este modo, estas organizaciones privadas obtienen mecanismos adicionales (en parte relaciones personales) dentro del estado y de los partidos políticos que constituyen mecanismos adicionales para proyectar sus intereses particulares.

2.– *La persuasión política.* Se encuentra relacionada con el suministro de información a las instituciones donde se adoptan las decisiones políticas trascendentes para los grupos de interés, es decir, a los gobiernos y a los parlamentos. Este tipo de mecanismo se plasma a través de entrevistas con miembros de las instituciones políticas, mediante la participación en comisiones asesoras, en la elaboración de informes técnicos, etc. Aquí destaca la financiación de asesores que concreten y promuevan las ideas que apoyen a sus intereses. Adicionalmente también adquiere importancia la figura de los *lobbies*. Estos son un tipo de gabinetes especializados en contactar con las autoridades políticas (parlamentarios o miembros del gobierno) o funcionarios relevantes, con el objetivo de promover los intereses de los correspondientes agentes sociales. Por tanto, los *lobbies* constituyen un eslabón dentro de los mecanismos de presión de los grupos de interés. Estos organismos se crearon con un estatuto oficial y se extendieron en EE.UU., donde juegan un papel muy dinámico.

3.– *Difusión de ideas*. Consiste en dar a conocer y publicitar los intereses de los grupos entre la población. Esto se sustenta en que esta última constituye la base del electorado y, por tanto, condiciona la actitud de los partidos políticos y, también, de los gobiernos y los parlamentos. En gran medida, la difusión de ideas trata de mostrar que existe una compatibilidad entre los objetivos particulares de los grupos de interés y los intereses de la sociedad o, incluso, que los primeros promocionan los segundos. Dentro de este ámbito merecen una mención especial las agencias de relaciones públicas. Estas constituyen entidades especializadas en diseñar campañas para promocionar propuestas de los grupos de presión e influir sobre la opinión pública. Con frecuencia, promueven una buena imagen de los intereses de los grupos que las contratan o de sus propios miembros.

Una consideración aparte requiere los medios de comunicación. Estos transmiten información, pero esta tiene diversas calidades. En concreto, la información puede limitarse a transmitir los mensajes emitidos por segmentos de la sociedad o de las autoridades. Sin embargo, también puede constituir un apoyo a posiciones o intereses de grupos sociales o, incluso, puede reflejar las aspiraciones particulares de los propios medios de comunicación afectados que, de hecho, constituyen auténticos grupos de presión en sí mismos. Deben destacarse tres características relevantes de los medios de comunicación. En primer lugar, que a veces es difícil distinguir entre las tres facetas de la información apuntadas, con la consiguiente falta de discernimiento entre informaciones relativamente objetivas y las vinculadas a la promoción de interés particulares; en segundo lugar, que no todos los medios de comunicación tiene la misma importancia, factor que se puede valorar a la luz de su capacidad para influir sobre la formación de la opinión pública y, por tanto, sobre el electorado; y, en tercer lugar, que cualquier discusión acerca de ellos y, en especial acerca de sus intereses empresariales particulares, se suele encontrar enturbiado con argumentos relativos a la supuesta "libertad de expresión" (bien público) que estos encarnan en una sociedad democrática, aspecto ya apuntado anteriormente.

4.– *La financiación de actividades políticas*. Estos mecanismos suelen referirse a la financiación de partidos políticos. Esta financiación puede desarrollarse de manera regular o concentrarse en los periodos de campañas electorales. Adicionalmente, puede ajustarse a la legalidad o sobrepasarla apareciendo como corrupción. Por supuesto, un grupo de interés no tiene por qué financiar a un único partido o al que se estime que puede ganar las elecciones, sino que, con frecuencia, se financian simultáneamente a los grupos principales de la oposición parlamentaria para que promuevan propuestas acordes con sus aspiraciones. En efecto, estos recursos de presión se sustentan en que los partidos políticos, en regímenes democráticos, son los soportes de los gobiernos y de los parlamentos.

5.– *La intimidación.* Son reacciones de los grupos de interés cuando los gobiernos no contemplan sus propuestas. Suelen adoptar la forma de amenazas al gobierno con apoyar a la oposición o de retirar el apoyo electoral al partido que sustenta al propio gobierno, así como pueden presentar un componente personal, cuando se trata de obstaculizar la trayectoria de algún político. La intimidación, por supuesto, también puede tener un componente económico, en el sentido de subrayar la aparición de supuestos efectos negativos que se pueden genera (veladas amenazas) en caso de no aprobar o llevar hacia adelante determinadas políticas económica. Entre estas podrían encontrarse las consideraciones relacionadas con el corte en el suministro eléctrico a zonas del país si no se mantienen subvenciones especiales a compañías generadoras de electricidad. En general se pasa a utilizar este tipo de vías cuando las anteriores han fracasado.

6.– *La acción directa.* Frecuentemente se encuentra asociada a la realización de huelgas y de cierres empresariales. Estas pueden ser de diverso tipo, como movilizaciones de trabajadores, no acometer inversiones, objeciones fiscales o huelgas de celo. Estas pueden tener una incidencia publicitaria destacada sobre la opinión pública y, en este sentido, condiciona la conducta de los gobiernos.

7.– *El sabotaje.* Consiste en enfrentamientos directos con el gobierno. Estas pueden oscilar desde la negativa a colaborar con el gobierno a establecer conflictos directos en áreas de interés para el poder ejecutivo. En ciertos casos, estas actuaciones son radicalizaciones de las apuntadas en el anterior tipo de mecanismo. Estas medidas están orientadas a cuestionar la eficacia de las autoridades públicas para gobernar y pretenden poner en entredicho su legitimidad política.

Una vez precisado el concepto de grupo de interés, se puede establecer una relación entre éstos y la política económica. Esto se puede realizar a través del concepto de *estilos de políticas.* Esta idea presenta dos dimensiones. La primera alude a si la política se anticipa o reacciona a la aparición de un fenómeno relevante, mientras que la segunda se refiere a si un solo grupo es el dominante e impone su concepción o si, por el contrario, participa una pluralidad de agentes que deben llegar a una solución de consenso. La combinación de ambas dimensiones conduce a definir cuatro modelos de estilos de política.

1.– Modelo anticipativo-consensuado. Cuando se avanza un pronóstico de los problemas más graves que pueden acontecer y se integra a los diversos agentes para dar una solución. Este estilo se ha dado en Suecia y en Japón.

2.– Modelo reactivo-consensuado. Frente a la aparición de un problema, el gobierno lleva a cabo una amplia consulta entre los agentes implicados. Este sería el caso de la política de apoyo al sector bancario en España a raíz de la crisis de 2008, que condujo a un proceso de absorciones y fusiones de entidades, con el apoyo implícito o explícito del gobierno.

3.– Modelo anticipativo-impositivo. Trata de prever la aparición de problemas futuros y aparece implicado un grupo muy pequeño de agentes que actúa como líder. Este estilo se asocia a los planes indicativos franceses y utilizaba la constitución de empresas líderes (campeones nacionales) para impulsar actividades económicas de futuro.

4.– Modelo reactivo-impositivo. Suele corresponder a políticas de corte más regional o local, respondiendo a la aparición de shocks externos. Estas respuestas son ofrecidas por gobiernos en cuyos territorios predomina una gran empresa sobre un tejido formado esencialmente por unidades productivas de pequeña dimensión. En cierta medida, se podría incluir dentro de este estilo la creación de programas de conversión industrial en la industria siderometalúrgica española.

Cuadro 2. Estilos de políticas económicas

		Características de la política económica	
		Anticipativa	Reactiva
Papel de grupos de interés	Uno y dominante	Anticipativo-impositivo	Reactivo-impositivo
	Varios y dispersión de fuerza	Anticipativo-consensuado	Reactivo-consensuado

1.2. Interpretación de la acción de los grupos de interés

Una vez clarificado el concepto de grupo de interés, corresponde concretar cuál es su forma de integrarse dentro de la teoría de la Política Económica. Inicialmente se concedió poca importancia a los agentes no gubernamentales en la formación de la política económica. En concreto, en un *enfoque racionalista*, son las autoridades políticas quienes realizan en cada momento un análisis de la situación existente, de la que derivan cuáles son los problemas más trascendentes y a los que se les asocian unos objetivos. Con este trasfondo, se realiza una evaluación de las distintas formas de intervención, se las compara y, finalmente, se pone en práctica la más eficiente. Esta concepción asume que los problemas no son subjetivos, que el gobierno posee un elevado grado de racionalidad y no se concibe margen de maniobra para la acción de los grupos de interés; pero, un problema de esta visión es que a menudo se ajusta poco a la realidad.

Como respuesta a este tipo de enfoque, apareció una interpretación de la política económica que concedía importancia a los grupos de presión. Se trató de la visión corporativista de la política económica, dentro de la que se puede destacar el *enfoque pluralista*. Desde este punto de vista, en la sociedad conviven o se organizan los diversos agentes en forma de grupos de interés. Existe una multitud de grupos que interactúan entre ellos, estableciendo ciertas colaboraciones o entrando en conflicto. Los grupos de interés son muy numerosos y existen muchos de ellos con fuerzas similares y, por este motivo, el poder dentro de una economía se encuentra repartido con cierta homogeneidad. Los diversos grupos interactúan de manera múltiple y simultánea, y, como resultado de la interacción (conflicto), se adoptan decisiones, que en el caso del estado se reflejan en la adopción de políticas económicas.

Así pues, desde el punto de vista pluralista, los grupos de interés median entre los individuos y el estado. Por este motivo, la política económica será el resultado de la interacción entre estos grupos de interés. En particular, este enfoque genera una visión relativamente lineal de la formación de la política económica, puesto que la concibe de tal manera que los grupos de interés presionan sobre el gobierno y el parlamento, concretando los problemas más relevantes que deberían acometerse, los cuales se introducen en la agenda de las autoridades políticas y, a partir de esta situación, se proyectan las políticas económicas concretas para conseguir los objetivos perseguidos. Este enfoque padece el problema de que es poco realista, puesto que existe una gran diferencia de fuerza entre los distintos grupos de interés.

Los límites en la interpretación pluralista trataron de ser superados por el *enfoque neocorporativista* de los grupos de presión. En concreto, se considera que en una economía existen diversos grupos organizados, pero son desiguales en fuerza. En este escenario de relaciones asimétricas entre grupos, los más fuertes presentan un gran protagonismo, puesto que son los que realmente poseen capacidad de movilizar mayores recursos de poder, y el resto pasan a un segundo plano. En estas circunstancias, la política económica será el resultado de la interacción de un número reducido de grupos, con gran poder, mientras que el estado actúa como mediador y legitimador de las decisiones adoptadas en la interacción entre esos grupos. El enfoque neocorporativistas se mueve entre dos visiones, una más lineal en la que solo los grupos de interés más fuertes presionan sobre las autoridades políticas siendo esenciales en la formación de la política económica y, otra de tipo más triangular, que implica a los grupos de interés más fuertes o, al menos, a los más interesados en un área económica concreta, junto con las respectivas autoridades políticas y la correspondiente burocracia.

Cuadro 3. Características de los enfoques de política económica

	Actores	Decisiones	Papel del estado
Racionalista	Gobierno	Decisiones racionales por el gobierno	Activo
Pluralista	Muchos grupos de presión con fuerzas similares	Conflictos entre grupos (muchos grupos)	Pasivo y mediador
Neocorporativista	Pocos grupos fuertes	Acuerdos-conflictos entre grupos grandes	Pasivo y legitimador
De redes	Pocos grupos fuertes y el propio estado	Acuerdos con participación estatal	Promotor y mediador

Estos enfoques neocorporativistas presentan una visión relativamente pasiva del estado y de la política económica. Recientemente se han tratado de suplir estas deficiencias a través de un enfoque más global: *el de redes*. Desde este punto de vista, en la economía existen grupos de interés con fuerzas muy desiguales que interactúan entre ellos tratando de promocionar los aspectos que les interesan. Sin embargo, en este caso, el estado actúa de una manera relativamente independiente, de manera que se constituye en un agente adicional en la interacción entre los grupos de interés implicados. En este caso, la política económica se deriva de la interacción entre los grupos de interés más poderosos, pero también de la participación activa del estado.

Este enfoque no acaba de poner de manifiesto los intereses directos del estado, de manera que limita su capacidad explicativa. A este respecto, en ciertos casos, el estado se transforma en valedor de grupos de interés más débiles, bien por ser relativamente numerosos sus miembros, bien porque se transforman en bisagra en los conflictos entre grupos de interés más poderosos. Esta situación se explica porque los gobiernos se enfrentan a confrontaciones electorales periódicas, de manera que su aspiración a la reelección les transforma en sensibles a ciertas reivindicaciones de la población, con reducida capacidad organizativa, limitando el alcance de la presión de los grupos de interés más poderosos. Esta matización sugiere líneas en las que el enfoque de redes puede ampliar su capacidad explicativa. En particular, deja el camino preparado para poder llegar a explicar cómo, en ciertos casos, grupos de interés débiles pueden llegar a introducir sus exigencias en la política económica a través del apoyo del estado, debido a la pretensión del gobierno de mantenerse en el poder.

El enfoque de redes se distingue del pluralista y del corporativista en que su concepción de la formación de la política económica no es tan lineal o en caso extremo triangular, sino que subraya que, en cada área económica relevante existe una multitud de agentes implicados que establecen relaciones en las que se intercambian recursos e información, constituyéndose una *red o una comunidad política*. Este concepto es más relevante en la medida en que esta red presenta un carácter formal e informal, es decir, los distintos agentes mantienen relaciones no solo institucionales, sino personales y profesionales, que inciden en el proceso de formación de la política económica.

1.3. Grupos de presión y condicionantes a la política económica

Paralelamente al debate sobre la forma en cómo se estructuran los intereses respecto a los grupos sociales, cabe poner de relieve un aspecto adicional muy relevante, a saber, que la sociedad no es homogénea y se encuentra fragmentada en áreas. En los años 70, se extendió la aportación realizada por Theodore J. Lowi en la que consideraba no la sociedad en su conjunto, sino áreas (arenas) de referencia. En algunas de estas partes de la sociedad aparecía una confluencia de interés entre distintos agentes sociales, en particular, entre grupos de presión, miembros del aparato legislativo-ejecutivo y elementos de la administración del estado. Estos agentes constituían una especie de "triángulo de hierro", que dominaba en la correspondiente área socioeconómica.

Cada uno de estos agentes tenía unas necesidades que eran cubiertas, al menos parcialmente, por los ubicados en los otros vértices. Los grupos de presión requerían que sus intereses fuesen protegidos e impulsados desde el estado a través de legislaciones diferentes, por este motivo, se exigía el apoyo de parte del poder legislativo. Este último ocupa la cima del estado durante un periodo determinado, limitado por la realización de elecciones parlamentarias. Los miembros de los parlamentos o, en su caso, del gobierno, pretenderían prologar una situación (económica, de estatus, ...) aceptable después de desempeñar sus funciones públicas y, entonces, su proyección en el sector privado, con el que habrían tenido una relación positiva, se transformaría en una opción para satisfacer sus vidas profesionales. Por su parte, la conducta de la administración del estado y, en especial, de sus cargos más elevados (elite administrativa) resultaría esencial para que los intereses de los grupos de presión se llevasen a la práctica. A su vez, y de un modo similar a como ocurre con los miembros del gobierno o del parlamento, la buena consideración de los intereses privados les abría un camino hacia una mayor proyección personal y superior remuneración. Esta visión planteaba que el origen de la política económica se situaba en áreas de la economía, pero que tenían problemas para trasladar sus recomendaciones hacia el conjunto social, por competencia y por conflictos con otras áreas sociales.

Este enfoque de los grupos de presión se fue definiendo mejor y uno de los más acabado consistió en el elaborado por Paul Sabatier y Hank Jenkins-Smith en los años 80. Dentro de la perspectiva de la relevancia de concentrar la atención en áreas (subsistemas) socioeconómicas (por ejemplo, energía eléctrica, telecomunicaciones, sector agrícola,...) se puede distinguir la actuación de varios agentes sociales que acabarían promoviendo recomendaciones de política económica con implicaciones para ese subsistema y con repercusiones para el resto de la economía, al tiempo que condicionarían las políticas económicas aplicadas. Dentro de cada subsistema se encuentran varios agentes, tal como se ha apuntado más arriba, los políticos y los funcionarios y, en general, empresas (que son los centros de los grupos de presión o también llamados coaliciones promotoras). En este contexto, los agentes disponen de una estructura de creencias e intereses complejos que tratan de imponer y que constituyen la base de sus recomendaciones de política económica. Los cambios en esas ideas serían la base de los cambios en política económica.

Según los casos, en cada subsistema puede existir una sola coalición promotora, o bien varias, con grado de implicación diverso. Debe destacarse que la capacidad de maniobra de las coaliciones promotoras, tanto dentro como fuera del subsistema político de referencia, se encontrará condicionada por restricciones externas, así como por factores internos relativamente estables. Las primeras aluden a transformaciones en situaciones socioeconómicas, en cambios en la opinión pública o en alteraciones en decisiones políticas y sus impactos. Los segundos están constituidos, entre otros, por los atributos esenciales del problema o la actividad de referencia de la coalición, de su propia percepción a través de sus principales valores o del sistema de gobernación interno.

Las aspiraciones de las coaliciones promotoras y sus relaciones con el resto de agrupaciones significan la elaboración de cambios en el área socioeconómica de referencia. Posteriormente, estas propuestas se pretenden trasladar al conjunto de la sociedad (país), condicionando la agenda del gobierno. Por este motivo, la consideración de este tipo de coaliciones promotoras (grupos de presión ampliados) resultan esencial para interpretar aquello que sucede en la política económica.

Quizá uno de los límites que se imponen a la política económica, que ha quedado visualizado en las interrelaciones entre el sector privado y público dibujado en la perspectiva de las coaliciones promotoras, es a través de la creación de estructuras administrativas especiales: agencias estatales especializadas independiente o autónomas. Ejemplos de esas serían bancos centrales independientes de la autoridad del gobierno, comisiones de energía, de telecomunicaciones, de valores, etc. Algunas ideas al respecto se expusieron en el tema 4 de este libro. La promoción de estas agencias especializas presenta varios orígenes. En EE.UU. se multiplicaron por la falta de un aparato administrativo estatal suficientemente desarrollado. En Europa continental, fue pionera la constitución en Alemania, después de la II Guerra Mundial de una agencia bancaria que después se transformó en un banco central con plena independencia respecto al gobierno. Este tipo de iniciativas se extendió en los años 80 en Gran Bretaña, durante el periodo en el que el gobierno estuvo encabezado por Margaret Thatcher, en el que, dentro del desarrollo de la línea de liberalización conocida como nueva gestión estatal, se promocionó la creación de entidades estatales especializadas. Estas agencias estatales emitían legislación complementaria (reglamentos en muchos casos) y velaban por el buen funcionamiento del área que tenían como referencia en sus competencias.

Cabe señalar que para poder funcionar estas agencias se requería del apoyo privado, en particular informativo o, incluso, de respaldo con personal especializado. Esta situación determinaba la visión de las agencias estatales y la escoraba a favor de los intereses de los grupos de presión (empresas) que se movían en el área de referencia. Es decir, se fomentaba una identificación entre los intereses privado específicos de esa área y los del estado, materializados en la correspondiente agencia especializada. Pero, además, aparecía otra peculiaridad, a saber, que la agencia se transformaba en un promotor de los intereses de los grupos de presión dentro del propio estado e, incluso, de la sociedad. De esta manera, la agencia especializada actuaba regularmente en beneficio de los grupos de presión que se encontraban dentro de su área de administración, dando lugar al fenómeno conocido como captura del regulador, al que se ha aludido varias veces con antelación. El traslado de los intereses al resto del estado, consiguiendo una defensa de forma regular por parte de esta entidad de los intereses de los grupos de presión conduce a extender el fenómeno de captura al resto del Estado. Desde este punto de vista, las agencias estatales especializadas acaban transformándose, en último extremo, en un instrumento para la promoción de los intereses de los grupos de presión al estado y a la sociedad.

Así pues, la captura del regulador y, más en general, la del estado pone en cuestión toda la estructura democrática apuntada en temas anteriores de este libro y, con ella, las bases de una elaboración "racional" de la política económica. Una de estas características que pone de manifiesto este tipo de fenómenos es que el estado deja de defender intereses generales o, incluso, aquellos definidos por la población, y pasa a apostar por apoyar los beneficios de segmentos particulares de la sociedad.

Finalmente, vale la pena mencionar una limitación adicional que se establece a la política económica por la acción de los grupos de presión. Una característica de las relaciones entre el estado y los grupos de presión es que el primero manifiesta una ausencia sistemática de voluntad para enfrentarse a la imposición de intereses espurios, en gran medida porque no existe ninguna entidad administrativa especial encargada de obstaculizar la promoción de esos intereses. Por añadidura, el gobierno suele estar muy ocupado resolviendo problemas inmediatos o la misión de la estructura administrativa estatal está enfocada a abordar otras tareas. En contrapartida, los grupos de presión son proclives a promocionar sus intereses bien directamente, bien a través de agencias estatales especializada.

Surge entonces la cuestión de cómo enfrentarse a esa asimetría. Una de las propuestas más sugerentes fue planteada por John K. Galbraith bajo el concepto de poder compensador. Este autor norteamericano constató que, aunque en ámbitos económicos la presencia de varios grupos de presión puede suponer llegar a coaligarse, también es cierto que no es infrecuente que sus intereses entren en conflicto, generándose una tendencia a la compensación entre las acciones de unos y de los otros. Más aún, también constató que, en ciertos casos, la aparición de un grupo de presión muy fuerte ejerce una tensión social que conduce a generar mecanismos organizadores (agrupa la acción colectiva de parte de la sociedad), limitando el poder de aquel. Por ejemplo, en el mercado de trabajo, para evitar el poder unilateral de los empresarios apareció la organización de trabajadores en forma de sindicatos.

Independientemente de que estos últimos fenómenos espontáneo puedan tener lugar, aquello que sí puede el estado es promover la aparición de nuevos agentes o potenciar a algunos, más débiles existentes, de manera que puedan compensar las acciones de otros más poderosos existentes. La posibilidad de que aparezcan poderes compensatorios es la base para la generación de una política económica con una orientación distinta. Así pues, el concepto de poder compensador abre toda una gama de políticas económicas que deben tenerse presente para estimular el cambio socioeconómico. La cuestión es que esta perspectiva supone cambiar parte del enfoque tradicional de la política económica, pasando a un primer plano la acción sobre los agentes sociales para conseguir los resultados que se desean.

Institucionalización de los grupos de presión

Los grupos de presión son poseedores de un poder informal que los distingue de los componentes del estado, entidad depositaria de uno de carácter formal. En general, los grupos de presión tratan de interaccionar con los centros estatales en los que se toman las decisiones que les afectan a sus intereses, siendo los contactos informales, confidenciales y amistosos, las más extendidas. Estos adoptan las formas de entrevistas, delegaciones, llamadas telefónicas, etc. y estos tipos de movimientos son usuales antes de la aprobación de decretos y reglamentos. Y tanto el gobierno como los grupos de interés aspiran a que se desarrollen, el primero porque es consciente de que constituye un elemento esencial para otorgar un diseño más realista a la política económica (por ejemplo, mejor información), al tiempo que permiten que se aplique en la realidad (por ejemplo, conseguir consentimiento y evitar reticencias en su puesta en práctica); los segundos los consideran unos instrumentos para que se contemplen mejor sus intereses (ayudas en el entramado burocrático o plasmación de sus pretensiones en la legislación). El resultado de esta comunicación se plasma en una mayor estabilidad política y económica, evitando el surgimiento y mantenimiento de conflictos. Así pues, ambas partes están interesadas en mantener una relación más o menos fluida. De hecho, en la práctica, resulta inconcebible que un ministerio pretenda llevar hacia adelante una legislación sin realizar consultas con, al menos, algunas de las partes afectadas. Es decir, los contactos entre el gobierno y los grupos de presión suelen ser continuos y estrechos.

En ciertos países se ha tratado de sacar a la superficie la influencia de los grupos de presión, justificado, generalmente, en determinar y controlar sus medios de presión. Cuando el estado reconoce un estatuto jurídico especial a los grupos de presión, entonces se entiende que existe una institucionalización de estos colectivos. Un grado máximo de institucionalización ocurre cuando un grupo de presión dispone o tiene asociado directamente un partido político. Un segundo nivel de institucionalización es cuando se reconoce a los grupos de presión el derecho a participar en organismo estatales (comisiones, comités, consejos, etc.), pudiendo ser estos permanentes (oficiales) o creados *ad hoc*. No obstante, no debe olvidarse que la institucionalización de los grupos de presión, como un instrumento de ofrecer una transparencia en sus actuaciones no es óbice para que este tipo de asociaciones despliegue todo el conjunto de mecanismos, informales, que tiene a su alcance.

2. GLOBALIZACIÓN COMO RESTRICCIÓN A LA POLÍTICA DE CRECIMIENTO

Una restricción a la realización de política económica en un país depende de la integración que tiene en su entorno. Aunque estas limitaciones suelen manifestarse como flujos comerciales (importaciones o exportaciones), de servicios, financieros (inversiones a corto o largo plazo, entre otras) o, cada vez más, también informativas, aquello que hay detrás es la existencia de agentes: empresas multinacionales, entidades financieras u organismos internacionales. Desde este punto de vista, se puede justificar la introducción de las reflexiones sobre la globalización en este capítulo.

Después de la II Guerra Mundial, se construyó un sistema organizativo mundial sustentado en los estados-nación. Sobre estos radicaba el crecimiento de las actividades económicas (sustentado en una política económica fundamentada en ideas de planificación), estabilizadas periódicamente (a través de políticas keynesianas de demanda) y promoviendo la elevación en el nivel de vida de la población (utilizando políticas sociales que constituyeron el núcleo del denominado estado del bienestar). El papel que jugaba el sector exterior era complementario a las actividades internas de los países. Como consecuencia del éxito de modelo, se acrecentó la actividad económica y, con ella, se fue requiriendo que jugara un papel cada vez más activo el sector exterior, bien para abocar producciones excesivas, bien para conseguir productos que generaban estrangulamientos económicos, bien para recibir flujos financieros que respaldasen a las relaciones comerciales exteriores o a las estabilizaciones de economías cada vez más grandes.

En esos momentos, la proyección de los países en sus ventas al exterior se materializó en la creación de empresas, que distribuyeron sus actividades productivas (filiales) entre varios países. Eran las empresas multinacionales. Estas adquirían las materias primas en unos países, producían en otros y vendían en aquellos que creían conveniente, repatriando los beneficios donde habían sido creadas las empresas originarias. Por tanto, se transformaron en agentes impulsores de internacionalización, posteriormente conocida como globalización.

Cabe señalar que, hacia finales del siglo XX, el desarrollo de las multinacionales condujo, no solo a producir en distintos países, sino también a encargar o a subcontratar. La acentuación de este fenómeno supuso que parte de las empresas y estructuras productivas de los países dependiesen de las decisiones de estas multinacionales, que iban adquiriendo un grado de descentralización cada vez mayor. Esto sustenta la aparición del concepto de cadenas internacionales de valor. Una característica relevante de estas nuevas formas organizativas es el fraccionamiento del proceso productivo. Por este motivo, parte de las lógicas de funcionamiento de los tejidos productivos de los estados-nación pasó a depender de exterior estableciendo límites a las políticas económicas para controlar la aparición de problemas y para darles soluciones. Así pues, estas nuevas multinacionales se constituyeron en límites destacados a la capacidad de definir la política económica de manera autónoma por parte de los estados-nación.

En los años 70 del siglo pasado, los flujos financieros habían adquirido gran fuerza y las entidades financieras se habían transformado en grupos de presión influyentes. Con este trasfondo, ejercieron serias presiones sobre los estados para conseguir que dejara de intervenir en el mercado financiero. De hecho, en las últimas décadas del siglo XX se apreció una sensible renuncia del estado en cuanto a la regulación y control de este tipo de actividades. De este modo, a partir de ese momento, se aceleró el proceso de desregulación abriendo nuevas y amplias perspectivas a las actividades y a los agentes financieros. El resultado fue una expansión enorme de las actividades financieras que eclipsaron a las tradicionales, no solo a las agrarias, sino a las industriales y a muchos servicios. Este fenómeno constituyó uno de los elementos caracterizadores de la globalización, que la distinguía de la internacionalización que había tenido en otros momentos con anterioridad.

Las dimensiones de las nuevas actividades financieras y su carácter intersectorial por el uso del dinero y sus derivados, transformaron a los agentes que las desarrollaban en estratégicos. Esta situación les permitió influir sobre la política económica para evitar límites en sus actuaciones y para detraer crecientes fondos públicos y privados.

Así pues, a principios del siglo XXI, los nuevos agentes privados (multinacionales y entidades financieras) condicionaban sensiblemente las políticas económicas. En particular, de sus decisiones se derivaban efectos negativos manifestados en el interior de los estados para los que se podían encontrar soluciones discutibles (pues las causas procedían del exterior). Por ejemplo, las decisiones de las multinacionales de llevar a cabo importaciones de componente a precios más elevados (comercio intraindustrial) conducía a presiones inflacionistas en el país. Además, la amenaza de cierre de factorías (secciones de la entidad multinacional) con el impacto negativo en esas empresas instaladas en el propio país y, a la sazón, en las subcontratadas por esas, apunta serios trastornos en las políticas presupuestarias. También las presiones sobre las finanzas de los estados, por ejemplo, a través de las crecientes necesidades de endeudamiento o sobre el mantenimiento del valor de tipo de cambio de las monedas, suponía distorsiones en las políticas monetaria, financiera o exterior de los países.

Junto a estos actores, debe también comentarse la influencia de entidades internacionales, como el Fondo Monetario Internacional o la Unión Económica y Monetaria (UEM), esta última en parte de Europa. Este tipo de entidades influía sobre los comportamientos de los países. En cuento al primero, vigilaba la estabilidad financiera de los estados y condicionaba sus comportamientos a través de la recomendación de políticas de ajuste. En cuanto a la UEM, limitó todas las políticas coyunturales (incluidas en el Tratado de Maastricht), así como parte de la estructurales, por ejemplo, restricciones en el ámbito de la competencia. Es decir, que también aparecen agentes institucionales exteriores que limitan las políticas económicas de los países.

En paralelo a los fenómenos anteriormente apuntados, se añadió otro que fue la desaparición del denominado *segundo mundo*, vertebrados a través de la Unión Soviética y, también de China. Este grupo de países se organizaron internamente mediante una planificación universalista que primo la autarquía y frenó los lazos con los países capitalistas. A partir de los años 90 del siglo pasado, esas formas organizativas desaparecieron y esos países constituyeron nuevas áreas de ampliación de la acción de las nuevas multinacionales (cadenas internacionales de valor) y de empresas financieras. Una mención aparte requiere el caso de China, puesto que ya durante toda la década de los años 80 había establecido una política económica de apertura, en especial industrial, que la iba transformado en la ensambladora mundial. Esta política económica llevada a cabo por ese país estimuló el desarrollo transnacional de muchas empresas industriales.

Finalmente, también a finales del siglo XX, fueron consolidándose cambios tecnológicos que se habían iniciado con anterioridad: uso de materiales especiales, la nanotecnología, la automatización de procesos (robotización), el fomento de energías renovables, la digitalización o las telecomunicaciones. En el siglo XXI, se ha acelerado la extensión de estas, en gran medida, estimulado por el establecimiento de interrelaciones entre estas mismas tecnologías. El resultado se ha manifestado en posibilitar una organización de los negocios de una manera distinta, al tiempo que han surgido muchos otros nuevos. Tanto en unos como en los otros, se está presionando hacia la reducción del tamaño de los centros productivos-industriales tradicionales, pero, especialmente, posibilitan la descentralización productiva, que permite colocar muchas actividades productivas más allá de las fronteras de actuación de los estados-nación.

Todos estos fenómenos limitan el alcance de la política económica tradicional. El problema es que las fuentes explicativas de aquello que acontece en un país radican cada vez más en otras zonas geográficas. A este hecho se debe añadir que esas fuentes no suelen constituir una suma de microvoluntades, sino que existen organizaciones (multinacionales, grandes empresas financieras o países), que cuestionan y presionan sobre los estados-nación para llevar hacia adelante sus intereses.

El concepto de dinero está cambiando y la política monetaria presenta cada vez más dificultades para gestionar este tipo de aspectos. Las nuevas multinacionales buscan ubicaciones en zonas (países) óptimas económicamente que minimicen el volumen de impuestos pagados. Esta situación limita la capacidad de realizar gastos a los estados, bien para estimular cambios en la estructura productiva (política industrial), bien para mejorar las condiciones estables de los trabajadores (política de empleo), bien para afrontar los efectos negativos de los cambios económicos (política social). Es decir, se están alterando los contenidos de las políticas tradicionales de estabilización, estructurales o legitimatorias.

Esta situación no significa que la política económica de los estados-nación se vaya a extinguir, sino que se enfrente al reto de estructurarse de una manera distinta. Por supuesto, se habrá de distinguir entre grandes países y, países medios y pequeños. Esta dualidad conduce a que, en ciertas ocasiones, se lleven a cabo coordinaciones entre países para transformarse en unidades de referencia "más grandes". Esto puede conseguirse bien porque exista un líder al que el resto sigan (por ejemplo, el establecimiento de un tipo de cambio fijo de la moneda nacional respecto al dólar, tal como se hizo en varias ocasiones en países latinoamericanos), bien por llevar a cabo una integración económica (por ejemplo, la constitución de la Unión Europea), bien porque se coordinen políticas económicas concretas (por ejemplo, el compartir ciertos tipo de medidas sanitarias que recientemente ha promocionado la Organización Mundial de la Salud).

Dentro de los propios estados-nación la *nueva política económica* requiere establecer instrumentos específicos de intervención local para poder incorporar al país al nuevo contexto globalizado. Las políticas estructurales adquieren un papel relevante puesto que un reto esencial será la generación de sinergias entre diversas actividades productivas (susceptibles de ser integradas en cadenas internacionales de valor). Por supuesto, la formación de la mano de obra no se crea de manera espontánea y, por tanto, la política económica deberá prestar atención especial para orientar a los futuros trabajadores en nuevas especializaciones y, por este motivo, se exigirá la presencia de un sistema educativo operativo. Dentro de la generación de un entorno que funcione, no serán desdeñables las intervenciones en términos medioambientales. Asimismo, la estabilidad económica requerirá nuevas formas para desarrollar políticas sociales. Al menos parte de estas intervenciones suponen un fuerte grado de generación de coordinación o de impulso de actividades nuevas, que han de tener incorporado en sus objetivos el largo plazo, es decir, que abren nuevos espacios a las políticas económicas dinamizadoras Es decir, el nuevo entorno globalizado supone un rediseño del estado y de la política económica.

Conceptos clave

Grupos de interés	Enfoque de redes
Movimiento social	Asesores Persuasión política
Partido político	Papel político de agencias estatales
Acción colectiva	Persuasión política
Grupos de interés masivos	Intimidación
Grupos de interés específicos	Acción directa
Mecanismos de presión	Áreas de acción socioeconómica
Corrupción política	Estilos de políticas económicas
Corrupción burocrática	Institucionalización de grupos de presión
Clientelismo	Globalización
Lobbies	Cadenas internacionales de valor
Agencias de relaciones públicas	Desregulación internacional
Medios de comunicación	Nueva política económica
Enfoque racionalista	
Visión pluralista	
Interpretación neocorporativista	
Enfoque de Olson	

Bibliografía de referencia

Antuñano, I. y Sánchez, A. (eds.) (2009): *Política Económica. Elaboración y políticas coyunturales.* Tirant lo Blanch, Valencia, cap. 2

Arias, X. C (1996): *La formación de la política económica.* Cívitas, Madrid, cap. 13 y 14

De Marchi, V. (2019): "Cadenas globales de valor y sistemas locales: las dos caras de una misma moneda". *Información Comercial Española,* nº 909, pp. 49-59.

González, J. (2018): "Los grupos de interés y su importancia en la propuesta de valor de las empresas". *Boletín Económico de Información Comercial Española,* nº 3096.

López Roa, Á. L. (2009): "Globalización y economía. Una secuencia didáctico-descriptiva de cambios en las relaciones económicas" en Bote, V., Escot, L. y Fernández, J. A.: *Pensar como economista.* Delta, Madrid.

Molins, J. M., Muñoz, L. y Medina, I. (dirs.) (2016): *Los grupos de interés en España. Inlfuencia de los lobbies en la política española.* Tecnos, Madrid.

Puig, A. y Rodil, O. (2018): La inserción de los países de la Unión Europea en las cadenas de valor globales: tendencias e implicaciones para la política económica" en Sánchez, A. y Tomás, J.A.: *Política Económica 2017.* Tirant lo Blanch, València, pp. 137-153.

Rodrik, D. (2011): *Una economía, muchas recetas: la globalización, las instituciones y el crecimiento económico.* FCE, México, parte III.

Rosen, H. S. (2002): "Teoría económica de la política" en Rosen, Harvey S.: *Hacienda Pública.* McGraw Hill, Madrid.

Stiglitz, J. E. (2007): "La corporación multinacional". *Claves de la razón práctica*, nº 173, pp. 46-51.

Villena, A. (2019): *Las redes de poder en España.* Roca editorial, Barcelona

VV.AA. (2016): *Los grupos de interés en España.* Tecnos, Madrid, cap. 9-12.

PARTE III
DINÁMICA DE LA POLÍTICA ECONÓMICA

Tema 7

La toma de decisiones de política económica en la realidad

En los temas anteriores se han abordado los límites que tradicionalmente se destacan relacionado con las tomas de decisiones en la política económica. En concreto, y en primer lugar, se han puesto de relieve las restricciones institucionales y organizativas, a continuación, se explicaron los agentes formales que participan en esas instituciones y condicionan la toma de decisiones de política económica, y, posteriormente, se puso de manifiesto la existencia e influencia de agentes informales. Con estas limitaciones de trasfondo se necesitaría pasar a explicar cómo se adoptan las decisiones de política económica, es decir, a su motor. Esta cuestión remite, por un lado, a quién adopta las decisiones, es decir, los políticos, y, por otro lado, al mundo real en el que este tipo de agente se desenvuelve.

Se iniciará el capítulo contrastando brevemente las tomas de decisiones de la política económica en teoría y en la realidad. Después se subrayará cómo cambian las decisiones relevantes en función del grado de gestación del gobierno. Posteriormente, se destacarán los agentes más relevantes que participan en esta actividad, con alusiones explícitas al líder y al liderazgo orgánico. A continuación, y después de mencionar algunas implicaciones de la anterior discusión sobre los objetivos y los instrumentos del gobierno se pondrán de relieve algunos límites relevantes en la capacidad decisional. Antes de acabar el capítulo, y como respuesta crítica a la información avanzada hasta ese momento, se apuntarán algunas recomendaciones para reconducir la capacidad de toma de decisiones en política económica.

1. LAS DECISIONES DE POLÍTICA ECONÓMICA: TEORÍA Y REALIDAD

Existe una visión racionalista de la toma de decisiones en la política económica, que plantea que aparecen unos problemas, que con frecuencia hunden sus cimientos en factores políticos, a los que se les asocian unos objetivos. A partir de ahí, el gobierno, por delegación del parlamento (que es donde radica la soberanía popular derivada de elecciones democráticas), pone en práctica unos instrumentos, con los que alcanza los objetivos y se resuelven los problemas mencionados. En este sentido, el gobierno aprueba una legislación que es pertinente, al tiempo que la desarrolla concretando los diversos aspectos para que realmente sea ejecutable. Por supuesto, las medidas están sujetas a una supervisión para alcanzar los objetivos y, cuando estos se consiguen, se resuelven los problemas.

Sin embargo, este enfoque tecnocrático de política económica resulta excesivamente simplista, al tiempo, que padece de una gran falta de realismo. Por ejemplo, en muchos casos el paro ha sido un problema que ha afectado a partes de la población, pero las actuaciones para resolver esta lacra social han sido muy laxas. En otros casos, han aparecido fuertes tensiones inflacionistas vía costes, pero las actuaciones que se han promovido han sido por el lado de la demanda, situación que cuestiona la solución del problema al actuar sobre causas distintas a las que generaron el problema. No son extraños los casos en que se aprueban legislaciones que dan soporte a intervenciones públicas, pero que no se desarrollan jurídica y financieramente, siendo inaplicables. Finalmente, no es difícil encontrar objetivos diseñados, como aumento en el número de becas para que estudien los jóvenes sin recursos, pero que no llegan a esos segmentos de población por falta de información y de interés de estos debido a las características de esos colectivos de ciudadanos, es decir, se alcanzan los objetivos (se reparten las ayudas previstas), pero no se solucionan los problemas.

Estas consideraciones conducen a reconsiderar el concepto de política económica. Para ello se podría partir de una definición genérica cuyos elementos deberían ir matizándose según distintas informaciones procedentes de la realidad. En este sentido, la política económica consistiría en las actuaciones del gobierno (en general debería aludirse al parlamento y al presidente del país, en sus casos, como depositarios de la soberanía popular) para dar soluciones a unos problemas, dentro de un marco de restricciones determinadas.

Existen tres elementos esenciales que se han de destacar a la luz de la actual exposición, a saber, unas restricciones, los problemas y las soluciones. Respecto a las primeras, se ha aludido detalladamente en los anteriores capítulos. Por un lado, aparece el ámbito de las ideas, que se refiere a las ideologías dominantes y, en particular, a las de los grupos que encabezan el parlamento y el gobierno, así como a su parcial concreción en documentos sistemáticos, como programas electorales, análisis partidistas o trabajos elaborados por centros de investigación (generación de ideas), vinculados a partidos políticos o grupos de presión. Aquí también se podría incluir el conjunto de valores sociales que, a veces, se plasman en forma de aquello que se denomina opinión pública, a la que se ha aludido, también, anteriormente. Por otro lado, aparecería la estructura organizativa del estado, tanto en cuanto a la forma del parlamento o del gobierno, así como respecto a la fisionomía del aparato administrativo. Asimismo, también se incluiría dentro de esta restricción las atribuciones y distribución de competencias y recursos entre los distintos organismo o estructuras. Por ejemplo, si la gobernación del país recae sobre el gobierno y en organismos “independientes” de aquel, siendo un ejemplo bastante extendido de estos últimos el banco central.

Finalmente, debería considerarse la presencia, interés y capacidad de influencia efectiva de los distintos grupos de presión.

Sin embargo, los incentivos para actuar por parte de los políticos se encuentran más enraizados en aquello que, en la definición de política económica, aparece bajo la idea de problemas. Estos son los asuntos que generan conflictividad al político en cuanto a la consecución de sus expectativas. Estas se manifiestan, a largo plazo, en su propuesta organizativo-ideológica, en las ideas apuntadas en documentos genéricos o programáticos partidistas o en los programas electorales reclamando el voto de los electores. Este motor de la toma de decisiones enfatiza la perspectiva del *qué hacer*. Al tratarse de objetivos a largo plazo con frecuencia acaban transformando esta dimensión en más bien una restricción que un motor de toma de decisiones. Así pues, este tipo de elementos presentan un carácter dual para el decisor: motor y restricción en la toma de decisiones.

Los factores de los que más dependen las expectativas de los políticos y constituyen un motor esencial en la toma de sus decisiones se refieren a aquellos que dominan el corto plazo. Estos aluden a las anomalías o irregularidades que van surgiendo en la sociedad y en su entorno. En general, se trata de sucesos ocurridos repentinamente, que pueden ser de gran envergadura, como la crisis sanitaria del COVID-19, o de pequeño tamaño, como las tensiones entre ministros del gobierno o la falta de ajuste de la estructura gubernamental a la morfología del aparato administrativo estatal. Estas anomalías pueden tener un origen exógeno a la sociedad, como el acontecimiento de un terremoto, o endógeno, como la efectividad en la presión de un grupo de interés. A diferencia de los factores a largo plazo comentados más arriba, esta perspectiva pone el acento en el *cómo hacer*. Esta circunstancia presenta una especial relevancia porque condiciona y modifica, en la realidad, el *qué hacer*, antes mencionado. En términos políticos, se plantean inicialmente unos objetivos, de envergadura en términos ideológicos, pero posteriormente se modifican e, incluso, se persiguen otros incompatibles con esos, aunque se defiende y se alberga, en su caso, la esperanza de conseguir aquellos más adelante. Es decir, se sustituye lo importante por lo urgente. Por ejemplo, Mariano Rajoy defendió en la campaña electoral la bajada en los impuestos, pero cuando alcanzó la presidencia del gobierno se vio obligado a subirlos debido a los desequilibrios presupuestarios encontrados.

Finalmente, dentro del concepto de política económica aparece el ámbito de las soluciones. Estas son las medidas que se adoptan para menguar la conflictividad que le afecta al político y llegar a un consenso. En esta parte del concepto de política económica han de resaltarse tres aspectos. En primer lugar, la adopción de medidas. Debe tenerse presente que el primer paso en la toma de decisiones es la "no adopción" de medidas, que también es política económica. En segundo lugar, la toma de decisiones presenta su motor en la conflictividad que se le genera al decisor en particular motivada por agentes sociales de distinto tipo.

En tercer lugar, la consolidación de una medida de política económica se fundamenta en el consenso al que se llega con los agentes sociales. El consenso puede ser más o menos efímero, puede afectar a un mayor o menor número de agentes, pero es el elemento explicativo de que se consoliden unas medidas de política económica. Esto conduce a poner de relieve que la política económica consiste en un conjunto de acuerdos sociales (sistémicos).

2. LA TOMA DE DECISIONES EN POLÍTICA ECONÓMICA Y SUS DISTINTOS MOMENTOS

La percepción de la toma de decisiones en política económica cambia en función de la situación del agente que las adopta. Por este motivo, se requiere aludir al ciclo electoral, es decir, a los momentos de oferta de un gobierno, su constitución y su consolidación en el centro de la toma de decisiones política del estado. Así pues, se pueden distinguir tres fases distintas que se explicarán a continuación.

Esquema 1. Gobierno y proceso político

Fase 1. Proceso electoral
Característica: incertidumbre de no ganar las elecciones

↓

Fase 2. Instalación de la fuerza política en el gobierno, tras ganar las elecciones
Característica: apertura de ventana de oportunidades y gran premura de tiempo

↓

Fase 3. Gobernar y elaboración de la política económica
Característica: combinación de adaptación del plan de gobierno con la aparición de circunstancias coyunturales y estructurales

En primer lugar, se encuentra la fase de la confrontación electoral. En este momento, se ponen de manifiesto aquello que el partido político aspira a hacer, concretado en su estructura ideológica y sus propuestas programáticas (programas electorales). Esta fase se encuentra caracterizada por la incertidumbre de no ganar las elecciones. Por este motivo, se incide más en grandes pretensiones y en objetivos que puedan acomodarse a espectros amplios de población. En sociedades con economías desarrolladas y con extensas clases medias existe una tendencia a ofrecer propuestas genéricas que se puedan acomodar a los distintos segmentos sociales, de manera que las diferencias entre programas electorales suelen ser muy pequeñas. Solo en ciertos aspectos específicos, en los temas-estrella, se plantean claras diferencias, pero quedando, con frecuencia, aislados del conjunto programático e, incluso, ideológico. Así pues, los programas electorales se caracterizarán por su generalismo y eclecticismo, con la pretensión de ofrecer una buena imagen del partido que los presenta. Estos rasgos son esenciales porque la pretensión del partido político es obtener la mayor cantidad posible de votos para poder acceder al gobierno. La concreción y las apuestas por acciones muy específicas eliminan las adhesiones y fraccionan al electorado generando menos cohesión y fuga de apoyos electorales.

Adicionalmente, esta fase presenta también una peculiaridad que se refiere no solo a la determinación de los (grandes) objetivos, sino a quién los debe llevar hacia adelante. En concreto, se deben seleccionar las personas que se ubicarán en las listas electorales ofertadas para ocupar el parlamento. En este sentido, el criterio esencial es el de lealtad a la formación o formaciones políticas, entendida esta como observancia o acatamiento del liderazgo existente en el correspondiente partido político.

En segundo lugar, tras ganar las elecciones, aparece la instalación de la nueva fuerza política en el gobierno. Esta fase, a la que se le suele prestar poca atención, es estratégica para la formación de la toma de decisiones de política económica. Esta se caracteriza por la premura de tiempo, debido a que se debe elegir con rapidez (debido, entre otros motivos, a los plazos constitucionales impuestos para evitar el desgobierno de la sociedad) a las personas que ocuparán los cargos relevantes del futuro gobierno. Las dimensiones esenciales en esta fase serán de tres tipos. Por un lado, la elección de cargos concretos, tanto políticos (primer ministro o ministros), como otros que podrían agruparse como de designación personal. Dentro de estos se podrían incluir, en el caso español, a Secretarios de Estado, Directores Generales y otros similares, pero también a asesores. La importancia de esta selección de cargos radica en que constituye un mecanismo esencial para la concreción de las decisiones de política económica, al tiempo que establece controles sobre el aparato administrativo del estado para que no sea hostil a las decisiones gubernamentales. Por otro lado, y paralelamente, se encuentra la definición de la estructura gubernamental, su composición interna, así como los cambios en la administración del estado, es decir, especificar el número de ministerios, su composición y la reasignación de distintas competencias según ministerios. Finalmente, y no menos importante, aparece la definición de los contenidos de las competencias (funciones). Esta faceta es relevante porque los aspectos sociales están interrelacionados y, que sean ámbito de toma de decisiones de una estructura administrativa (ministerio) u otra, modifica su capacidad de influencia y las posibilidades de efectividad en sus resoluciones.

Quizá uno de los elementos más esenciales en esa fase es la determinación de las personas concretas que serán designadas para ocupar los lugares estratégicos de la estructura gubernamental y administrativa. Esencialmente, son elegidos dentro del correspondiente partido político, pero destaca un criterio último en su selección: su lealtad a parte del liderazgo del partido. Cabe señalar que en esta selección se valorará la experiencia de los mencionados candidatos según su destreza partidista (que supone, *a priori*, una visión relativamente estrecha de lo político) y con una perspectiva retrospectiva, es decir, utilizando un punto de vista micropolítico. Sin embargo, las tareas encomendadas estarán relacionadas con el gobierno y, por tanto, teóricamente, con una perspectiva amplia (macropolítica) y prospectiva. Es decir, el criterio de selección de los candidatos, en general, tendrá poca relación con las tareas futuras de gobierno, conducta que limitará su capacidad de efectividad, tanto respecto a gestionar los problemas corrientes como en el sentido de llevar a cabo el proyecto de futuro, que *a priori* defiende el partido político. Así pues, esta fase se constituye en un factor explicativo muy relevante del cierre de la ventana de oportunidades de gobierno conducente a la fijación de objetivos. Suele significar atar las manos del gobierno y limitar sus aspiraciones de conseguir un cambio político en el sentido predicado en su proyecto político, salvo que se sea consciente de estas limitaciones y se pongan en marcha los mecanismos pertinentes.

En conclusión, la lógica de esta fase se encuentra impregnada por la búsqueda de la constitución de un grupo orgánico que pueda gobernar. El problema radica en que la perentoriedad temporal y los criterios de selección de los candidatos, características esenciales de esta etapa, obstaculizan los objetivos de gobernar en el sentido de la consecución del proyecto político del partido ganador.

La tercera fase relevante es la de gobernar. Esta consiste en gestionar los conflictos presentes, orientándose, en su caso, hacia el futuro, en un marco contextual concreto. Debe observarse que las pretensiones asociadas a esta etapa pueden tener poca relación con las que caracterizan al proceso electoral y con las asociadas a la constitución del gobierno. El gobernar debe tener presente las restricciones estructurales (relacionadas en particular, con aspectos organizativos y administrativos del estado), políticos (vinculados a las herencias de políticas pasadas o a los límites que imprimen la pretensión de volver a ser elegido en la siguiente confrontación electoral) y los agentes existentes (formales, pero, especialmente, los informales). Sobre parte de estos aspectos ha habido una explicación extensa en otros capítulos, pero unos factores a los que no se ha aludido con anterioridad y que son de especial relevancia se refieren a las restricciones coyunturales.

Parte de estas restricciones organizativas se debe a la ausencia de información previa de los miembros del gobierno, que se transforma en limitativa cuando se pretende gobernar. Por ejemplo, la ausencia de organismos que permitan llevar a cabo decisiones gubernamentales o realicen supervisión sobre la ejecución de aquellas. No menos relevantes son las limitaciones que provienen de la herencia de las políticas económicas aplicadas con anterioridad, como se trata de la emergencia a la superficie de asuntos ocultados por el anterior gobierno (partidas presupuestarias maquilladas o contabilizadas "imaginativamente"), así como compromisos anteriores de gastos públicos a medio o largo plazo (ejemplos típicos al respecto son las obras en infraestructuras o la concertación de contratos estatales a largo plazo). En este sentido, una parte relevante del tiempo de los políticos se destina a lidiar con las consecuencias de las políticas heredadas, por ejemplo, resolviendo problemas creados con anterioridad o comprendiendo programas existentes. Debe destacarse también el cambio de comportamiento del gobierno cuando se avecinan unas nuevas elecciones, aquello que se conoce como ciclo político-económico electoral, desarrollando una actividad intensa en términos presupuestarios, monetario-financieros o regulatorios, que afectan a la evolución económica y se transforma en una pesada herencia para el siguiente gobierno. Por ejemplo, el aumento de la oferta de empleo público antes de las elecciones con fines propagandísticos y clientelares.

Otra parte de estas restricciones tiene su origen en los cambios en los comportamientos de los grupos de presión y en sus interrelaciones a la luz de la formación del nuevo gobierno. Por supuesto, tal como se ha comentado más arriba, también surgen conflictos por la aparición de fenómenos más exógenos que los anteriores, como la ya paradigmática crisis sanitaria del COVID-19, las subidas desproporcionados en el precio de la energía o la aparición de carestías de productos estratégicos específicos (por ejemplo, semiconductores). A estos fenómenos exógenos, se les podrían añadir otros, poco visibles, pero que limitan la acción de los gobiernos y la capacidad de decisión. Se trata de los problemas de coordinación dentro del gobierno y/o entre los niveles de gobierno, tanto en el interior de los ministerios, como entre niveles de gobierno estatales, así como en las relaciones entre gobierno y la administración del estado. En este momento de la explicación se pretende poner el acento sobre los aspectos más bien personales, fricciones entre personas, que suelen manifestar tensiones entre grupos de diversa índole, en particular partidistas, que son los que limitan la acción de las organizaciones estatales.

Estos argumentos sustentan los límites de actuación del gobierno, que se transforman, en gran medida, en esclavos de las circunstancias, desviándose respecto a la toma de decisiones a largo plazo, las de gran importancia política. Tal como apuntó Carlos Marx en 1869 en su obra "El dieciocho Brumario de Luís Bonaparte":

> *"Los hombres hacen su propia historia, pero no la hacen a su libre albedrío, en las circunstancias elegidas por ellos mismos, sino bajo aquellas otras con que ellos se encuentran*

directamente, que existen y les han sido legadas por el pasado" (Marx, C. y Engels, F.: *Obras escogidas*. Progreso, Moscú, 1973, vol. 1, p. 408)

En definitiva, el gobernar tiene presente el que se "debe hacer-ser", pero condicionado por las restricciones presentes, es decir, el "cómo hacer". La fusión de ambas dimensiones conduce a dos problemas que caracterizan las decisiones de política económica. Por un lado, la relativización del "deber ser" por el "cómo hacer", que supone plantearse "qué se puede hacer". Por otra parte, la excesiva preocupación en el gobernar por el "cómo hacer" a corto plazo, olvidando el "debe ser" (proyecto político del partido gobernante).

Para resumir esta última fase, puede apuntarse que existe un triángulo decisional en el gobernar. En primer lugar, la existencia de un *proyecto de gobierno*, que alude a unos objetivos a largo plazo, aunque, en ciertos casos, al uso preferente de ciertos medios (por ejemplo, aumentos o reducciones en gastos públicos para cambiar el tamaño del estado). En definitiva, se trata del contenido de aquello que se pretende conseguir. En segundo lugar, la *capacidad de gobierno*, que se refiere a la conducción de las acciones del gobierno. En este ámbito se incluiría el saber hacer del grupo gobernante, la experiencia acumulada, las técnicas de gestión de problemas o los métodos para perseguir los objetivos a largo plazo. En esta dimensión, un elemento esencial sería preservar la atención hacia los grandes problemas, puesto que, en caso contrario, si las actuaciones se orientan hacia resolver las irregularidades que van apareciendo, la conducción se caracterizará por la improvisación, resultando discutible en cuanto al proyecto político de gobierno. En tercer lugar, aparece la *gobernabilidad del sistema*, que se refiere al contenido del sistema social, en el que existen agentes sociales que presentan su propia dinámica y no es posible imponerles sistemáticamente y de manera unilateral unas obligaciones. Así pues, se requiere una coordinación ejercida por el gobierno entre el estado y los distintos segmentos del sector privado (unos más controlables que otros).

Esquema 2. Triángulo de gobierno

Fuente: Matus (2022, p. 16)

3. LOS AGENTES QUE ADOPTAN LAS DECISIONES

Un agente esencial en la toma de decisiones en política económica es la figura del líder, tal como se ha expuesto detalladamente con antelación. Su papel es estratégico en el inicio y la consolidación de una política económica. En primer lugar, concreta cuáles son las grandes dificultades relevantes, siendo la culminación en el proceso de haberse realizado una selección entre diversos problemas y haberse concretado, incluso, hasta llegar a transformarse en objetivos del gobierno. Así pues, el liderazgo se constituye en un elemento esencial en la apertura de una ventana de oportunidades hacia la emersión de un objetivo como aspiración de la política económica del gobierno. En segundo lugar, el líder puede tener una capacidad especial para crear poderes y contrapoderes entre agentes en los ámbitos de tomas de decisiones y contribuir en la determinación de cuáles son los problemas más importantes o en fijar las decisiones pertinentes. En tercer lugar, el líder desempeña un papel esencial en la comunicación de las decisiones adoptadas. Esto se refiere no solo a los objetivos, sino también a los instrumentos, que permite generar informaciones adicionales procedentes de la sociedad (grupos de presión) con las que perfilar las políticas diseñas. Finalmente, el líder ocupa una posición prácticamente única en persuadir a la población y a los votantes acerca de que las medidas y su estructuración son beneficiosas para ellos.

Las anteriores características del líder se pueden sintetizar en su posición en cuanto a los conflictos sociales. Como se ha comentado, el inicio de una política económica se encuentra en la aparición de un conflicto y su consolidación en forma de un consenso. Este se puede alcanzar siguiendo tres tipos de vías esenciales: adaptación, resolución o disolución.

- El consenso mediante la adaptación al conflicto se consigue a través de aceptar la situación y de adaptarse lo mejor posible a ella mediante la admisión de conformismo. Por ejemplo, cuando aparecen exigencias de elevaciones salariales en el sector público, pero el gobierno las rechaza, cargando los costes a los trabajadores, pero estos admiten sus pérdidas de poder adquisitivo justificado en la seguridad en el puesto de trabajo.
- El consenso por resolución del conflicto se alcanza aceptando la tensión social, pero con una nueva distribución de ganancias-pérdidas entre los afectados (con frecuencia, consiste en un apoyo más intenso a los agentes más fuertes; se trata de un juego de suma cero). Por ejemplo, cuando en la reforma del sector eléctrico que tuvo lugar en la década anterior en España, se cargaron los costes de los ajustes a las productoras de energías renovables y se benefició a las compañías energéticas tradicionales.
- El consenso vía disolución del conflicto significa cambiar la situación de manera que la tensión desaparezca o se amortigüe, con frecuencia, alterando la situación de los agentes, bien consiguiendo que desaparezca la

escasez origen del conflicto o bien presionando para modificar objetivos que se les han impuesto o bien facilitando nueva información que varíe las expectativas de las partes. Así pues, se trata de conseguir contextos en los que el juego no sea de suma cero. Por ejemplo, en el conflicto por el uso del agua en un territorio entre el sector turístico y el agrario, la disolución del conflicto iría de la mano de la obtención de nuevas fuentes de incorporación de recursos hídricos, la promoción de nuevas tecnologías economizadoras de agua o mostrar la inviabilidad económico-financiera a medio plazo de una de las actividades productivas. Esta última vía supone una mayor mediación entre los agentes implicados. Debe señalarse que una versión extrema de la disolución de un conflicto, y la consecución de un consenso, consiste con la eliminación de uno de los agentes en juego (con frecuencia, esta opción exige el uso de la fuerza).

Esquema 3. Papel del líder en la política económica

De las anteriores consideraciones se desprende que el líder es una pieza esencial en aminorar los conflictos y en buscar soluciones, es decir, desempeña un papel estratégico en llegar a consensos. Por ejemplo, convence a los implicados de que la situación debe ser aceptada, en situación inicial o en otra posición con una alteración en las condiciones distributivas, en especial con pérdidas. También en su caso, pone en juego nuevos agentes o información que altere el conflicto inicial. La ausencia de liderazgo conduce al aplazamiento de decisiones (eludiendo conflictos) y a su inestabilidad (falta de consenso), consecuencias que se manifiestan en la improvisación en las acciones y en la obstaculización en la aplicación de las políticas de largo plazo, tal como se expondrá más adelante.

La cuestión de trasfondo que se encuentra detrás de esta idea es que el líder genera cohesión y legitimación dentro de una sociedad.

No obstante, no todos los líderes son iguales y su capacidad de guía se encuentra condicionada por sus características personales y su capacidad de constituir grupo de liderazgo. Sin ánimo de ser exhaustivo, se pueden distinguir cinco modelos de líder.

- Líder personalizante aislado. Es más bien un agitador, con elevado grado de emocionalidad y falta de racionalidad, que refleja las necesidades de parte de la población a la que consigue agrupar. No obstante, carece de una oferta de proyecto de futuro y su personalidad dificulta la capacidad de crear grupos que elaboren alternativas para el porvenir. Este tipo de liderazgo suele tener poco recorrido por la ausencia de capacidad para dibujar alternativas sociales que arrastren a la población en el medio y largo plazo. Dentro de esta categoría se encontrarían los cabecillas de revueltas sociales, que generalmente pierden su vigencia con gran rapidez.
- Líder personalizante agresivo. Es similar al anterior, pero tiene capacidad de diseñar un esbozo de proyecto social de futuro. Configura grupos de apoyo, pero son de alcance limitado debido a la dificultad para llegar a consensos. Un caso podría ser el de Napoleón, que consiguió una fuerte centralización administrativa de Francia, le dio solidez al país creando el sistema de educación secundaria, al tiempo que lo proyectó hacia el exterior.
- Líder aglutinador autoritario. Presenta su atractivo en saber organizar a la sociedad y ofrecer proyectos de futuro. Tiene capacidad de formar grupos y llega a ciertos consensos con fracciones sociales relevantes. Un ejemplo ilustrativo sería el de Charles de Gaulle en Francia. Se mostró como encarnador de la independencia nacional, reorganizó el país a través de planes económicos indicativos y promovió grandes proyectos como los programas nucleares.
- Líder aglutinador administrativo. Es pragmático y observa las reglas permitiendo conducir a la gente por caminos, es decir, ir hacia adelante, pero por aquellos que se conocen. Consigue apoyo social a través de consenso entre los agentes implicados, en particular, con aquellos ligados al *status quo*. Un ejemplo sería el de Konrad Adenauer, primer canciller en Alemania occidental después de la II Guerra Mundial. Dada las restricciones impuestas desde el exterior, delegó la seguridad del país en manos de los vencedores (constitución de la OTAN y de la Comunidad Económica Europea) y concentró el crecimiento económico en las líneas productivas desarrolladas hasta el momento (milagro alemán), garantizando la paz social a través de una combinación de la de iniciativa privada con la incorporación

de la participación de los trabajadores, creando aquello que se conoció como economía social de mercado.

- Líder aglutinador democrático. Entre sus características principales se encuentran las de ser paciente, constate y luchador, tratando de conseguir amplios consensos entre distintos grupos sociales. Tiene claro un proyecto de futuro por el que lucha y guía a la gente, generando confianza. Dentro de este tipo de líderes se encontraría Mahatma Ghandi. Este articuló un proyecto de resistencia hacia un poder autoritario fundamentado en la no violencia. Fue aglutinando a segmentos de población diversos y les marcó una guía para conseguir un proyecto alternativo de futuro.

Sin embargo, y tal como se ha apuntado anteriormente, un líder como persona, no puede concentrar todo el proceso de toma de decisiones (gestión de conflictividad y llegada a un consenso), aunque sí constituye un elemento de referencia para el resto de la sociedad. Por este motivo, el fenómeno de líder-persona conduce al del liderazgo orgánico. Aunque en la cabeza de la organización del gobierno se encuentra una persona (presidente, jefe de gobierno o primer ministro), esta no opera sola, sino que se encuentra estrechamente relacionada con otros miembros físicos, que ocupan distintos cargos político-administrativos. El líder, de hecho, delega parte de sus funciones en esos miembros, de manera que se constituye un liderazgo orgánico. En función de los casos, el liderazgo puede ser más o menos personalista y los miembros del liderazgo orgánico pueden ser más o menos visibles socialmente. Asimismo, debe señalarse que el liderazgo político compagina su existencia con una delegación de capacidad de toma de decisiones en niveles más bajos del gobierno (por ejemplo, materializado en las figuras de los Secretarios de Estado, en el caso español) o en los más elevados de la estructura de la administración del estado (elite administrativa).

En estos términos, debe ponerse de manifiesto la composición del liderazgo orgánico por las implicaciones sobre la toma de decisiones y, en particular, sobre la capacidad de concretar el concepto de conflictividad relevante y la capacidad de generar consenso social. En este sentido, las personas que acceden o son elegidas en el ámbito colegiado del liderazgo o en la delegación en la parte superior gubernamental se caracterizan por haber sido filtradas a través del (aparato del) partido político. Uno de los criterios más relevantes de selección de tales miembros es la lealtad o fidelidad al líder o a alguno de los líderes (notables) del partido político. Estos líderes pueden representar a grupos de personas, ideológicos o regionales del partido político (por ejemplo, reparto de cuotas de representantes en función de las regiones del estado). No obstante, no debe olvidarse que, también, a través de ellos los grupos de presión social influyen en la promoción de candidatos afines a sus intereses, en particular en los puestos gubernamentales más relacionados con la afección de sus intereses.

Este tipo de personas pueden clasificarse de los siguientes modos en función de sus características:

1.– Político profesional: realiza cálculo político y toma de decisiones en los problemas internos del partido y en aspectos de las campañas electorales. Pero, teniendo en consideración la realidad partidista en la que se ha desenvuelto, presenta dificultades para visualizar intereses divergentes, detectar las fuentes que los alimentan y dibujar mecanismos para compatibilizarlos.

2.– Técnico especialista: gestor de aspectos específicos dentro del partido político, como finanzas, relaciones con los afiliados, contactos con los medios de comunicación, etc. Los problemas le son asignados y realizada su resolución utilizando un cálculo determinista y paramétrico, es decir, utilizando técnicas de planificación de tipo tradicional y de predicciones (cortoplacismo). En este caso, los problemas políticos y los intereses en juego le quedan fuera de su perspectiva y presenta una visión más bien tecnocrática.

3.– Político organizador interno: gestiona aspectos técnico-organizativos específicos, disponiendo de una mentalidad gerencial y tecnócrata, sin teoría y sin método, que aplica bien como subordinado, pero sin características políticas o técnicas especiales, de manera que reflexiona caso por caso en concreto. Así pues, dispone de una perspectiva muy estrecha que le impide visualizar los intereses específicos que se encuentran en juego.

4.– Intelectual: posee un cuerpo teórico destacado y capacidad de crítica, pero como su visión es parcial y teoretizante, se les escapan partes esenciales de la realidad, al tiempo que sobredimensiona los segmentos que conoce. Por este motivo, sus propuestas suelen ser generales (falta de concreción) y con una ausencia destacada de viabilidad en la práctica, por no considerar partes relevantes de la realidad.

Dos rasgos destacables se derivan de la anterior tipología de miembros del liderazgo orgánico. Por un lado, los miembros que se encuentran en o cercanos al liderazgo orgánico se caracterizan porque su experiencia y su saber-hacer se gestan en la micropolítica partidista, que dista bastante de aquello que se refiere a la macropolítica social. Esta peculiaridad se plasma en la falta de capacidad global (visión estrecha de la sociedad y sus relaciones) y su sesgo por el corto plazo. Estos rasgos dificultan sobremanera conducir y llevar a buen puerto el proyecto político que sustenta el correspondiente partido político. Más aún, los mencionados miembros de liderazgo orgánico se verán inclinados hacia la adopción de decisiones a corto plazo, sin considerar objetivos a largo plazo, y considerando las restricciones existentes (*status quo*), como algo relativamente inamovible.

La segunda característica es que la procedencia de los distintos miembros del liderazgo orgánico será muy distinta y su composición será muy heterogénea. Este rasgo se acentuará más todavía cuando se amplían las consideraciones a los ámbitos de delegación de funciones (dentro del gobierno o a la administración del estado). Esta heterogeneidad dificulta la posibilidad de construir grupos armónicos de gobernación y de coordinarlos para conseguir un fin común. Esta situación no homogénea acentuará más aún sus problemas conforme se agraven las tensiones y los enfrentamientos entre los diversos notables del partido y sus seguidores ubicados en puestos estratégicos del gobierno. Este rasgo pone de relieve la existencia de una multitud de racionalidades dentro del gobierno que limitará la percepción de los conflictos existentes y sus formas de gestionarlos (llegar a consensos). Además, este ambiente abunda en el mismo sentido apuntado más arriba en cuanto que se apoyarán los comportamientos cortoplacistas y se subrayará la perspectiva micropolítica de los miembros del gobierno. Es decir, este elemento distintivo también obstaculizará la toma de decisiones políticas de largo plazo y de cambio social, en coherencia con el proyecto ideológico preelectoral.

4. LOS OBJETIVOS Y LAS POLÍTICAS ECONÓMICAS DEL GOBIERNO

Los objetivos, con frecuencia se asociarán, tal como se ha explicado, a una batería de problemas sociales de trasfondo. El gobierno (los políticos) seleccionan y concretan parte de ellos hasta transformarlos en objetivos susceptibles de ser conseguidos. La selección y concreción dependerá de la presión de los distintos agentes sociales, en parte mediadas a través de miembros afines del gobierno. Ahí aparecerá un conjunto de posibles objetivos. Sin embargo, debe señalarse que estos no tienen por qué plasmarse abiertamente, es decir, aparecer en documentos legales o programáticos, sino que puede constar de manera oculta, hacia la población. Tal como apuntó John M. Keynes en su trabajo *El fin del <laissez-faire>*:

> *"Tal vez la principal tarea de los economistas en esta hora sea distinguir de nuevo la agenda del gobierno de la no-agenda; y la tarea pareja de los políticos sea ingeniar formas de gobierno dentro de una democracia que sean capaces de cumplir la agenda"* (en *Ensayos de persuasión*. Crítica, Barcelona, 1988, p. 291)

En muchos casos, estos objetivos se concretan con la connivencia de grupos sociales específicos y, dada la particularidad de ellos, suelen resultar muy gravosos para la mayoría de la población. En definitiva, los objetivos de política económica resultan de la conjugación de la presión de grupos de interés poderosos, que influyen sobre el gobierno, con la exigencia de mantener una buena imagen para la población, dado el sistema democrático-electoral (sufragio universal). Debe tenerse presente que estos grupos de interés pueden tener su referencia en la economía, pero también pueden consistir en grupos activistas (pero minoritarios socialmente) dentro del partido gobernante o, en caso extremo, intereses estrictamente personales vinculados a quien ocupa un cargo relevante de gobierno. En estas circunstancias, el establecimiento de objetivos y la posible fijación de ulteriores instrumentos responde a cubrir las demandas de grupos de presión y no de supuestos intereses generales de la población.

Como se ha comentado con anterioridad, finalmente pueden aparecer una amplia gama de objetivos (teóricos) *a priori* dentro de la agenda gubernamental, explicitados o no. La cuestión relevante es que como su procedencia o argumentación para ser considerados como objetivos procederá de agentes muy distintos, una característica esencial que aparecerá en la agenda será la contradicción entre las distintas pretensiones que se tratarán de alcanzar (esta discusión se inició en su planteamiento en el diseño de la política económica). De ahí que pasa a un primer plano determinar la prioridad real para el gobierno entre los distintos objetivos. Si los primeros objetivos son contradictorios con los siguientes, estos últimos no se alcanzarán. Pero, además, la acumulación de objetivos transforma a los primeros en más factibles, mientras que los siguientes serán cuestionados, por la carencia de recursos financieros o humanos, por la ausencia de disposición administrativa o la falta de voluntad política, entre otros motivos.

A la luz de la exposición ofrecida en este capítulo, el criterio esencial que determinará la prioridad de la estructura de objetivos se derivará del grado de conflictividad que ciertos asuntos supongan para los decisores de política económica. Aquellos objetivos asociados a problemas que generan conflictividad a los políticos responsables elevarán su rango, mientras que los otros, o caerán en importancia o quedarán estancados, dificultándose su consecución. No obstante, con este trasfondo, no debe olvidarse que el cambio de situación de un objetivo de política económica en la agenda en cuanto a su prioridad, no elimina la conflictividad, sino que varía su intensidad. Desde este punto de vista, ya no se puede considerar que se persigue un objetivo, sino un grupo de estos, tratando de alcanzar un nivel aceptable de conflictividad global para el gobernante.

La anterior consideración pone de relieve que la toma de decisiones política se orientará siguiendo dos tipos de criterios. En primer lugar, en política económica no se perseguirá el objetivo óptimo, sino más bien el satisfactorio, puesto que siempre se considerará la relación existente con algunos de los otros objetivos. El objetivo perseguido, dentro del grupo de pretensiones, por un lado, deberá limitar el nivel de conflictividad, pero, por otro lado, también (o condicionado a) aminorar las contradicciones entre las otras aspiraciones gubernamentales. En términos generales, las soluciones que pretenderán establecerse tratarán de buscar un consenso, entendido este como el conseguido entre distintos grupos sociales. Estas consideraciones conducen al segundo criterio en la toma de decisiones de los políticos, a saber, el intercambio de problemas (objetivos). La gestión del gobernante se encontrará muy determinada por configurar un paquete de objetivos donde cambiará la prioridad en acometer unos frente a otros. A este respecto, la cuestión esencial es que no se pueden resolver completamente los problemas (asociados a un grupo social) sin acrecentar la conflictividad social, cuestión muy sensible para quien toma las decisiones.

Como corolario de estos apuntes, se deriva que no se puede valorar la consecución de los objetivos en términos absolutos (alcanzarlos o no), sino en grado relativo, considerando su relación con los otros existentes (explicitados o no). De esta perspectiva expuesta, a veces se ha avanzado la idea de que la política y, en su caso, la política económica es el arte de conseguir lo menos malo.

Una de las discusiones más destacables dentro de la toma de decisiones en la consecución de los objetivos es mantener el equilibrio entre dos ámbitos: el político y el económico. El primero se refiere a la consideración de los agentes que limitan las expectativas de los políticos. Dentro de estos se encuentran los grupos de presión económicos, los grupos políticos organizados dentro del propio partido o de la sociedad, así como los propios votantes (opinión pública). El segundo ámbito se refiere a los recursos económicos y financieros limitados con los que se cuenta una sociedad. La sobrevaloración de las restricciones políticas en detrimento de las económicas conduce a conductas populistas. Por ejemplo, la oferta de conseguir ocupación plena y de pagar ciertos niveles elevados en salarios mínimos universales para toda la población supone la necesidad de disponer de un respaldo económico del que, con mucha frecuencia, se carece. El exceso de consideración de los límites económicos genera conductas tecnocráticas. Por ejemplo, la sobrevaloración del equilibrio presupuestario estatal en condiciones de crisis económica, que puede empeorar más todavía el deterioro existente. Ambas anomalías, el populismo y el tecnocratismo, conducen a una falta de apoyo social al gobierno, poniendo en entredicho su legitimidad y cuestionando su reelección, factores que dificultan su capacidad de llevar hacia adelante su proyecto político-ideológico. Por supuesto, estos dos ámbitos hacen emerger a la superficie de nuevo la necesidad de "intercambiar problemas".

Como resultado de las anteriores disquisiciones acerca de los problemas y los objetivos que se les asocien, se plantea diseñar medidas específicas. No obstante, la primera decisión es si conviene no actuar: la *pasividad* es también una opción de política económica. La perspectiva que argumenta esta forma de "actuación" es que los costes de llevar a cabo una acción sean más elevados que no hacer nada. La idea subyacente, en muchos casos, es que el intercambio de problemas que suscita la acción no merece la pena (en términos de conflictividad para el gobierno). Así pues, a pesar de las nuevas irregularidades, la prelación vigente sigue intacta.

Esquema 4. Pasividad y actividad en política económica

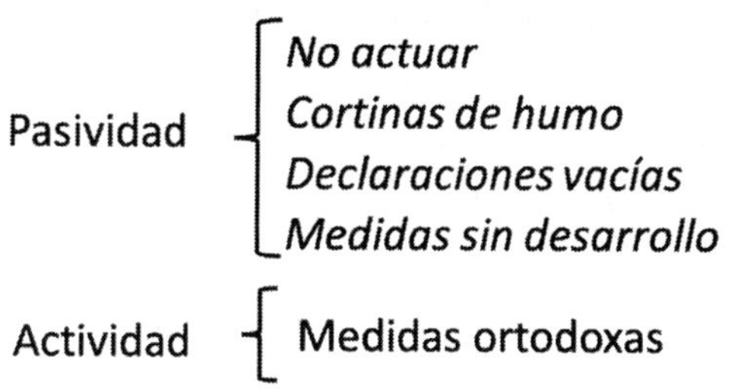

Una segunda forma de no actuar consiste en señalar y repetir la existencia de otros problemas, parte de ellos secundarios, ocultando el motivo principal. Es decir, este tipo de comportamiento es el de crear cortinas de humo que distraigan la atención de los agentes. Un ejemplo paradigmático de esta conducta es poner de relieve un problema exterior que tiene asociado un enemigo foráneo para ocultar las irregularidades en el interior del país. Con frecuencia, las técnicas de no actuación tienen como referencia problemas que atañen a la población en su conjunto y no existe un grupo de interés específico cuya atención es más difícil de distraer.

Una tercera forma de pasividad en política económica tiene lugar cuando, en ciertos casos, la conflictividad puede conducir a mostrar "como si" se actúa. Casos típicos al respecto son la realización de declaraciones grandilocuentes, encargar investigaciones o crear grupos de trabajo. Este tipo de comportamientos aplazan la toma de decisiones y mantienen los objetivos puestos de relieve en un lugar marginal.

El siguiente paso en la actuación es ofrecer soluciones, pero sin pretensión de llevarlas a cabo hasta el final, hasta resolver el problema. Entre las formas típicas se encuentra emitir una legislación general y no las complementarias, que transformen aquella en viable y que acometa la solución del problema. En el mismo sentido, se encuentra la aprobación de las medidas, pero no concretar el agente administrativo que debe llevarlas a cabo. Como las políticas económicas no se aplican por sí solas, entonces no se llega a resolver ningún problema. Finalmente, cabe señalar la aprobación de medidas, pero no dotarlas financieramente o realizarlo de manera insuficiente. Un caso típico fue la aprobación inicial de las rentas mínimas de inserción.

En otras ocasiones ya se actúa tratando de resolver el problema (*actividad*), que constituye la idea tradicional de trasfondo en la política económica. No obstante, a la luz de aquello que se ha expuesto un poco más arriba, no debe olvidarse que una parte importante de las actuaciones tendrán un carácter parcial puesto que los nuevos objetivos interactuarán con los ya existentes (explícitos o no). Se tomarán las decisiones adaptadas a las condiciones vigentes (estructura de objetivos existente), es decir, serán las decisiones menos perjudiciales, dado el contexto de referencia. Como este tipo de casos serán los habituales, entonces la adopción de decisiones se orientará hacia la consecución de objetivos subóptimos (pero satisfactorios).

5. LÍMITES EN LA CAPACIDAD DE DECISIÓN EN POLÍTICA ECONÓMICA: EL COLAPSO DECISIONAL

Cada agente socioeconómico pretende que se den respuesta a sus aspiraciones de la forma más efectiva posible. Por este motivo, pretende que sus problemas sean discutidos en los niveles más altos de gobierno, que es donde se puede dar una mejor respuesta. Estos agentes pueden ser los propios miembros del gobierno en la búsqueda de poder, prestigio o dinero o también el propio partido gobernante, como organización o como miembros específicos. En ambos casos, estos intereses también podrían ser compatibles con las apuestas políticas del correspondiente gobierno. En una situación más peculiar se podrían encontrar los amigos y familiares de los gobernantes de alto nivel gubernamental. Sus características esenciales son el acceso directo a los centros importantes de toma de decisiones y su distancia de los intereses políticos del partido gobernante. Finalmente, se encuentran los grupos de presión, políticos y económicos, que poseen un enfoque particularista, siendo muy discutible la coincidencia de sus intereses con los del colectivo social, a pesar de la retórica que pueden enarbolar.

Una de las implicaciones más importantes de la anterior enumeración es que refleja la multiplicación de problemas-conflictos que se aspiran a promocionar hacia la parte superior del gobierno y la imposibilidad de atender a todas las pretensiones que se tratan de trasladarle. Esta situación conduce al colapso en la toma de decisiones, que se sustenta no solo en el gran volumen de problemas-conflictos que se pretenden trasladar a las partes superiores del gobierno, sino también en la escasez de tiempo con el que se cuenta. Estas dos características son esenciales y afectan de manera significativa, tanto si el líder es individual, como si es orgánico. En el primer caso, como individuo, los problemas que puede observar y a los que ha de dar respuesta suelen ser uno detrás de otro, es decir, siguiendo una racionalidad secuencial. En el caso de un liderazgo orgánico, existe una mayor capacidad de responder a varios conflictos simultáneamente, es decir, siguiendo una racional decisional en paralelo (la posibilidad de reflexionar sobre varios problemas simultáneamente). No obstante, dada la complejidad social y la escasez de tiempo ambos agentes, aun utilizando racionalidades distintas, acaban colapsando en sus capacidades decisionales.

La situación anterior se agrava más todavía cuando se tiene presente la configuración del liderazgo orgánico. Tal como se ha comentado más arriba, este está formado por un grupo de personas heterogéneas, que se agrupan siguiendo intereses y experiencias muy distintas. Esta falta de cierta homogeneidad entre los miembros que constituyen el liderazgo corporativo supone la aparición de dos tipos de anomalías esenciales. En primer lugar, la aparición de conflictos internos en el núcleo central de la toma de decisiones. En segundo lugar, la dificultad de poder establecer mecanismos operativos de coordinación entre los distintos grupos en que se subdivide el liderazgo corporativo. Si existe un líder físico reconocido se pueden amortiguar algunos de estos dos problemas señalados, pero, únicamente de modo parcial, de forma que siguen prevaleciendo y suponiendo estrangulamientos en la definición de la agenda y en la configuración del diseño de las políticas económicas. Un ejemplo clásico son los enfrentamientos entre las distintas familias del partido gobernante que han conseguido representantes en distintos ministerios, trasladándose sus diferencias a fricciones entre las correspondientes partes del gobierno. Esta situación se suele acentuar más todavía cuando el gobierno está constituido por una coalición de partidos. Conflictos similares y problemas de coordinación pueden aparecer muy acentuados cuando del gobierno se han escindido sus potestades. Por ejemplo, en términos de política monetaria, con la constitución de un banco central independiente, que genera discrepancias en la agenda (importancia de objetivos), en concreto acerca de la relevancia de combatir la inflación, y, también en el diseño, que puede crear una fusión de políticas contradictorias entre ellas, como la combinación de una política presupuestaria expansiva junto con otra monetaria de carácter contractiva.

En conclusión, el gobierno utiliza como uno de sus criterios esenciales el aplazamiento en la toma de decisiones respeto a la aparición de problemas, en función de la conflictividad que le generan. Como aquello que es relevante es la conflictividad del momento, entonces una característica esencial de la política económica es la improvisación y el cortoplacismo en las decisiones adoptadas. Desde este punto de vista, los problemas importantes, ligados al proyecto ideológico que persigue el partido político o su relevancia para el conjunto de la sociedad, pasan a un segundo plano.

6. ¿ES POSIBLE OTRA POLÍTICA ECONÓMICA PRÁCTICA?

Durante este tema se han expuesto las condiciones reales en la toma de decisiones del gobierno, que suelen conducir, en caso de no adoptarse medidas específicas, hacia la improvisación, el cortoplacismo y la defensa del *status quo*. Sin embargo, sí que es posible cambiar las condiciones del gobierno para reorientar la política económica hacia otros derroteros.

En este apartado, se dibujará un esbozo de por dónde podría apuntarse una opción alternativa para cambiar la forma práctica de toma de decisiones en política económica. En primer lugar, en la etapa anterior a las elecciones, deberían dotarse por parte de los partidos políticos, en particular por aquellos con aspiraciones reales a participar en el gobierno, de organismos preelectorales que analizasen las propuestas y realizaciones del ejecutivo en curso y recomendasen propuestas, de manera continua, según su correspondiente corte ideológico y su opción de reforma organizativa social. Este organismo debería tener influencia poselectoral, es decir, si el partido político en concreto accediese al gobierno. Este tipo de organismos podrían consistir en un "gobierno a la sombra", cuyos miembros irían adquiriendo cierta soltura en la especialidad de sus "ministerios" y que ocuparían los correspondientes cargos ministeriales, si hubiesen mostrado una cierta competencia al respecto en esta fase previa. Cabe apuntar que este tipo de organismo pretende unir la fase pre-electoral con la de instalación del partido político en el gobierno, evitando anomalías que deformen las pretensiones a largo plazo del partido político gobernante.

En segundo lugar, se debería crear una oficina tecnopolítica, una Unidad de Procesamiento Tecnopolítico (UPT) en términos de Carlos Matus. Esta se encontraría dentro de la oficina del primer dirigente-líder y su función sería preservar la atención presidencial (y del liderazgo orgánico) hacia los "grandes problemas". Esta tarea exige una intensa labor de concreción y, por tanto, esta oficina actuaría de puente entre el grupo de asesores interdisciplinar (al menos político, económico, jurídico y administrativo) y el líder. Sin embargo, debe señalarse explícitamente que su faena no sería la de sintetizar y trasladar al liderazgo las informaciones de esos asesores, sino la de elaborarlas, haciéndolas técnica y políticamente viables. Este organismo resulta esencial no solo en cuanto a respetar el equilibrio entre las restricciones políticas (evitar el populismo) y las económicas (evitar el tecnocratismo), sino también en establecer la estructura, al menos esencial, del intercambio de problemas, subyacente a cualquier toma de decisiones en política económica. No obstante, el sino de esta entidad es ser garante de que estas decisiones deberán ser coherentes a largo plazo con el enfoque ideológico y el modelo de reforma organizativo del partido político gobernante. Es decir, este organismo es un núcleo decisional esencial que vela por la combinación entre el "poder hacer" (corto plazo) y el "deber hacer" (largo plazo)

En tercer lugar, se encuentra la creación de una oficina de planificación. Esta elabora planes, que son sistemas organizativos que pretenden coordinar las distintas políticas económicas existentes. Estos planes tienen como referencia los grandes problemas subrayados por el partido político de referencia y se suelen organizar en forma de planes a corto, medio y largo plazo. En los planes a largo plazo se incluyen los grandes objetivos que se persiguen, mientras que en los de corto y medio plazo se crean las posibilidades (viabilidad actual para hacer real la posibilidad futura). En los planes, se prevé la obtención de recursos (financieros, materiales, regulativos, informativos o colaborativos) y se asignan y distribuyen. Por supuesto, esta gestión de recursos significa redistribuciones en recursos de poder entre los distintos agentes, implicados o no. Debe señalarse que la planificación propuesta no es como la vertical, obligatoria y universalista soviética o la indicativa vigente en parte de Europa occidental durante los *treinta gloriosos* (1945-75), sino que pretende combinar la acción estatal con la privada y orientarlas hacia el cumplimiento de unos fines sociales a largo plazo. La concepción subyacente es que el sector estatal puede desarrollar una planificación, es decir, llevar a cabo una coordinación generalizada de sus actividades y combinarlas con las actividades del sector privado. Dentro de este último se reconoce que las grandes empresas utilizan técnicas de planificación y, por su similar naturaleza, podrían integrarse con grandes beneficios sociales dentro de la planificación estatal. El segmento privado de pymes requeriría técnicas especiales de acoplamiento, que sería necesario por la importancia de este tipo de empresas en términos agregados de empleo y de actividad económica.

Un elemento diferencial de estos sistemas de coordinación respecto a los planteados históricamente es que además de los planes de acción (organizados en torno a las variables controladas por el estado), tendrían planes de demanda (donde se incluirían las aportaciones de las grandes empresas, en su caso, incluso multinacionales, y, por tanto, consistiendo en la integración en el plan de variables incontroladas o de baja manipulabilidad gubernamental). Debe destacarse que, dado el mundo incierto existente, para transformar en viables los anteriores planes deberían incorporarse otros de contingencia, con los que afrontar shocks de distinta naturaleza. En efecto, una labor esencial de la planificación sería equilibrar los tres tipos de subplanes apuntados. Este nuevo tipo de planificación se suele denominar situacional, siguiendo la concepción dibujada por Carlos Matus.

Finalmente, resulta imprescindible crear un organismo de control político y económico. En el contexto planteado en este apartado, deberían crearse organismos de nuevo cuño que realizasen una rendición de cuentas, pero a largo plazo, en consonancia con el proyecto político-organizativo del partido político gobernante. Debe señalarse que, probablemente, al menos una parte del proyecto futuro del gobierno de turno podría ser compartido por otros partidos o por la mayoría de las opciones políticas, pudiéndose establecer algún proyecto global de consenso general, adquiriendo los organismos de rendimiento de cuentas a largo plazo una mayor importancia y dinamismo al no depender sus funciones de la alternancia de los partidos políticos.

Conceptos clave

Conflictividad y política económica	Prioridades de objetivos
Consenso en la concreción de la política económica	Objetivos óptimos
Fase de proceso electoral	Objetivos satisfactorios
Fase de instalación política en el gobierno	Intercambio de problemas
Fase de gobernación	Conductas populistas
Micropolítica	Conductas tecnocráticas
Macropolítica	Colapso decisional
Restricciones coyunturales	Pasividad en política económica
Proyecto de gobierno	Racionalidad secuencia
Capacidad de gobierno	Racional en paralelo
Gobernabilidad del sistema	Organismos preelectorales
Adaptacion a conflictos	Gobierno a la sombra
Resolución de conflictos	Unidad de procesamiento tecnopolítico
Disolución de conflictos	Planificación situacional

Bibliografía de referencia

Dror, Y. (1994): La capacidad de gobernar. Galaxia Gutenberg, Barcelona

Lindblom, Ch. E. (1959): La ciencia de <salir del paso> en Aguilar, L. F (2000): La hechura de las políticas públicas. Miguel Ángel Porrúa, México, pp. 201-225

Lippman, W. (2002, 1922): *La opinión pública.* C. de Langre, Madrid, cap. 15.

Lippman, W. (2011, 1925): *El público fantasma.* Genueve ediciones, Madrid.

Lowi, Th. J. (1964): "Políticas públicas, estudios de casos y teoría política" en Aguilar, L. F (2000): La hechura de las políticas públicas. Miguel Ángel Porrúa, México, pp. 89-118.

Majone, G. (2001): "Políticas públicas y administración: ideas, intereses e instituciones" en Goodin, R. y Klingemann, H.-D. (eds.): *Nuevo Manual de Ciencia Política.* Itsmo, Madrid, pp. 887-913.

Matus, C. (2007; 1993): *Adiós, señor presidente.* Universidad Nacional de Lanús - Fundación Altair, Buenos Aires

Matus, C. (2008): *Teoría del juego social.* Universidad Nacional de Lanús - Fundación Altair, Buenos Aires

Matus, C. (2022; 1997): *El líder sin estado mayor. La oficina del gobernante.* Universidad Nacional de Lanús - Fundación Altair, Buenos Aires

Sánchez, A. (2022): "La planificación en la política económica del siglo XXI. Esbozo de una alternativa viable". *Revista de economía crítica,* nº 33, pp. 10-24

Tema 8

Resultados reales de la política económica

En los anteriores capítulos se ha abordado la formación de la política económica, pero en general, desde un punto de vista más teórico. En el anterior tema, se ha perfilado la toma de decisiones en política económica, pero tratando de condicionar las consideraciones teóricas con aquello que ocurre en la realidad. Ahora, se continuará el enfoque de contraste con la realidad, pero operando sobre los resultados de la política económica.

Hasta el momento, se ha presentado un enfoque de política económica tecnocrático o racionalista por el que aparecían unos problemas, a estos se les asociaban unos objetivos y, entonces, se movilizaban unos instrumentos, con los que se alcanzaban los objetivos y se solucionaban los problemas. En ciertos momentos, se ha expuesto la perspectiva empirista, que matizaba el enfoque anterior introduciendo límites institucionales y organizativos, al tiempo que destacaba los comportamientos de los agentes. Mientras que la visión racionalista se encuentra bastante homogeneizada en su estructuración, no ocurre lo mismo en el caso de la empirista, dentro de la cual existen interpretaciones muy distintas. En ambas perspectivas, el análisis del cambio real en la política económica suele ser bastante mecanicista o relativamente superficial. Para cubrir este tipo de deficiencias, en este capítulo se abordará el cambio o las alteraciones que genera la política económica.

Tradicionalmente las discusiones en política económica se han concentrado en el diseño de las políticas y, en ciertos casos, se han planteado los resultados económicos acaecidos después de la puesta en práctica de las medidas gubernamentales. Sin embargo, más allá del diseño, aparecían facetas de la política económica cuyo análisis se marginó de manera sistemática. Por un lado, no se planteaba si los programas de política económica cambiaban o si se mantenían los anteriores en la realidad. Por otro lado, aparecía el problema de la aplicación de la política económica, tanto en su faceta de concreción como de ejecución de las medidas. Esta última dimensión es relevante porque la ausencia de especificación conducía a que las medidas aprobadas fueran ficticias, a que la aplicación de medidas aprobadas no tuviese los efectos esperados o a no considerar que otros factores ajenos a las decisiones gubernamentales pudiesen afectar a los resultados observados, cuestionando el papel jugado por las medidas adoptadas. Así pues, los estudios sobre los cambios que tenían en la realidad quedaron prácticamente en un segundo plano, en el mejor de los casos.

Los vacíos analíticos anteriores comenzaron a llenarse en los años 90. En esos momentos comenzaron a aparecer estudios y reflexiones sobre la aplicación real de los programas de política económica o se fueron extendiendo numéricamente los trabajos sobre evaluación de las políticas económicas, haciendo distinciones sobre si se conseguían los objetivos perseguidos y si, en caso positivo, se resolvían los problemas. Pero, por añadidura, también en esa década, se empieza a constatar que los programas gubernamentales nuevos varían (cambian) poco respecto a los anteriores.

En estas condiciones, comenzaron a emerger a la superficie las relaciones entre cambio y política económica. Esta cuestión comenzó a transformarse en más compleja, conforme se planteaba el concepto del cambio. En este capítulo se avanzará una síntesis de las discusiones al respecto. En primer lugar, se plantea qué cambia; en segundo lugar, se abordará por qué aparecen los cambios, es decir, las fuentes o causas que originan las alteraciones; en tercer lugar, se apuntará cómo se realiza, a través de los distintos enfoques teóricos más relevantes que se han ido creando; y, finalmente, se extraerán unas conclusiones que se expresarán en forma de consecuencias del cambio en la política económica.

1. CARACTERÍSTICAS DEL CAMBIO: ELEMENTOS ESENCIALES, NIVELES DE ABSTRACCIÓN Y RITMOS TEMPORALES

Cuando se aborda el cambio en política económica pasa a un primer plano qué es aquello que varía. La respuesta a esta cuestión no es automática ni evidente. En términos generales se pueden distinguir siete dimensiones del cambio:

1. Problemas relevantes. Reside en alteraciones en las consideraciones sobre qué problemas son relevantes, así como su prioridad respecto al resto de los existentes. Dentro de este ámbito también se podrían incluir las formas de construir los problemas, tanto social, como políticamente, puesto que son elementos esenciales en su conformación. Por ejemplo, la generación de problemas inflacionarios puede explicarse (construirse) según su origen en la oferta (costes) o en la demanda, cuestión que alterará las formas de intervenir para resolver las correspondientes anomalías.
2. Fines. Pueden referirse a alteraciones en pretensiones genéricas o en objetivos concretos asociados a problemas específicos. En ciertos casos, en este ámbito, podrían incorporarse las menciones a las poblaciones objeto de las medidas, por su estrecha relación con el objetivo de la política económica.
3. Instrumentos. Se refieren a las variaciones en las medidas específicas utilizadas.
4. Procesos decisorios. En esta área se incorporan tanto los estilos de realizar la política económica, por ejemplo, por negociación o por conflicto, como las justificaciones y legitimaciones utilizadas en los debates políticos y racio-

nales, pero también los mecanismos de comunicación del gobierno con la sociedad (población en general y grupos de presión).

5. Efectos redistributivos. Estos se refieren a la alteración en la distribución de recursos materiales e inmateriales, así como a los beneficios y cargas asignados.
6. Instituciones. Estos cambios afectan a aquello que atañe al impacto sobre los acuerdos o reglas donde se forma la política económica
7. Procesos de puesta en práctica. Aquí se incluyen los mecanismos de supervisión y los incentivos a las administraciones y sujetos para que se aplique la política económica. Asimismo, en esta área no deberían obviarse la consideración de las alteraciones relacionadas con delegación de competencias y de recursos (y sus distribuciones en la estructura administrativa estatal) para realizar las políticas económicas específicas.

Esquema 1. Dimensiones del cambio en la política económica

Instituciones

Procesos de decisión

Problemas ⟹ Fines-Objetivos ⟹ Instrumentos ⟹ Distribución de recursos

Aplicación

Estos cambios se pueden agrupar según el grado de perspectiva global de la política económica. Por un lado, puede observarse desde un punto de vista muy agregado, que serían los cambios en las grandes ideas, en ciertas ocasiones de tinte ideológico. Por otro lado, podría enfocarse desde una perspectiva vinculada al programa concreto de política económica. Finalmente, valdría la pena subrayar los aspectos relacionados con la aplicación específica y, por tanto, en este ámbito, se referiría a la concreción de metas, la cuantificación de las medidas o a aspectos vinculados a agentes participantes o afectados por los programas de política económica. No obstante, esta perspectiva debería matizarse según la parte de la política económica a la que se aluda, en particular, según si se refiere a los fines o a los medios. Cruzando ambos enfoques se vislumbran unos rasgos que caracterizan el cambio en política económica. Estos cambios podrían ser de seis tipos que quedan sintetizados en el cuadro siguiente.

Cuadro 1. Perspectivas del cambio según temáticas de la política económica

		Ámbito de política económica		
		Global (definición de la agenda)	Medio (diseño agregado de la política económica)	Bajo (diseño específico de la política económica)
Estructura política económica	**Fines**	Problemas de fondo	Objetivos	Organización
	Medios	Lógica instrumental	Medidas	Calibración

Fuente: Elaboración propia a partir de Harguindéguy (2020, p. 205)

En primer lugar, se podrían destacar los cambios en problemas de fondo. Esto supone la entrada en discusión de nuevos retos que finalmente podrían introducirse en la agenda del gobierno. En caso de que la reflexión afecte a los medios utilizados entonces se pondrían sobre la mesa las cuestiones relacionadas con la estrategia global, es decir, la lógica instrumental, por ejemplo, si es la política monetaria la más idónea para alcanzar los objetivos o tendrían que aplicarse políticas estructurales. Es decir, este tipo de debate supone discutir si los instrumentos son la solución adecuada a los problemas planteados o si tendrían unos efectos secundarios muy negativos, que conduciría a plantearse la utilización de otro tipo de medidas. Desde un punto menos abstracto y más centrado en los programas de política económica, los cambios afectarían al diseño de la política económica. En su caso, los cambios aludirían a los propios objetivos o a las medidas de la política económica. Si se considera un nivel de abstracción más cercano a la realidad directa, entonces las alteraciones afectarían a cómo se organizan las pretensiones (fines-objetivos) de la política económica, de manera puntual, entrando en discusión la variación en el establecimiento de metas. En el caso de que se considere el ámbito de los instrumentos, entonces las deliberaciones atañerían al grado de uso de medidas, es decir, a su calibración.

Una apreciación adicional sobre los cambios en la política económica se puede extraer cuando se observa su discurrir en el tiempo. Desde este punto de vista, pueden clasificarse según su ritmo y en función de su intensidad. Según el primer criterio, los cambios pueden ser continuos, que contrastan con aquellos que son discontinuos. Por ejemplo, los primeros se derivan de los ajustes lentos en la correlación de fuerzas entre grupos de presión, mientras que los segundos pueden ser provocados por fenómenos repentinos exógenos, como la crisis reciente del COVID-19.

En cuanto al segundo criterio, los cambios en la política económica pueden ser fuertes o leves. Sobre este último aspecto, cabe señalar que los cambios grandes pueden iniciarse en una parte del sistema económico, pero posteriormente suelen extenderse a otras, mostrando de manera patente su gran envergadura.

Este fenómeno de trascendencia más allá de una parte del sistema económico se denomina desectorialización del espacio socio-económico. El tamaño del cambio y la multiplicación en ámbitos afectados conduce a un acrecentamiento en el grado de incertidumbre en la economía, que introducen dificultades adicionales en la capacidad de previsión de los agentes económicos, pero también del estado. Es decir, los grandes cambios alteran el marco estructural de referencia tradicional, así como varía el número de agentes y sus respectivas capacidades de influencia, generando una sensación adicional de fragilidad y de falta de expectativas de futuro.

Cuadro 2. Perspectivas del cambio según ritmo temporal de la política económica

		Ritmo temporal	
		Continuo	**Discontinuo**
Intensidad	**Pequeños**	Mantenimiento	Finalización
	Grandes	Sucesión	Innovación

Fuente: Elaboración propia a partir de Harguindéguy (2020, p. 204)

Cuando se combinan ambos criterios referentes a cómo discurren los cambios en el tiempo, entonces pueden atisbarse cuatro escenarios. En primer lugar, cuando los cambios son continuos y pequeños, entonces nos encontramos en una situación en la que se han aprobado programas de política económica y se van *manteniendo*, con frecuencia, por inercia. Otra opción es que se les ponga un límite final a los programas, de manera que se vayan desarrollando cambios hasta que finaliza su puesta en práctica. En estos casos, se apunta que se trata del fenómeno de finalización (del programa), que destaca que un programa cesa en su funcionamiento.

En otras circunstancias, cuando se promueve un cambio de gran envergadura, entonces pueden contemplarse dos situaciones. En primer lugar, la introducción de alteraciones progresivas que vayan afectando a distintos ámbitos, bien dentro de la misma área, económica, bien que se extiendan a otras, al tiempo que se vaya promoviendo un ajuste y acople al marco institucional existente. En estas circunstancias se puede entender que existe una *sucesión*. Un caso ilustrativo al respecto fue el inicio de las reformas de Deng Xiaoping a finales de los años 70 y principios de los 80 en China. Esta experiencia consistió en eliminar las organizaciones estatales en el sector agrario (comunas) y limitar las obligaciones de producciones que debían entregarse al estado, primero en algunos casos, de manera experimental, pero luego ampliando estas reformas el resto de agro chino, al comprobar los buenos resultados obtenidos.

En segundo lugar, puede tener lugar un cambio de gran envergadura de manera aislada. En general, se deposita esperanzas en que al ser el cambio muy radical contribuya a eliminar los problemas de gran trascendencia que existan. Sin embargo, no es menos cierto que esta voluntad suele tropezar con la inercia de las instituciones informales existentes. En estos casos puede entenderse que el fenómeno está caracterizado por la *innovación*. Un ejemplo típico sería la introducción de una terapia de shock (liberalización, privatización y estabilización) a principios de los años 90 en Rusia, con el objetivo de construir una economía de mercado, aunque generó una situación de enorme caos en el país en esa década.

2. CAUSAS DEL CAMBIO

Las causas que generan cambios en la política económica pueden ser de dos tipos, a saber, exógenos y endógenos. Los primeros se refieren a motivaciones externas al funcionamiento de una sociedad, mientras que los segundos aluden a alteraciones internas en ella.

Los cambios exógenos pueden afectar a un país en su conjunto o a partes de este. Un ejemplo ilustrativo del primero consistiría en la aparición de un conflicto bélico, mientras que del segundo, cuando tuviese lugar un accidente, como el hundimiento de un petrolero en la costa de un país, con las consiguientes repercusiones medioambientales. Desde otro punto de vista, este tipo de sucesos podrían tener un origen social, pero externo al país, como la acción de una nación sobre otra o la adopción de decisiones de envergadura de grandes grupos empresariales extranjeros. Ejemplos al respecto serían, del primero, el establecimiento de sanciones o de embargos sobre un país o, del segundo, la generación de presiones especulativas sobre la moneda de un estado, como ocurrió a principios de los años 90 respecto a la libra esterlina, generado por las operaciones acometidas deliberadamente por un fondo de inversión del magnate George Soros.

Frente a las causas exógenas, se encuentran las endógenas. Tradicionalmente se distinguen tres ámbitos en los que surgen factores que provocan el cambio en la política económica. Se trata de las ideas, el marco institucional o los grupos de presión.

Esquema 2. Ideas, grupos de interés e instituciones en la política económica

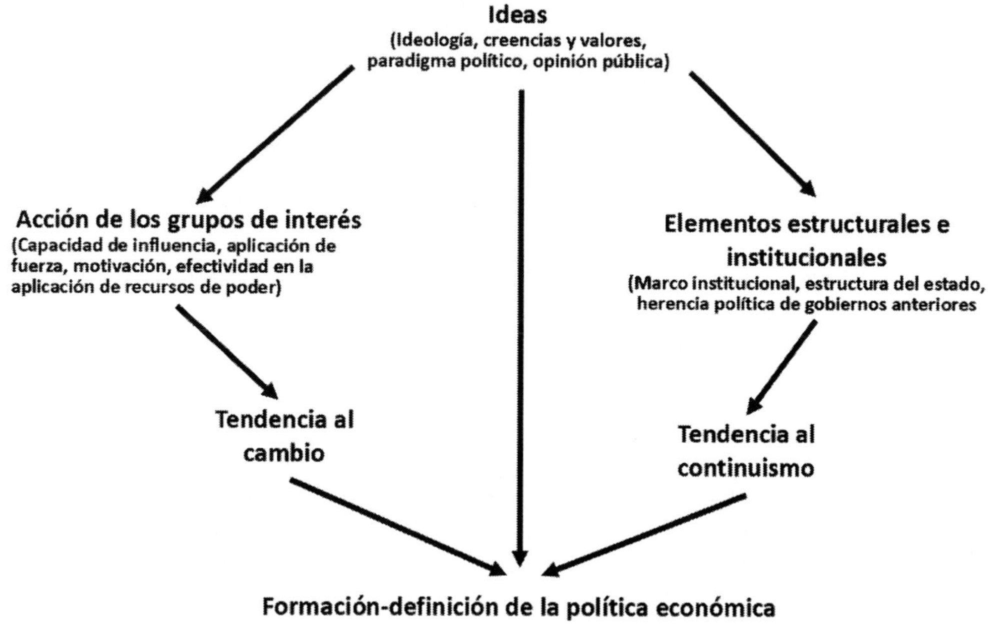

Ideas
(Ideología, creencias y valores, paradigma político, opinión pública)

Acción de los grupos de interés
(Capacidad de influencia, aplicación de fuerza, motivación, efectividad en la aplicación de recursos de poder)

Elementos estructurales e institucionales
(Marco institucional, estructura del estado, herencia política de gobiernos anteriores

Tendencia al cambio

Tendencia al continuismo

Formación-definición de la política económica

Dentro del área de las ideas, los cambios se refieren a alteraciones en la ideología de las fuerzas políticas y, en especial, de la dominante en la sociedad. No obstante, los cambios pueden proceder de alteraciones más específicas, como son variaciones en las creencias o en los valores sociales aislados (como la igualdad entre todas las personas). También, las variaciones se originan en consideraciones más concretas acerca de formas organizativas políticas (por ejemplo, la obligación del estado de cubrir unos niveles suficientes de bienestar a la pobla ción). Finalmente, también, una fuente adicional origen del cambio se encuentra en la alteración en la opinión pública. Un ejemplo de este tipo de cambio en las creencias es la que fue aconteciendo durante la década de los años 80 del siglo pasado, que cuestionaba la operatividad económica del sector público en el ámbito de la producción de bienes y servicios.

El segundo ámbito de causas del cambio en las políticas económicas aparece relacionado con elementos estructurales o institucionales. Desde esta perspectiva, las reformas, que sustituyen unas instituciones por otras o alteraciones en la estructura y competencias del estado, estimulan los cambios en las pretensiones de intervención del gobierno. A este conjunto de factores se podría añadir también la herencia política de gobiernos anteriores. Cuando un gobierno gestiona las cuestiones estatales muchas de estas tienen un horizonte temporal plurianual, afectando a la capacidad de decisión del ejecutivo que le siga en las siguientes elecciones. Esta situación se puede agravar mucho más cuando, al final del correspondiente periodo electoral, el gobierno de turno incurre a propósito en gastos adicionales o acomete proyectos especiales con la pretensión de extender su influencia más allá del periodo en el que desarrolla su mandato. En caso de cambiar el color político de gobierno, estos compromisos condicionarán de forma muy llamativa las actuaciones de los nuevos líderes estatales. Por supuesto, este tipo de circunstancias limitará las posibilidades de cambio de política económica.

Herencia política y límites al cambio en la política económica

Cuando un gobierno llega al poder tiene que lidiar con el conjunto de resultados de las decisiones adoptadas hasta ese momento. Es decir, la herencia del pasado es el punto de partida del nuevo gobierno. Un elemento esencial que se ha de tener presente es que cada gobierno aprueba muchos programas, pero cancela pocos de los aprobados con anterioridad. Por ejemplo, en un estudio realizado por Richard Rose para el periodo comprendido entre 1945 y 1990, alrededor de tres cuartas partes de los programas de gastos en Gran Bretaña constituían herencias del pasado, siendo el resto iniciados por el gobierno en curso; o en el mismo sentido, en 1991, el presidente norteamericano George H. W. Bush no controlaba el 86 por ciento del presupuesto que tenía asignado. Así pues, los gobiernos se encuentran con una herencia política nada desdeñable.

Esta situación de acumulación de programas de política económica suele encontrarse asociada a la falta de tiempo para revisarlos, a no poder identificar aquellos que pretenden abolirse, a que generan satisfacción en la población o a las tensiones que su eliminación provocaría. La falta de voluntad de cancelar programas de política económica contrasta con la perspectiva más positiva de aprobar iniciativas nuevas, que es por la que se inclina el nuevo gobierno.

Estas discusiones hacen emerger a la superficie aquello que se conoce como finalización de la política económica. Esta consiste en el cese premeditado de una actividad pública, porque ha cumplido sus objetivos o porque es ineficaz. Aunque la finalización de la política económica parece un acto normal, en la práctica se constata que es una decisión muy poco frecuente. La finalización puede afectar a funciones, organizaciones, políticas o programas. Estos últimos pueden cambiarse o finalizarse con cierta frecuencia; las políticas y sus estructuraciones suelen alterarse menos frecuentemente; en ciertas ocasiones, las organizaciones pueden cesar por absorción de sus funciones por otros organismos. No obstante, aquello que cambia muy raramente son las funciones.

La finalización de políticas económicas, que constituye una fuente explicativa esencial de la acumulación de programas antiguos y de la existencia de la herencia política, enraíza sus problemas en aspectos de diseño de la propia intervención estatal (que contempla el inicio, pero no suele aclarar la finalización), emocionales (ligados a las pérdidas de votos de la población que desarrolla empatía con los beneficiaros de la política económica), financieros (la ruptura de contratos vinculados a las políticas vigentes supone para el gobierno realizar compensaciones en forma de indemnizaciones, que a corto plazo pueden ser muy dañinas financiera y políticamente, horizonte temporal, por ende, muy relevante para el gobierno), legales (vinculados a la liquidación o reforma de los contratos firmados) o políticos (intereses creados asociados a las intervenciones estatales, tanto de sus beneficiarios, como de sus ejecutores en la estructura administrativa estatal).

> Así pues, el resultado se plasma en una fuerte inercia en la política económica y en el freno a las posibilidades de nuevas propuestas. Por tanto, se ha de considerar la herencia como un factor esencial de estabilidad en la política económica.

El tercer grupo de factores están relacionados con los grupos de presión. Esto dependerá de la capacidad de influencia de este tipo de agrupaciones, es decir del poder de que dispongan. Pero que se ostente este poder no significa que se empleen sus recursos asociados, sino que deberá tenerse presente la pretensión de movilizar el correspondiente stock de poder. Esta última dimensión está estrechamente relacionada con la motivación de los grupos de presión, es decir, del valor o importancia atribuidos a un fenómeno o del interés que les suscite el suceso (reacción). No menos importante resulta la efectividad en que se apliquen los recursos de poder que ostente el mencionado grupo de presión. Finalmente, no debe olvidarse que las anteriores discusiones estarán condicionadas por la relación, en un ámbito socioeconómico concreto, con los otros grupos de presión, agentes sociales o el propio estado.

De la interacción de este tipo de causas, en especial las endógenas, se generan dos tipos de tendencias, en función de las circunstancias. Por un lado, una con propensión al cambio y otra con inclinación al continuismo. Con frecuencia los factores institucionales organizativos suelen generar más inercias y frenar las alteraciones, mientras que los movimientos de los grupos de presión ocasionan más oportunidades de cambio. Por supuesto, los factores externos, en particular de gran envergadura estimulan el cambio, en gran medida, porque varían parte de las reglas del juego interno, que suscitan alteraciones en las políticas económicas.

3. EXPLICACIONES DEL CAMBIO

Los últimos comentarios abren la discusión acerca de cómo se realiza internamente el cambio (estructura del cambio). Después de la II Guerra Mundial aparecieron los primeros análisis sobre cómo cambiaban las políticas económicas. Un primer enfoque se inclinó por analizar la realidad de una manera racional, de corte más académico y voluntarista. Esta fue respondida posteriormente por unos análisis más empiristas, visión incrementalista, que tenían presente la realidad de la toma de decisiones en la política económica. No obstante, debe destacarse que ambos tipos de análisis concentraron su atención, esencialmente, en el diseño de las políticas económicas. A partir de los años 80 del siglo pasado, comenzaron a aparecer nuevos enfoques que subrayaban la participación de agentes no gubernamenales, el papel activo de las ideas o las restricciones institucionales. Dentro de estas nuevas perspectivas se encuentran las de corte institucionalista, la de flujos múltiples, la de coaliciones promotoras y la de equilibrios interrumpidos.

La perspectiva racionalista

Uno de los impulsores de este enfoque fue Jan Tinbergen. Esta perspectiva asume que existe la posibilidad de obtener información completa y sin costes sobre todos los elementos de la política económica específica. Se trata, pues, de la aplicación de un método de análisis racional-exhaustivo a la realidad.

En este sentido, existe una claridad y objetividad en la concreción de los problemas de trasfondo de la política económica, en los objetivos, en los instrumentos, así como en los efectos laterales que se pueden derivar de la aplicación de las distintas medidas. Esta transparencia se refiere a que se pueden definir bien los problemas existentes, pudiéndose valorar perfectamente su importancia y prelación, es decir, se puede realizar una comparación entre todas las posibilidades y elegir los problemas más relevantes a resolver. Adicionalmente, es posible establecer unos objetivos, que son alcanzables y que se asocian unívocamente a los problemas anteriormente mencionados. Del mismo modo, se percibe la naturaleza técnica de los distintos instrumentos de política económica existentes, si bien atribuye del que se priva a los problemas y objetivos. A esta elección ayuda la buena y completa información que existe acerca de los efectos secundarios que se derivan de la adopción de las distintas medidas de política económica que se pueden adoptar.

Una segunda dimensión que asume este enfoque es que el procesamiento de información se realiza automáticamente y sin costes. En este sentido, es posible establecer relaciones unívocas entre problemas y objetivos, así como entre estos últimos y los instrumentos. Al mismo tiempo, resultan claras las implicaciones del uso de unos instrumentos en términos de que generen efectos distintos a los perseguidos (efectos secundarios o laterales).

Quizá una de las hipótesis más características de este enfoque es su atemporalidad. En ciertos casos, directamente se realiza una abstracción y se obvian los aspectos de tiempo. Uno de los mecanismos más sofisticados de obviar el tiempo se manifiesta en la presentación de los razonamientos. En concreto, se muestran como concatenaciones de causas-efectos, como supuesto mecanismo para mostrar que pasa el tiempo, pero que, en la realidad, se aleja de concepto real de esta variable (histórico). Con frecuencia, esta forma de razonar conduce a no considerar el entorno institucional y organizativo, perspectiva que lleva a ofrecer recomendaciones de políticas económica que no se ajustan a las condiciones reales de los países.

Desde el punto de vista racionalista, las políticas adoptadas serían las óptimas. Además, estas variarán en función del cambio en los problemas. Por consiguiente, la política económica puede experimentar variaciones muy visibles en periodos cortos de tiempo. Adicionalmente, estos cambios se irán adaptando a las reformulaciones de los problemas que vayan surgiendo.

La visión incrementalista

Entre los primeros defensores de la visión incrementalista de la política económica se encuentra Charles Lindblom. Este critica las tres hipótesis esenciales sobre las que se sustenta la visión racionalista de la política económica. En particular destaca que la información existente es excesiva y costosa de obtener, que existen problemas para procesar los datos existentes y que aparece una escasez de tiempo muy severa. Así pues, se parte de una visión más realista de aquello que ocurre en una sociedad.

Esquema 3. Los enfoques sobre el cambio en la política económica

El enfoque incrementalista subraya la necesidad de considerar que, en el proceso de decisión política, se utiliza un volumen de información muy limitado y que se recurre a experiencias anteriores como criterio para orientar la toma de decisiones. Por este motivo, en las decisiones en política económica se van realizando *comparaciones limitadas sucesivas* utilizando la información pasada y pequeñas variaciones respecto a las posibilidades futuras contempladas. De este modo, no se entra a discutir sobre grandes valores afectados, la separación entre fines y medios queda difusa, y las decisiones se adoptan cuando varios analistas las consideran aceptables (no óptimas).

Desde esta perspectiva analítica, se considera que, en la toma de decisiones de política económica, no se contemplan todos los problemas, ni todos los supuestos objetivos, ni la totalidad de los posibles instrumentos, ni se observa el conjunto de todos los efectos laterales, sino parte (algunos) de ellos. En particular, dentro del diseño de la política económica, respecto a los objetivos, ya no se persigue el conseguirlos, sino alcanzar un nivel aceptable en su cumplimiento (subóptimo). En cuanto a los instrumentos, se encuentran condicionados por la herencia y las experiencias anteriores. Por este motivo, se introducen gran parte de las mismas medidas o modificaciones sobre éstas, de forma que el bagaje de las variantes va alterándose poco a poco. Este comportamiento consiste en una respuesta a la escasez de tiempo y a la complejidad de la sociedad.

Los resultados de la política económica se encuentran vinculados a la posibilidad de llegar a consensos entre los agentes implicados en áreas específicas de la sociedad. A estos acuerdos se llegará con dificultades y, por tanto, los efectos sobre el conjunto serán pequeños. Es decir, los cambios en política económica, tanto en sus medidas, pero especialmente en sus resultados visibles serán reducidos, o sea, la política económica tendrá un fuerte componente incrementalista.

Enfoque institucionalista

Dentro del institucionalismo existe varias perspectivas, pero una de las más influyentes ha sido la expuesta por Peter Hall. En este caso, realiza una observación empírica de los cambios que han tenido lugar en la economía real. Desde el punto de vista de Hall se pueden distinguir tres tipos de ámbitos de cambios en las políticas.

Cambios de primer orden, que suelen corresponder con las alteraciones en las políticas que tienen lugar todos los años, por ejemplo, aquellas variaciones introducidas en los presupuestos públicos para adaptarse a las consecuencias del pasado o a los proyectos futuros. Es decir, se trata de cambios en las calibraciones de las políticas económicas puestas en práctica. Este tipo de cambios suelen ser bastante predecibles, frecuentes y pequeños.

Cambios de segundo orden, que suponen modificaciones en los instrumentos de política económica utilizados, pero sin alterar esencialmente la prelación en los objetivos globales de la política económica. Es decir, se trata de cambios en el nivel operativo y programático de las políticas económicas. Por ejemplo, asumiendo que el objetivo prioritario fuese la lucha contra la inflación, pasar a utilizar de forma más activa la política monetaria, en lugar de una política presupuestaria,

Cambios de tercer orden, que suponen perturbaciones esenciales en la idea acerca de las políticas económica concebidas. Una característica esencial es que son de elevado grado de abstracción, pero su desarrollo es de gran alcance. En general, este tipo de cambios conduce a transformaciones en la estructuración de las políticas diseñadas, debido a que se replantean los problemas relevantes para la intervención del estado, en consecuencia, se alteran los objetivos y, por supuesto, varía la importancia de las medidas diseñadas. Sobre este último tipo de cambio, un ejemplo ilustrativo al respecto sería la modificación del enfoque en política económica acerca del intervencionismo del estado en la economía que tuvo lugar a finales de los años 70 y principios de los 80 del siglo pasado. En este periodo pasó a valorarse, de manera general, que las actuaciones del estado en la economía eran negativas. A partir de esta concepción abstracta, se replantearon los problemas relevantes, pasando a un primer plano los desequilibrios presupuestarios estatales (déficit público), que hasta el momento se consideraban un elemento positivo para salir de los momentos de crisis. Además, se alteró la estructura de la política económica, se cambiaron los objetivos, utilizando más criterios de eficiencia que de eficacia, y se transformaron los instrumentos de intervención en la economía, promocionando las privatizaciones de empresas públicas.

Los cambios de primer orden suelen ser muy frecuentes, pero pequeños. Los de segundo orden tienen lugar con menor frecuencia, pero también presentan un limitado alcance. Aquellos cambios de gran envergadura son los de tercer orden. Desde este punto de vista, los cambios en política económica también serían incrementalistas, derivados de alteraciones de primer orden y de segundo orden. Cuando tuviesen lugar cambios de tercer orden, se operaría una ruptura en la tendencia incrementalista de la política económica aplicada, generando un cambio que abriría una onda de alteraciones de segundo y primer orden. Posteriormente se iniciaría otro periodo largo de cambios pequeños, de tipo incrementalista.

Enfoque neoinstitucionalista

El enfoque neoinstitucionalista conocido como "análisis y desarrollo institucional" fue elaborado por Elinor Ostrom. En este caso, se mezcla la perspectiva de la acción colectiva (coordinación voluntaria entre agentes distintos) y sus relaciones con las instituciones. La acción colectiva es importante porque el análisis parte de los individuos o agentes individualizados que deben coordinarse en un entorno social. Las instituciones se refieren a las normas o acuerdos sociales.

Este enfoque apunta la idea de que la sociedad está formada por distintos subsistemas (arenas de acción). Cada una de estas aparece caracterizada por una situación (número de participantes, su posición, sus resultados, ...) y unos actores (recursos de cada uno de ellos, valoración de su entorno, formas de obtención y procesamiento de su conocimiento, así como mecanismos de selección de sus propias acciones). Los actores se mueven y toman sus decisiones en un entorno de normas. En este sentido se pueden distinguir cuatro ámbitos relevantes en los que actúan los actores y tomas sus decisiones, y que se jerarquizan porque van agrupando progresivamente conjuntos más complejos de normas y acuerdos sociales:

- Operacional: las acciones de los actores son sobre el medio físico y están determinadas por un conjunto de reglas y acuerdos sociales
- De elección colectiva: las acciones se orientan a determinar quién y cómo modificar las normas del ámbito operacional. Por ejemplo, son las decisiones de los parlamentos, agencias regulatorias o tribunales
- Constitucional: las acciones determinan quién y cómo cambiar las normas de la elección colectiva. Estas son decisiones, por ejemplo, sobre composición de parlamentos, reglas electorales, establecimiento de agencias estatales autónomas o formación del sistema de tribunales.
- Metaconstitucional: están constituidas por acciones que determinan quién y cómo modificar las normas constitucionales, encontrándose en este ámbito las decisiones de adopción de sistemas democráticos o la separación de poderes.

Con este trasfondo, las políticas económicas se conciben como acciones de elección colectiva para actuar sobre las instituciones, es decir, alterar las normas y los acuerdos sociales, por supuesto, dentro de un marco institucional. En estas condiciones, los agentes compiten en áreas para mejorar su posición respecto a las instituciones (reglas y acuerdos sociales) y, por este motivo, han de coordinar sus acciones (acción colectiva). Esta coordinación social tiene lugar y trata de modificar las normas y acuerdos de funcionamiento, desde los más bajos (ámbito de la acción colectiva) a los más globales o sustantivos (constitucionales o metaconstitucionales). Conforme se asciende en el ámbito de agrupación de normas y acuerdos sociales, los cambios son más difíciles y poco frecuentes. Por este motivo, también el cambio en la política económica se reconoce como incremental.

Enfoque de corrientes múltiples

El enfoque de corrientes múltiples fue gestado por John Kingdon. Este centra su atención en agentes sociales individuales que interaccionan, pero que tienen la particularidad de que poseen una capacidad racional limitada. Esto ocurre porque no pueden disponer de toda la información necesaria para tomar sus decisiones, al tiempo que no poseen suficiente capacidad de procesamiento de los datos que reciben (por ejemplo, porque no les encuentran significado). Debe señalarse que esta visión se complementa con la consideración de la acción de ciertas restricciones que imponen las instituciones, así como tiene presente, en ciertas ocasiones, la aparición de shocks externos.

La lógica del enfoque de Kingdon se centra en la fase del diseño de la política económica (algunos de estos aspectos han sido comentados en el tema 2) y, en concreto, se sintetiza a través de las alteraciones en las pretensiones de las intervenciones gubernamentales. En particular, los cambios en los objetivos de la política económica se explican por la confluencia o coincidencia en un momento temporal de tres tipos de factores (también conocidos como flujos o corrientes). En primer lugar, la emergencia y concreción de unos problemas que se consideran susceptibles de ser abordados por el gobierno. En segundo lugar, la aparición de unas soluciones a estos problemas, es decir, la existencia de unos instrumentos que respondan a los problemas anteriormente planteados. En tercer lugar, ambos elementos han de ser ajustados organizativamente, debiendo aparecer el correspondiente movimiento institucional que los encaje, conduciendo a la fijación de los objetivos gubernamentales. La confluencia de estos tres flujos tiene lugar en ciertos momentos, que se conocen como una ventana de oportunidades. Esta situación es bastante especial y acontece en ciertas ocasiones, teniendo su apertura, es decir, haciendo coincidir los tres factores mencionados, durante un periodo limitado.

Desde esta perspectiva, el impulso de los cambios en la política económica procede de la concreción de los objetivos, como elemento esencial de la fijación de unos problemas prioritarios y del uso de unos instrumentos específicos. Así pues, los cambios en la política económica se concentran en el diseño. Adicionalmente, como consecuencia de la limitada capacidad de apertura de la ventana de oportunidades, los cambios en la política económica son pequeños y, con frecuencia, discontinuos.

Enfoque de coaliciones promotoras

Este enfoque fue introducido por Paul. A. Sabatier y Hank. C. Jenkins-Smith y concentra su atención explicativa en los agentes sociales que desarrollan sus actividades en partes de la economía (subsistemas), como se trataría de las áreas de energía, telecomunicaciones, etc. Sin embargo, deja de lado las cuestiones más institucionales, así como los aspectos relacionados con la acción colectiva.

En cada susbsistema existen varios grupos de interés que se organizan y se cohesionan a través de las ideas que tienen. Las ideas son el conjunto simbológico con el que se percibe y se interpreta la realidad circundante. La particularidad de las ideas es que se instauran como mecanismos para filtrar la información de nuestro entorno, así como para darle sentido, pero, especialmente, sirven para actuar. Así pues, las ideas constituyen un elemento muy práctico para una coalición promotora.

Las ideas pueden pertenecer a tres ámbitos, a saber, profundo, intermedio y superficial. Las ideas profundas son centrales en la cohesión del grupo y suelen estar asociadas a sus intereses vitales. Por este motivo, permanecen constantes durante mucho tiempo y son difíciles de cambiar. Estas ideas se refieren a ideas generales, como conceptos de libertad, igualdad, bienestar, pero, en especialmente, acerca de quién debe participar en las decisiones o quiénes son los miembros centrales de la coalición promotora. El nivel intermedio de ideas (creencias) se haya formado por aplicaciones de las anteriores y se encuentran relacionadas con las formas de actuar. Entre estas cabe notar aquellas referentes a cuáles son los problemas relevantes (que deben orientar las acciones), las preferencias por la utilización de unos instrumentos frente a otros, la autoridad del gobierno (como actor relevante en la elaboración de la política económica), el papel de la administración pública u otros similares. Una particularidad de estas ideas es que afectan al funcionamiento de otros subsistemas y al conjunto de la sociedad y, por tanto, son una fuente de conflictos y de introducción de cambios.

Las ideas superficiales o secundarias constituyen percepciones sobre aspectos puntuales, muchas de ellas referidas a aspectos instrumentales muy concretos, como, por ejemplo, variaciones en tarifas impositivas o posibilidades de acceso a mercados exteriores. Por este motivo, suelen afectar a un subsistema, pero no tienen una gran envergadura, por lo que son relativamente fáciles de cambiar.

Cada subsistema suele estar integrado por un núcleo central, que contiene uno o varios agentes en los que radica el interés central de esa área socioeconómica. Con mucha frecuencia, cada uno de estos actores está constituido por una o varias empresas especializadas en la actividad económica de referencia. Cada coalición promotora mantiene relaciones regulares y estrechas con parte de la administración pública, cuyas formas de pensamiento (ideas) son compatibles, cuando no coinciden, con las del núcleo central. Parte de esta identificación constituye una de las bases de la captura del estado por las correspondientes empresas (grupos de interés). Por supuesto, también comparten ideas con medios de comunicación o con individuos ubicados en lugares sociales especiales (por ejemplo, centros de investigación o universidades). Este conjunto de relaciones crea la base para dotar de contenido a la influencia de los grupos de presión, tal como se ha explicado en un capítulo anterior.

Los cambios en las creencias superficiales pueden acontecer con cierta frecuencia, pero son de muy pequeña envergadura. Los cambios en el área intermedia, la que se refiere a las políticas económicas, pueden suceder por cambios exógenos al subsistema, bien por la aparición de fenómenos extraeconómicos (relacionados con el entorno físico de la sociedad) o socioeconómicos (en otros subsistemas), aunque también por transformaciones políticas. Las alteraciones procedentes de fuentes extraeconómicas suelen ocurrir en el largo plazo, mientras que las socioeconómicas pueden tener lugar en el medio plazo, en el mejor de los casos. Los cambios más frecuentes acceden por aprendizaje en la interrelación del subsistema con otros o con el sistema en su totalidad. Estos últimos pueden suponer en el corto plazo algunos cambios en las ideas superficiales, pero sólo llegarán a la zona intermedia después de un periodo relativamente largo. Es decir, los cambios en política económica son pequeños e incrementales en los subsistemas. Estos cambios se trasladan progresivamente al resto del sistema económico introduciendo también una dinámica de pequeños cambios y, en general, discontinuos, como norma general. Los grandes cambios, por tanto, procederán de alteraciones exógenas, de los dos tipos apuntados.

Enfoque de equilibrios interrumpidos (discontinuos)

Frank Baungartner y Bryan D. Jones fueron los autores que promovieron este tipo de enfoque. Desde esta perspectiva es relevante la explicación no solo de la estabilidad en la política económica, sino también de sus momentos de cambio. En particular, se parte de la constatación de que existen largos periodos de estabilidad, interrumpidos por momentos de cambio.

En este caso, se presta atención al diseño de la agenda, como eje iniciador del cambio en política económica. No obstante, se concede una importancia especial al ámbito institucional, así como al papel que desempeñan las ideas porque ambas dimensiones determinan la toma de medidas, tanto respecto a los agentes que participan, como en cuanto al mecanismo (proceso) de la adopción de decisiones.

Esta perspectiva también parte del concepto de subsistema o área económica donde se desenvuelven los agentes relevantes. Su particularidad es que, en cada subsistema, los agentes abordan pocos problemas que tratan de manera secuencial, uno detrás de otros, pudiendo establecer prioridades que facilitan ese tipo de racionalidad. Pero, para conseguir que se gestione el subsistema, se tienen que adoptar medidas desde el conjunto del sistema (la sociedad en general y, el gobierno en particular). Para ello, en primer lugar, se deberá captar la atención del gobierno y, en segundo lugar, entrarán en juego los límites en el procesamiento de la información por este nivel institucional. Respecto a esto último, el gobierno también dispone de la posibilidad de analizar y tomar decisiones en varios ámbitos simultáneamente (racionalidad en paralelo), pero progresivamente, debido a la complejidad social y la existencia de multitud de propuestas, pasa a utilizar un análisis de "un problema detrás de otros" (racionalidad secuencial). Es decir, aparece una sobrecarga informativa y dificultades en el proceso de elaboración de la información por parte del gobierno. Esta característica se acentúa y conduce a que se introduzcan cambios pequeños y paulatinos en la política económica. Solamente en ciertos casos, cuando cambia estructuralmente la situación en un subsistema y desde este se elevan sus propuestas de manera firme y con conexiones en el gobierno, se consigue una transformación de envergadura en la política económica (cambio grande).

Así pues, los cambios en política económica son pequeños debido a la estabilidad, por un lado, en las relaciones entre los distintos subsistemas y en aquello que acontece dentro de cada uno de ellos y, por otro lado, en las relaciones de cada uno de ellos con el nivel coordinador general de la sociedad (el gobierno).

Solo aparecen cambios bruscos cuando tiene lugar un cambio exógeno, bien por motivos extraeconómicos (que pueden afectar a los agentes implicados en un subsistema o las relaciones entre ellos), bien por razones políticas (cambios en el gobierno o la estructura de gobernación).

Cuadro 3. Caracterización de los enfoques sobre el cambio en la política económica

	Tipos de perspectiva	Cambios en política económica
Racionalista	Racionalidad e información perfecta; ausencia de referencia a instituciones y agentes	El alcance depende de las decisiones gubernamentales
Incrementalista	Límites en la racionalidad de los agentes y en la capacidad del gobierno, junto con restricciones institucionales	Pequeños en la política económica
Institucionalista	Relevancia de las restricciones institucionales, organizaciones y de agentes	Pequeños en la política económica
Neoinstitucionalista	Relevancia de las restricciones institucionales existentes	Pequeños en la política económica
Flujos múltiples	Relevancia de la agenda gubernamental, pero límites al cambio por razones estructurales y de ambigüedad	Poco frecuentes debido a la dificultad de abrir ventanas de oportunidades y de mantenerlas abiertas
Coaliciones promotoras	Ideas y sistemas de creencias dentro de un subsistema socioeconómico	Pequeños en la política económica, depende de cómo se transmitan los cambios del subsistema al sistema en su conjunto
Equilibrios discontinuos	Diseño de la agenda considerando límites institucionales, de ideas y de relación entre agentes sociales	Pequeños en la política económica (tanto en subsistemas, como en macropolítica), pero cambios en ciertos momentos

4. CONSECUENCIAS DEL CAMBIO

Las economías tienen una serie de características que definen el marco de su funcionamiento, tal como se ha apuntado con anterioridad. Parte de estos factores son institucional-organizativos. Entre estos destaca la estructura organizativa del nivel de gobernación del estado. Dentro de esta destaca, si se trata de un sistema presidencialista o parlamentarismo, pero también de si existe una tendencia bipartidista o si se es proclive a gobernar con coaliciones de partidos. También es relevante la estructura organizativa del gobierno, en el sentido de cuál es el número de ministerios y sus competencias, al tiempo de si existen organismos estatales autónomos (como, por ejemplo, si es independiente el banco central respecto al gobierno en términos de definición de la política monetaria y/o financiera). Este tipo de factores determinará la capacidad y autonomía del gobierno para adoptar decisiones de política económica y que sean mínimamente coherentes.

Además de estos factores institucionales es relevante el papel efectivo de los distintos agentes sociales. Una forma tradicional de abordar estos aspectos es a través de considerar los grupos de interés de los trabajadores y de las empresas (empresarios). La capacidad de organizarse de los trabajadores depende del número de sindicatos, el nivel de sindicación, el grado de control interno de que disponen los sindicatos para dominar el comportamiento de sus afiliados, la existencia de un liderazgo interno sindical, así como del papel que juegan los convenios colectivos. En cuanto al grupo de interés de las empresas, sus fuerzas dependerán del peso y estructura de la industria en la economía, así como del número de grandes empresas en la actividad productiva del país, pero también de las relaciones entre bancos y empresas, por ejemplo, si participan en las propiedades de estas o si se limitan a operar con actividades crediticias. Estas características de los agentes sociales implicados condicionarán la formación de la política económica por sus mecanismos de presión sobre el gobierno, así como determinará la aplicación de la política económica.

Finalmente, resultará relevante el grado de internacionalización. Este alude al peso de proyección de la economía hacia el exterior, a la capacidad de control de los flujos comerciales exteriores o a la libertad con la que el gobierno puede fijar el tipo de cambio de la moneda nacional. Estos factores son la base para limitar los impactos de shocks externos sobre la economía, además de regularlos.

Los anteriores factores establecen una estructura marco que definen las intervenciones sobre la economía y establecen límites a sus cambios. Una de las principales consecuencias consiste en la *constancia en las políticas económicas aplicadas*, en particular en los tres ámbitos relevantes: políticas coyunturales, estructurales (industriales) o sociales (de rentas). La constatación de estas características conduce a ser conscientes de que cuando las estructuras institucionales y de recursos de poder de los agentes son similares, entonces los patrones (estructura) de política económica cambian muy poco.

En concreto, y siguiendo los ámbitos de cambio apuntados en el primer epígrafe de este capítulo, cuando las instituciones y los procesos de decisión en un país se mantienen, entonces, los cambios en los problemas relevantes, los objetivos de los gobiernos y los instrumentos utilizados no cambian, en la práctica, sensiblemente. Por este motivo, tampoco se alteran sustancialmente ni las formas de aplicación de la política económica, ni la distribución de los recursos existentes. Cuando se añade una perspectiva comparativa, tal como la desarrolló el propio Hall, entonces, un gobierno encabezado por un partido político de corte ideológico similar en dos países distintos, aplica políticas distintas, que dependen de las restricciones mencionadas relacionadas con la estructura institucional, decisional y de organización de agentes sociales. Es decir, que estas restricciones condicionan de forma determinante los problemas seleccionados como relevantes, los objetivos perseguidos por el gobierno, así como los instrumentos establecidos dentro de las políticas económicas.

Este tipo de razones conducen a dos consecuencias empíricas:

1.– Dentro de un mismo país, la política económica cambia poco al ser sustituido el gobierno por otro de diferente corte ideológico

2.– Las políticas económicas llevadas a cabo por un partido político de un mismo tipo ideológico en distintos países pueden diferir mucho entre ellas y, en ciertas ocasiones, pueden parecerse a las aplicadas por partidos de distinta perspectiva política en otro país.

Como conclusión de las anteriores consideraciones, aunque se discuta mucho sobre el diseño de políticas económicas, en la realidad, las formas organizativas del país, las características productivas y las relaciones entre los distintos agentes sociales determinan la estructura y contenidos de políticas económicas, al tiempo que limitan seriamente la capacidad de introducir cambios reales, argumentando que, los cambios en política económica, salvo excepciones, son incrementales.

Conceptos clave

Problemas de fondo en política económica Lógica instrumental en la estructura de la política económica Calibración de instrumentos Desectorialización Mantenimiento del cambio Finalización del cambio Sucesión de políticas económicas Innovación en política económica Tendencias de cambio Tendencias de continuismo Herencia política	Finalización de una política económica Enfoque racionalista Enfoque incrementalista Enfoque institucionalista de Hall Enfoque de análisis y desarrollo institucional Enfoque de flujos múltiples Enfoque de coaliciones promotoras Enfoque de equilibrios interrumpidos Comparaciones limitadas sucesivas Constancia en políticas económicas aplicadas

Bibliografía de referencia

Barac, M. (2020): "Los nuevos enfoques teóricos de la política económica: las corrientes múltiples" en Sánchez, A. y Tomás, J. A. (eds.): *Política Económica 2019.* Tirant lo Blanch, València, pp. 83-92.

Cruz R., César N. (2011): "Convergencia y disparidades en las teorías sobre el cambio de las políticas públicas: una revisión preliminar y una propuesta de integración tipológica". *Administración y desarrollo,* vol. 39, nº 54, pp. 99-118.

Hall, P. (1993): "La organización de las relaciones entre estado y sociedad". *Hacienda Pública Española,* nº 126, pp. 279-294.

Hall, P. (1993): *El gobierno de la economía. Implicaciones políticas de la intervención estatal en la economía en Gran Bretaña y Francia.* Ministerio de Trabajo y Seguridad Social, Madrid

Harguindéguy, J.-B. (2020): *Análisis de las políticas públicas.* Tecnos, Madrid, cap. 13.

Lindblom, Ch. E. (1959): La ciencia de <salir del paso> en Aguilar, L. F (2000): La hechura de las políticas públicas. Miguel Ángel Porrúa, México, pp. 201-225

Lindblom, Ch. E. (1979): "Todavía tratando de salir del paso" en Aguilar, L. F (2000): La hechura de las políticas públicas. Miguel Ángel Porrúa, México, pp. 227-254.

Ostrom, E. (2015): "Un marco para el análisis y desarrollo de instituciones: origen, evolución y retos" en Toboso, F. y Caballero, G. (eds.): *Democracia y políticas económicas. Elaboración, negociaciones y opciones.* Síntesis, Madrid, pp. 425-454

Rohr, M. (2020): "Teoría del equilibrio interrumpido y la política económica" en Sánchez, A. y Tomás, J. A. (eds.): *Política Económica 2019.* Tirant lo Blanch, València, pp. 71-82.

Rose, R. y Davies, P. L. (1994): *Inheritance in Public Policy: Change without Choice in Britain.* Yale University Press, New Haven - London.

Sabatier, P. (2010): *Teorías del proceso de las políticas públicas.* Jefatura del Gabinete de Ministros de la Nación- República Argentina, Buenos Aires.

Sánchez A. (2010): "Nuevas tendencias en la política económica" en Antuñano, I, Jordán, J. Mª. y Tomás, J. A. (eds.): *Crisis y transformación.* Universitat de València, Valencia, pp. 41-58.

Seguí, A. (2020): "El enfoque de las coaliciones promotoras y la política económica" en Sánchez, A. y Tomás, J. A. (eds.): *Política Económica 2019.* Tirant lo Blanch, València, pp. 93-103.